ローティの教育論
ネオ・プラグマティズムからの提言

柳沼 良太
Ryota Yaginuma

八千代出版

目　　次

はじめに　*1*

第1章　ローティの哲学、政治論、教育論　*11*

第1節　ローティの思想的遍歴……………………………………*11*
　1　青少年期　*12*
　2　大学時代　*13*
　3　大学院時代　*16*
　4　大学教員時代　*17*

第2節　ローティの哲学と教育論…………………………………*21*
　1　哲学と教育　*21*
　2　形而上学の特徴　*22*
　3　形而上学に基づく教育論　*25*
　4　ネオ・プラグマティズムの特徴　*27*
　5　啓発とアイロニー　*33*
　6　啓発と教育　*37*

第3節　ローティの政治論と教育論………………………………*43*
　1　リベラルな共同体　*43*
　2　社会的想像力の必要性　*45*
　3　リベラル・ユートピア　*47*
　4　私的なものと公共的なもの　*51*
　5　リベラル左派 VS ラディカル左派　*55*
　6　リベラル左派 VS 文化的左派　*57*
　7　ローティ VS リオタール　*62*
　8　ローティ VS フーコー、デリダ　*65*
　9　教育における右派と左派　*68*
　10　政治的立場と教育論争　*72*

第2章　ローティの学校教育論　*81*

第1節　初等・中等教育における社会化……………………………*81*
　1　社会化としての教育　*81*

2　基礎・基本の習得　　83
　　3　ローティ VS 進歩派　　86
　　4　ローティ VS 文化的左派　　92
　　5　物語の教育　　97
　第2節　高等教育における個性化 …………………………… 104
　　1　個性化としての教育　　104
　　2　啓発と問題解決学習　　106
　　3　大学教授との出会い　　107
　　4　学生と大学教授のエロス的関係　　109
　　5　リベラル左派としての大学教授　　111
　　6　リベラル・アイロニストとしての大学教授　　112
　第3節　ローティの教育論に対する批判とその検討 …………… 118
　　1　社会化と個性化をめぐる問題　　118
　　2　ローティ VS ジルー　　121
　　3　ローティ VS ポストモダニスト　　123
　　4　高等教育における個性化の問題　　125
　　5　国家的物語と教育の関連性　　127
　　6　基礎・基本の習得と想像力の育成　　129
　　7　学生中心か学科中心か　　132
　　8　ローティ、ブルーム、ハーシュ　　134
　　9　リベラル・ユートピアと教育の関連性　　138
　　10　リベラル・アイロニストをめぐる問題　　140

第3章　デューイとローティ　　149
　第1節　プラグマティズムにおける共通点 ……………………… 150
　　1　進化論からの影響　　150
　　2　可謬主義　　153
　　3　歴史主義　　156
　　4　科学と他の学芸との区別撤廃　　158
　　5　改良主義的リベラリズム　　160
　第2節　プラグマティズムにおける相違点 ……………………… 166
　　1　経験主義と言語哲学　　167

2　科学的方法と解釈学　*168*
　　3　私的領域と公共的領域　*170*
　　4　知性、情緒、想像力　*172*
　第3節　教育論における共通点 …………………………………… *176*
　　1　形而上学の教育論に対する批判　*176*
　　2　教育の目的　*178*
　　3　想像力の育成　*182*
　　4　「進歩の物語」と歴史教育　*183*
　第4節　教育論における相違点 …………………………………… *189*
　　1　社会化と個性化　*189*
　　2　初等・中等教育と高等教育の機能　*191*
　　3　基礎・基本か興味・関心か　*193*
　　4　教材の指導方針　*196*

終　章　ネオ・プラグマティズムの可能性　　　　　　　　　　*201*
　　1　ローティのデューイ像　*201*
　　2　新たなプラグマティズムと教育論の台頭　*203*
　　3　今後の研究課題　*205*

あ と が き　*211*
参 考 文 献　*215*
人 名 索 引　*227*
事 項 索 引　*231*

はじめに

　リチャード・ローティ（Richard Rorty, 1931-2007）といえば、ネオ・プラグマティズムを提唱する現代アメリカの代表的な哲学者として世界的に有名であり、わが国でもこれまで哲学をはじめ、政治学、社会学、文芸批評、法学、経済学、アメリカ文化論などの広範な分野において注目されてきた。ただ、彼の哲学などに対する関心の高さに比べ、彼の教育論に対する関心は低く、いまだ十分な検討を加えられていない状況にある。これまでわが国でも時折、ローティの論考を引用した教育関連の著作や論文も見受けられたが、それらは彼の代表的な著作（たとえば、『哲学と自然の鏡』や『偶然性、アイロニー、連帯』など）を断片的に引用して教育論として読み替えるアプローチが多かったため、なかなか彼の教育論の全貌が知られることはなかったといえよう。
　アメリカ本国では1980年代末から、ローティの教育論はプラグマティックでポストモダン的な教育論として各方面から注目を集めてきた。当時、アメリカで熱く議論されていた教育問題（たとえば、学力低下問題、全国学力テストの是非、基礎学力の向上策、道徳的混乱への対応、個性教育の是非、愛国心教育の是非、教師と親の対立問題、初等・中等教育と高等教育の接続問題、新自由主義と新保守主義による教育改革の是非、教育格差の是正など）との関連でローティの教育論はしばしば引用され、様々な角度から検討が加えられてきた。いうまでもなく、こうした教育問題は昨今のわが国でも盛んに議論されている教育改革問題ともテーマが重なるため、ローティのプラグマティックでポストモダン的な教育論はわが国でも参考となる部分が少なくないはずである。
　ただ、一般にプラグマティックな教育論といえば、デューイ（John Dewey）やキルパトリック（William Heard Kilpatrick）に代表される進歩主義教育思想のように、基礎・基本の詰め込み教育を批判して、子どもの興味・関心を尊重して生活経験に関連した教材を用いて問題解決学習を重視するというニュアンスが強い。また、ポストモダンの教育論といえば、リオタール（Jean-

François Lyotard)、フーコー（Michel Foucault）、デリダ（Jacques Derrida）らに代表される現代思想のように、近代のリベラルな社会や学校教育の矛盾や欠陥をラディカルに批判しようとする傾向が強い。それゆえ、ローティの教育論もこうした2つの思潮を継承して統合するような立場であろうと推測されることが多い。しかし、実際のところ、ローティのプラグマティックでポストモダン的な教育論は、保守的でリベラルな側面も色濃くあるため、従来のプラグマティックな進歩主義教育論やラディカルなポストモダンの教育論と比べるとかなり異質であり、むしろそれらと鋭く対立する傾向も多分に持ち合わせている。

こうしたローティの教育論として最も有名なのは、「教育、社会化、個性化」(1989年)と題された論文である[1]。この論考は、もともとはローティが1989年1月にアメリカ大学協会の第75回年次会議で行った基調講演の内容をまとめたものであり、その年の学術誌『リベラル教育』の巻頭論文として掲載され、後に「ドグマなき教育」と改題されて『ディセント（*Dissent*）』誌の1989年4月号にも転載されて広く耳目を集めた。この論文で示されたローティの教育論をめぐっては、すぐさま様々な賛否両論が湧き起こり、『リベラル教育』誌はその論争に関する特集を組んで、左右両派から提示された異論・反論を「ローティへの9つの質問」と題して掲載し[2]、それに対するローティからの返答や反論も並記して掲載するという異例の事態に発展した[3]。以上のように、ローティの論文「教育、社会化、個性化」からそれを批判する諸論文「ローティへの9つの質問」を経て、それを反駁する論文「ローティからの返答」へと至る一連の論争が導火線となって、ローティの教育論に関する議論は一気に活況を呈した。

当初のローティへの反論や批判は、進歩主義教育を提唱する教育学者や現場教師から寄せられた常識的な見解が多かったが、次第にこの論争に哲学者、政治学者、フェミニスト、ポストモダニストなどが参戦するようになると学術的な色合いが強くなり[4]、特に学術誌『教育理論』、『リベラル教育』、『教育哲学紀要』、『教育哲学と理論』、『教育と哲学研究』、『メタ哲学（*Metaphilos-*

ophy)』などでは、しばしばローティの教育論をテーマにした論考が紙面を飾ることになった[5]。こうしたローティの教育論に関する議論や批判に応答する形で、ローティ自身も論文「過剰な哲学化の危険」(1990年)では教育を過剰に哲学化しようとする学界の動向に警鐘を鳴らし、また論文「文化的左派に2つの乾杯」(1992年)では改良主義的リベラル左派の立場から教育における文化的左派の影響を批判的に考察している[6]。さらに、こうした一連の教育論争を受けて、1993年次のアメリカの教育哲学会ではシンポジウムにローティの教育論をテーマとして取り上げて全体討議を行い、その特集記事を同年1月号の『メタ哲学』誌に掲載している[7]。

こうしたローティの教育論を研究テーマとする学術書も次々に公刊されてきた。まず、アルシラ (René V. Arcilla) がローティの哲学と教育を考察して『完成の愛のために―ローティとリベラル教育―』(1995年)を刊行し、次にハイテン (K. A. Hytten) がローティのネオ・プラグマティズムと教育論の関連性を考察して『プラグマティズム再考―教育とプラグマティストの社会的プロジェクト―』(1996年)を刊行し、さらにピーターズ (Michael A. Peters) らがそれまでの一連の教育論争をたどる形で編著『リチャード・ローティ―教育、哲学、政治―』(2001年)を刊行している[8]。このほかにも、ローティの教育論に深く関連した論考を含む研究書として、ガリソン (James W. Garrison) らの編著『教育的会話』(1995年)、ペティグルー (J. Pettegrew) の編著『プラグマティストの進歩―リチャード・ローティとアメリカの知的歴史―』(2000年)、ラッド (A. G. Rud) らの編著『教育哲学2000』(2001年)が刊行されている[9]。

近年では2005年度の東西哲学者会議において、ローティは「教育とその目的」をテーマとする会合で「モダニティとテクノロジー」と題して基調講演を行い、今日の世界情勢やアメリカ事情をふまえつつ、あらためてネオ・プラグマティズムや改良主義的リベラリズムの立場から彼独自の教育論を論じ直している[10]。ローティの教育論は、プラグマティズムとポストモダニズムを関連づけた独自の思想的立場にたつが、その一方でモダニティ、テク

ノロジー、福祉国家的資本主義、愛国的リベラリズムの現代的意義も再評価するため、彼の教育論をめぐっては東西の研究者間でも見解が分かれ、賛否両論の熱い議論がなされた。

　さて、ローティの教育論で特徴的なのは、初等・中等教育において基礎知識や伝統的な価値観を教えることで児童・生徒の社会化を達成し、その後の高等教育においてはソクラテス的対話を通して学生を啓発して個性化を図るべきである、という提言であった。つまり、ローティは、初等・中等教育において子どもの社会化を重視しながらも、高等教育においてはその社会化の過程をアイロニックに批判して学生を個性化することで、リベラルで公共的な連帯とプライベートな自己創造とを両立させる一連の総合的な教育課程を編成しようとしたのである。

　こうしたローティの教育論に対しては、「大きな物語」を喪失したポストモダン的な現状において、学校教育のあり方を建設的に再考する上で重要な示唆を与えてくれる提言として、好意的に解釈して賛同する声もあるが、その一方で、政治的な左右両派からは様々な批判や反論も寄せられてきた。たとえば、左派からはローティのリベラルで保守的な政治傾向が批判され、右派からはローティのプラグマティズムやポストモダン的な見解が嫌悪されてきた。こうした批判に対して、ローティ自身も率直に、「私の政治上の選好が左派を逆なでするのに対して、哲学上の見解が右派を激昂させることになる」[11]と自嘲気味に述べつつ、教育と哲学の関連性、あるいは教育と政治の関連性について再検討する考察を大胆に展開してきた。

　かつて筆者は、こうしたローティの教育論とそれに続く議論をわが国で紹介すべく、前著『プラグマティズムと教育―デューイからローティへ―』(八千代出版、2002年) の後半部分で詳述した[12]。当時、わが国でも教育に対する哲学や政治の役割が問題視されてきており、「ゆとり教育」のもとでの学力低下論争になかなか決着がつかず、また愛国心教育や教育基本法改正の是非が熱く議論されていたため、ローティの刺激的な教育論は様々な分野から関心が寄せられて議論された[13]。ただ、どうしてもその反論や批判の中に

はローティの教育論上の主張を誤読したり歪曲したりして、浅薄で短絡的な見解が提示されることも少なくなかった。たとえば、「ローティは初等・中等教育では社会化すればよく、高等教育では個性化すればいいと単純に考えているだけだ」とか、「ローティは哲学では優秀なポストモダニストだが、教育では平凡なモダニストだ」などと揶揄する批判や誤解がまことしやかに語られ、なかなかアメリカの学界のように実り豊かな教育論議へと発展していかなかったように見受けられる。こうした批判や誤解が流布した原因には、当然ながらローティの教育論に関する筆者の紹介が不十分であったことも考えられるが、そのほかにも、単にローティと哲学的・政治的な立場が違うことによる拒否反応や、彼の教育論に関する原著論文がまったく邦訳されてこなかったことによる情報不足も多分に考えられる。そこで、本書ではこれまでの日米における諸々の教育論争もふまえた上で、できるだけローティ本人の言葉を引用しながら彼の教育論の主旨と本意を明らかにすると同時に、ローティの教育論を彼のネオ・プラグマティズムやリベラリズムの立場とも関連づけて、根本的な解釈を試みたいと思っている。

　また、ローティの教育論を読み解く上で重要な鍵を握るのが、やはりデューイのプラグマティズムとその教育論であると思われる。ローティはしばしば自らを「デューイ主義者（Deweyan）」と称しているが、従来の（正統的な？）デューイ主義者から見れば到底納得できないようなデューイ像やプラグマティズム解釈を提示して、そこから彼独自の教育論を展開するため、その是非についてはしばしば熱い論争が行われてきた[14]。そこで、本書においても前著でのデューイの時期的な思想分析をふまえて、デューイとローティのプラグマティズムとその教育論をそれぞれ比較検討することで、ローティの教育論の独自性やその意義を考察することにしたい。

　最後に、本書の叙述の内容構成について述べておきたい。ローティの教育論は、当然ながらネオ・プラグマティズムに基づいており、それは彼のアイロニカルな啓発的哲学やリベラルな政治哲学とも通底している。そこで本書では、まずローティの哲学と政治論を検討し、それらを彼の教育論に関連づ

けた上で、具体的な学校教育論を展開することにしたい。それゆえ、本書の章立ては以下の通りである。第1章では、まずローティの思想的遍歴を確認した後で、彼の哲学（特にネオ・プラグマティズムや啓発的哲学）と教育論との関連性、および彼の政治論（特に改良主義的リベラル左派の立場）と教育論との関連性をそれぞれ検討する。第2章では、ローティの学校教育論として初等・中等教育論と高等教育論をそれぞれ取り上げ、それに加えられた批判や論争を検討していく。第3章では、ローティが思想的に最も影響を受けたと見られるデューイのプラグマティズムや教育論とローティのそれらとを比較検討して、両者の共通点と相違点を明らかにする。以上のような内容構成であるため、ローティの教育論だけ簡潔に理解したいのであれば、第2章から読み始めていただいても結構だろう。さらに、ローティの教育論を彼の思想的遍歴、哲学、政治論と関連づけて根本的に理解していくためには第1章が役立つし、デューイのプラグマティズムや教育論と比較検討することでローティの独自性について理解を深めるためには第3章が参考になるだろう。なお、本書は、前著『プラグマティズムと教育』の続編であるため、内容の一部は前著と重複または継続しているが、その場合でも全面的に加筆・修正を加えているため、本書だけでも独立して理解できる構成にしてある。

　ローティの教育論は、今日のポストモダン的な思想状況のもとで教育と哲学について語る上で、きわめて知見に富み啓発的な見解に満ちている。本書を機に、わが国でもローティの教育論に関する理解が深まりその議論が活性化するとともに、ポストモダン時代の教育改革にささやかでも寄与するところがあれば、筆者としては幸甚である。

註
1) Richard Rorty, "Education, Socialization, and Individuation," *Liberal Education*, Vol. 75, No. 4, 1989.　Richard Rorty, "Education without Dogma," *Dissent*, spring 1989. 後に「社会化と個性化としての教育」と改題されて彼の単著『哲学と社会的希望』(1999年) にも収録されている (Richard Rorty, *Philosophy and Social Hope*, Penguin Books, 1999, pp. 114-126.)。ただし、ローティの『哲学と社会的希望』の邦訳書である『リベラル・ユートピアという

希望』(須藤訓任・渡辺啓真訳、岩波書店、2002年)では、残念ながらこの論文が割愛されている。
2)「ローティへの9つの質問」は以下の筆者によって提示されている。Paul F. Cardaci, Werner J. Dannhauser, William Scott Green, Madeleine R. Grumet, Beverly Guy-Sheftall, Elaine P. Maimon, Mike Rose, Douglas Sloan, and Wendy Winters, "Taking Issue: Nine Responses to Richard Rorty," *Liberal Education*, Vol. 75, No. 4, 1989.
3) Richard Rorty, "Richard Rorty Replies," *Liberal Education*, Vol. 75, No. 4, 1989.
4) W. Feinberg, "Fundationalism and Recent Critiques of Education," *Educational Theory*, Vol. 39, No. 2, 1989. Carol Nicholson, "Postmodernism, Feminism, and Education: the Need for Solidarity," *Educational Theory*, Vol. 39, No. 3, 1989. Michael A. Peters, "Techno-Science, Rationality, and the University: Lyotard on the Postmodern Condition," *Educational Theory*, Vol. 39, No. 2, 1989.
5) 本書で参考にした代表的な論考のみ以下に記す。J. M. Fritzman, "Lyotard's Paralogy and Rorty's Pluralism: Their Differences and Pedagogical Implication," *Educational Theory*, Vol. 40, No. 3, 1990. J. M. Fritzman, "Lyotard's Paralogy and Rorty's Pluralism: Their Differences and Pedagogical Implication," *Educational Theory*, Vol. 40, No. 3, 1990. René V. Arcilla, "Edification, Conversation, and Narrative: Rortyan Motifs for Philosophy of Education," *Educational Theory*, Vol. 40, No. 1, 1990. Alven Neiman, "Ironic Schooling: Socrates, Pragmatism and the Higher Learning," *Educational Theory*, Vol. 41, No. 4, 1991. K. Hostetler, "Rorty and Collaborative Inquiry in Education: Consensus, Conflict, and Conversation," *Educational Theory*, Vol. 42, No. 3 1992. Kenneth Wain, "Richard Rorty, Education, and Politics," *Educational Theory*, Vol. 45, No. 3, 1995. Kenneth Wain, "This Thing Called 'The Philosophy of Education'," *Journal of Philosophy of Education*, Vol. 40, Issue 3, 2006. Kenneth Wain, "Strong Poets and Utopia: Rorty's Liberalism, Dewey and Democracy," *Political Studies*, Vol. 41, Issue 3, 1993. Dennis Carlson, "Making Progress: Progressive Education in the Postmodern," *Educational Theory*, Vol. 45, No. 3, 1995. E. Rosenow, "Towards an Aesthetic Education? Rorty's Conception of Education," *Journal of Philosophy of Education*, Vol. 32, Issue 2, 1998. DUCK- JOO Kwak, "Reconsideration of Rorty's View of the Liberal Ironist and its Implications for Postmodern Civic Education," *Educational Philosophy and Theory*, Vol. 36, Issue 4, 2004. Alven Neiman, "Rorty, Irony, Education," *Studies in Philosophy and Education*, Vol. 12, Nos.

2-4, 1993. Alven Neiman, "Rorty's Dewey: Pragmatism, Education and the Public Sphere," *Studies in Philosophy and Education*, Vol. 15, Nos. 1-2, 1996. Jim Garrison, "A Strong Poet's Perspective on Richard Rorty," *Studies in Philosophy and Education*, Vol. 12, Nos. 2-4, 1993. James D. Marshall, "On What We May Hope: Rorty on Dewey and Foucault," *Studies in Philosophy and Education*, Vol. 13, Nos. 3-4, 1994. Richard Eldridge, "Philosophy and the Achievement of Community: Rorty, Cavell and Criticism," *Metaphilosophy*, Vol. 14, Issue 2, 1983.

6) Richard Rorty, "The Dangers of Over-Philosophication," *Educational Theory*, Vol. 40, No. 1, 1990. Richard Rorty, "Two Cheers for the Cultural Left," D. J. Gless and B. H. Smith (eds.), *The Politics of Liberal Education*, Duke University Press, 1992.

7) Brian Hendley, "The Association for Philosophy of Education Symposium: Rorty Revisited," *Metaphilosophy*, Vol. 24, Issue 1-2, 1993. Jay M. Van Hook, "The Association for Philosophy of Education Symposium: Caves, Canons, and the Ironic Teacher in Richard Rorty's Philosophy of Education," *Metaphilosophy*, Vol. 24, Issue 1-2, 1993. René V. Arcilla, "The Association for Philosophy of Edcation Symposium: Must Private Selves be Ironists? A Response to Van Hook," *Metaphilosophy*, Vol. 24, Issue 1-2, 1993.

8) René V. Arcilla, *For the Love of Perfection: Richard Rorty and Liberal Education*, Routledge, 1995. Kathryn Ann Hytten, *Rethinking Pragmatism: Education and the Pragmatist Social Project*, A Bell & Howell Company, 1996. Michael A. Peters, and Paulo Ghiraldelli, Jr., *Richard Rorty, Education, Philosophy, and Politics*, Rowman & Littlefield, 2001.

9) James W. Garrison(ed.), *The Educational Conversation: Closing the Gap*, State University of New York Press, 1995. John Pettegrew(ed.), *A Pragmatist's Progress? Richard Rorty and American Intellectual History*, Rowman & Littlefield, 2000. Anthony G. Rud(ed.), *Philosophy of Education 2000*, Philosophy of Education Society, 2001. Charles Guignon and David R. Hiley (eds.), *Richard Rorty*, Cambridge University Press, 2003.

10) Richard Rorty, "Modernity and Technology: The West and the Rest," in Ninth East-West Philosopher's Conference, Tuesday, May 31, 2005.

11) Rorty, *Philosophy and Social Hope*, p. 5.（須藤訓任・渡辺啓真訳『リベラル・ユートピアという希望』岩波書店、2002年、46頁）

12) 拙著『プラグマティズムと教育―デューイからローティへ―』八千代出版、2002年。前著に先駆けた論考としては、以下のものがある。拙稿「ネオ・プラグマティズムと教育―ローティによる教育哲学の解釈学的転回を中心に―」、

『日本国際教育学会紀要』5号、1999年。拙稿「ローティ教育論とポリティックス―ネオ・プラグマティック・アプローチ」、『情況』2000年4月号。拙稿「ローティ教育論とネオ・プラグマティズム」、『教育の可能性を読む』情況出版、2001年。

13) 筆者はこれまで日本教育哲学会の第43回大会の個人研究発表や日本デューイ学会の第46回大会のシンポジウムなどでローティの教育論を紹介し、様々な分野の研究者と議論してきた。右派的な立場から筆者のローティ教育論を取り上げた例としては、「プロ教師の会」代表の諏訪哲二氏が現代若者文化論にローティの教育論を結びつけた『オレ様化する子どもたち』(中央新書ラクレ、2005年、231頁)がある。前著『プラグマティズムと教育―デューイからローティへ―』に関する書評としては、評者・松下良平『教育学研究』第69巻第4号、2002年、550-551頁、および評者・早川操『教育哲学研究』第87号、2003年、97-99頁)がある。

14) わが国においていち早くデューイとローティの哲学における関連性を検討した秀逸な論考としては、加賀裕郎氏の「デューイ哲学における構築的なものと脱構築的なもの―R. ローティのデューイ解釈をめぐって―」(『デューイ学会紀要』第26号、1985年)がある。また、ローティの教育論についてわが国で初めて言及した論考としては、早川操氏の『デューイの探究教育哲学』(名古屋大学出版会、1994年、168頁)がある。また、ローティの教育論をポストモダニズムに関連づけた論考としては、森田尚人氏の「モダニズムからポストモダニズムへ」(増渕幸男・森田尚人編『現代教育学の地平―ポストモダニズムを超えて―』南窓社、2001年、289-304頁)がある。

第1章
ローティの哲学、政治論、教育論

第1節　ローティの思想的遍歴

　ローティのネオ・プラグマティズムや教育論を理解する上では、まず彼の思想的な遍歴や背景を知ることが必要不可欠である。ローティは、パース（Charles Sanders Peirce）、ジェイムズ（William James）、デューイ、ミード（George Herbert Mead）らの古典的プラグマティズムを継承しながらも、言語哲学や解釈学の知見を取り入れることで独自のネオ・プラグマティズムを提唱するに至っている。そこでまず、ローティの思想的遍歴をそのプラグマティズム解釈と関連させながら跡づけることにしたい。そのための資料としては、ローティの自伝的論文「トロツキーと野生の蘭」（1992年）を中心に、『哲学と社会的希望』（1999年）、および『われわれの国を成就する』（1998年）における自伝的記述を参考とし、またコレンダ（K. Kolenda）編著の『ローティのヒューマニスティック・プラグマティズム』（1990年）やホール（D. L. Hall）の『リチャード・ローティ』（1994年）、およびローティ自身のホームページ（http://www.stanford.edu/~rrorty/）に記された伝記的内容などを随時参照することにしたい。

1 青少年期

　ローティは1931年10月4日にニューヨーク市で生まれた。父ジェイムズ（James Rorty）は、カリフォルニアで広告業に従事するビジネスマンであったが、仕事のかたわら実験的な詩を書く文学の愛好者でもあった。母ウィニフレッド（Winifred Rorty）は、ウィスコンシンの「社会福音運動の神学者（Social Gospel Theologian）」として有名なウォルター・ラウシェンブッシュ（Walter Rauschenbush）の娘であった。ローティの両親は、はじめアメリカ共産党に属して活動していたが、トロツキー（Leon Trotsky）裁判を機に党から距離をとるようになり、1932年には正式に離党した。父ジェイムズはデューイを委員長とするトロツキー事件調査委員会の広報担当として、デューイのメキシコ滞在中にはほとんど同行した。また、ローティの両親はデューイの高弟として有名なフック（Sidney Hook）とも親しい交友関係があり、トロツキー裁判ではデューイの調査活動をフックと共に補佐している。

　少年期のローティは、こうした両親からの影響もあってこのトロツキー裁判に強い関心をもつと共に、デューイの思想にも強い興味をもつことになった。ローティによれば、彼の家庭では、トロツキーに対するモスクワでの裁判に関するデューイ調査委員会の報告書である『レオン・トロツキー裁判』（1937年）と『無罪』（1938年）が、聖書と同様に、「救済の真理と道徳的な卓越性の光を放つ本」であった[1]。ローティの両親の基本的な政治的立場は、反スターリン主義の改良主義的な左派の社会行動主義であり、ローティによれば、両親たちの参加するサークルにおいては、「アメリカの愛国主義、経済的再分配主義、反共産主義、そしてデューイのプラグマティズムは容易かつ自然に調和することができた」[2]。こうした時代背景や家庭環境から、ローティは青少年期から社会的・政治的な関心を高め、彼自身の述懐によれば、「12歳にして、人間であるということにおいて肝心なのは、社会的不正に対する戦いに人生を捧げることだと知った」[3]のである。

　こうした公的な正義を志向すると同時に、他方でローティ少年には風変わりで私的な関心事に夢中になる面も強かったという[4]。その私的な関心事と

は、初めはダライ・ラマ（Dalai Lama）に代表されるチベット仏教であり、後には山間部に咲く野生の蘭であった。ローティ少年にとっては、北アメリカの山々に気高く咲く純粋無垢な野生の蘭は、花屋に陳列されている見栄えのよい熱帯産の雑種の蘭よりも精神的にはるかに気高いものなのであった。ローティは精神分析学の見地から、自身のこうした野性の蘭への異常なまでの関心は、昇華された性衝動とも関連づけられるのではないかと述べている。少年の頃からローティは、こうした密やかな私的趣味には何か疑わしいものがあるという思いを抱き続け、何か後ろめたい気持ちを内心で禁じえないでいたのだった。

やがて青少年期のローティは、野生の蘭を一途に求める私的な関心事と、政治の世界で社会的正義を目指す公共的な関心事とを調和させるにはどうすればよいかという問題を考えるようになった[5]。つまり、私的なものと公共的なものとの対立をいかにして調停するかという問題意識を抱くようになったのである。こうしてローティは、イェーツ（William B. Yeats）にならって、「実在と正義を単一のビジョンのうちに捉えることを可能にしてくれるような、何らかの知的ないし美的な枠組みを見つけたい」[6]と願うようになる。ここでいう「実在」とは、野生の蘭に象徴される私的なものであり、自分にとって限りなく大切な何か聖なるものである。それに対して「正義」とは、政治活動に代表される公共的なもので、具体的には権力支配者から社会的弱者を解放することであった。要するに、ローティは、「知的かつ霊的なスノッブであると同時に人類の味方でもある道——オタク的な世捨て人であると同時に正義を求める闘士である道——を欲していた」[7]のである。そして、まさにこの私と公との調停に関する哲学的問題を解決するために、ローティは15歳でシカゴ大学へ進学することになるのである。

2 大学時代

1946年にローティはシカゴ大学のハッチンズ・カレッジに入学している。前述したように、ローティはすでにデューイのプラグマティズムに強い関心

をもっており、この時期のニューヨークの知識人の間でも、デューイのプラグマティズムには好意的な空気が強かったようである。しかし、当時のシカゴ大学では学長のハッチンズ（Robert M. Hutchins）やアドラー（Mortimer Adler）、マッケオン（Richard McKeon）等を中心とした新アリストテレス主義者が大きな影響力をもっていた[8]。また、当時の同大学には政治哲学者として著名なシュトラウス（Leo Strauss）も在籍しており、そのクラス・メイトには後にローティの論敵となるシュトラウス派の教育学者ブルーム（Allan Bloom）もいた（ローティとブルームの教育論争については、本書の第2章第3節8を参照）。

　こうした当時のシカゴ大学哲学科の有力な教授陣は、デューイのプラグマティズムを相対主義的な通俗哲学として公然と批判し、デューイの教育理論にも冷ややかな嘲笑を送る風潮が強かった。ハッチンズにいわせれば、デューイのように「成長それ自体」を唯一の道徳的目標と考えるのでは、成長の基準が著しく相対的で曖昧になってしまい、当時台頭してきたナチズムに適応した人間でさえ立派に成長を遂げたということになってしまう[9]。また、プラグマティズムのように「真理」を「うまくいくもの」と定義してしまえば、真理の追究を権力の追求にすり替えてしまうことにもなりかねないのである。このようにプラグマティズムを厳しく批判するシカゴ大学哲学科の教授陣は、新アリストテレス主義やネオ・トミズムの立場から、永遠の絶対的な善や正義に訴えることで、当時隆盛してきたナチズムやマルクス主義の全体主義やニヒリズムに対して理論武装し、アメリカの民主主義の正当性を強く訴えようとしたのである。

　このように当時のシカゴ大学哲学科では、絶対的な善や真理の追究を声高に掲げる哲学が支配的であったため、相対主義の色彩が濃いと受けとめられていたプラグマティズムは当然のように人気がなかったようである。こうした中で青年ローティは、公共的な社会正義の問題に取り組むデューイのプラグマティズムに内心では惹かれながらも、表向きにはあえてデューイのプラグマティズムに背を向けたのであった。ローティによれば、「私が育てられ

た環境にいる人々すべてにとって、デューイはヒーローだったので、デューイを軽蔑するのが若者の反抗の形として都合がよかった」[10]のである。

　しかし、大学入学以前からのローティの問題は依然として何ら解決されないままであった。それは、上述したように、実在に関わる絶対的真理や絶対的善を求める個人としての私的な傾向は、社会正義を求める公共的な傾向とどうしたら調和的に結びつけることができるのだろうかという問題であった。このことを解決するために、当初ローティは私的なものと公共的なものを調停する契機を宗教のうちに見出そうとした。キリスト教では神への私的な愛と他者への公共的な愛とが不可分のものとして調和するとされていたからである。そこでローティは、エリオット（T. S. Eliot）にならって、「本当の信仰をもったキリスト教徒だけが、私的な妄想に囚われた不健全な状態を乗り越え、しかるべき謙虚さをもって同胞たちに奉仕することができる」[11]と考えるようになる。しかし、ローティは自ら告白するように、「あまりに知的であり謙虚さを欠いていたため」[12]、懺悔の祈りで自らが唱える信仰告白をどうしても心から信じることができず、次第に公私の調停の問題を宗教的に解決しようとする企てを放棄せざるをえなくなるのだった。

　次に、ローティはこの問題を哲学的に解決することに取り組むようになった。シカゴ大学哲学科に在学中のローティは、プラトン（Plato）の著作を熱心にひも解き、「徳は知である」というソクラテス（Socrates）の見解こそが正しいと確信するようになった[13]。その理由の1つは、ローティが自分自身の道徳的性格については疑問をもっていたが、知的な才能には自信があったため、知性によって道徳的完成に至るという考え方に大いに魅力を覚えたからであった。もう1つの理由は、「徳は知である」という見解を受け入れた場合にのみ、「実在と正義を単一のビジョンのうちに捉えることができる」[14]と考えたからである。こうしてローティには、少年期から抱え続けてきた私的なものと公共的なものとを調和させるという問題を、プラトン哲学によってようやく解決することができたかのように思われたのであった。

3 大学院時代

1949年に18歳でシカゴ大学大学院の修士課程へ進学したローティは、引き続きプラトン哲学の研究に取り組むのだが、ひとまずは解決したと思っていた例の問題がここで再び浮上してくることになる。というのも、プラトン哲学の信奉者が目指すべきものは、「反論を許さないような論証を提示する能力を獲得すること」であるのか、あるいは「自分のもつ疑問がすべて鎮められるような伝達不可能で私的な至福の境地に辿り着くこと」であるのか、ローティには確信がもてなくなったからである[15]。かりに目指すべきものはその両方であると考えても、「正義をめぐって他者を圧倒する論証能力を獲得するという公共的な目標」と「議論の必要など一切ない至福への到達という全く私的な目標」とをどのように調和させるかという問題は、まったく未解決のまま残ることになるのであった。

こうしてプラトン哲学では公と私との緊張関係を克服することができないことに気づいたローティは、「誰もが自分の見解を第一原理にまで遡らせることができるが、その原理は論敵の第一原理とは両立しえず、誰一人として仮説を超えた実在へは辿り着けていない」[16]と思うようになった。これまで哲学では様々な学派が出現し、互いに勢力を争ってきたが、それぞれの学派が提示するそれぞれの第一原理を評価して、相互の優劣を決定するための中立的な基準などないのではないかと思うようになったのである。中立的な基準がなければ、合理的確実性という観念も意味を失うと考えたローティは、理性が感性に取って代わるべきであるというソクラテス―プラトン的な考えからも離れていくことになった。

プラトン哲学に幻滅したローティが次に傾倒したのは、ヘーゲル(G. W. F. Hegel)の『精神現象学』であった[17]。ローティはヘーゲルにならって、哲学によって永遠に至ろうとはせず、進んで「時代の子」になろうと決意したのである。ローティにとって、ヘーゲルの歴史主義は、もはや他の要因に還元不可能な時間性にコミットし、「出逢ったことすべてがひとつの物語へと織り上げられていながら、それでいて物語に教訓をもたせようとしたり、物

語が永遠の相の下ではどのようなものとして立ち現われるかと問うたりはしないように思われた」18)。

このようにローティはプラトンからヘーゲルへと傾倒の対象を変えていったのだが、その一方で哲学を専攻する大学院生として専門的に研究したのは、当時隆盛していた分析哲学や言語哲学であった。この当時のシカゴ大学には、論理実証主義の流れを汲む科学哲学者として有名なカルナップ（Rudolph Carnap）、ハーツホーン（Charles Hartshorne）などがいた。ローティはハーツホーンを指導教授としてホワイトヘッド（A. N. Whitehead）の哲学を研究し、1952年に修士号を取得した。その後、ローティはイェール大学大学院の博士課程に進学して、特にヘンペル（C. G. Hempel）のもとで論理実証主義以降の分析哲学の展開を本格的に研究し、ウェイス（Paul Weiss）を指導教授として博士論文「潜在能力の概念」を完成し、1956年に哲学の博士号（Ph. D.）を取得した。このようにローティは、プラトンやヘーゲルの哲学に熱心に取り組む一方で、自らの専門分野としては当時の英米の哲学界で隆盛を極めていた第一線の分析哲学を手がたく研究したのである。こうしてヨーロッパ大陸系の超越論哲学にも英米系の分析哲学にも深く通じた思想家としての素養が、ローティの中に形作られたのであった。

4　大学教員時代

大学院修了後のローティの経歴をみると、まず1957年から2年間の合衆国陸軍勤務を経て、1958年から61年まではウェルスリー大学に専任講師ついで助教授として勤め、1961年から81年まではプリンストン大学に助教授、准教授、ついで教授として勤めた。その後、1981年にプリンストン大学のスチュアート哲学教授に就任し、1982年にバージニア大学のケナン人文科学教授に就任し、そして1998年にスタンフォード大学の比較文学教授として就任して2006年に退職した（テニュア〔終身在職権〕をもつローティがスタンフォード大学を自ら辞職したのは、一般には病状の悪化のためと推測されているが、一説には戦争好きのブッシュ〔George W. Bush〕大統領に対するせめてもの抗議表明であっ

たという)。

 1960年代のローティは、主として分析哲学の研究に従事し、1967年には分析哲学の古典的論文を集めた『言語論的転回』を編纂して、同書に編者序文として長大な「言語論的哲学のメタ哲学的困難」と題するユニークな論文を寄せている。ローティはこの論文において言語論的転回の重要性を説くと共に、伝統的な哲学の認識論的なアポリアを浮き彫りにしている。ローティはこの書の編者として当時は大きな注目を集め、野家啓一氏によれば、「心脳同一説をめぐる論議の中で先鋭な消去的唯物論の立場を主張する哲学者」[19]として知られることになった。とはいえ、それは一部の分析哲学の専門的な研究者の間でのことであったにすぎない。

 その後、ローティは分析哲学内部における精緻な専門的研究から転じて、西洋哲学の伝統的発想に対する批判を著しく先鋭化するようになる。こうしてローティは、デューイをはじめ、ハイデガー (Martin Heidegger)、ウィトゲンシュタイン (Ludwig Wittgenstein) の哲学を広範に取り込みつつ、プラトン哲学、デカルト (R. Descartes) 哲学、あるいはカント哲学に代表される西洋哲学の形而上学的な伝統に対する徹底的な批判を企図することになる。この骨太の構想をまとめたものが、ローティの出世作となる『哲学と自然の鏡』(1979年)であった。この『哲学と自然の鏡』が提起した「哲学の終わり」というモチーフは、当時のアメリカの哲学界にセンセーショナルな議論を巻き起こしただけでなく、国際的な反響を呼ぶことになった[20]。

 以上のような思想的遍歴を経て、ローティが最終的に最も信頼を寄せ尊敬することになった哲学者が、まさにデューイであった。今やローティにとって、デューイは永遠にして不変の絶対的真理の認識を標榜してきた伝統的な西洋哲学を根本的に批判し、歴史性をふまえた哲学の再構築を志した最大の哲学者として、あらためてその巨大な姿を現すに至ったのである。まさにデューイは、「どうすれば確実性と永遠なしに済ませられるかについて、ヘーゲルから学びうることをすべて学ぶ一方で、ダーウィン (Charles Robert Darwin) の説を真面目に受け止めることで汎神論に対しても免疫ができている

という哲学者」[21]として無二の人物である、とローティは賞賛している。

　ローティは、1982年にデューイのプラグマティズムを再評価した論考を含む『プラグマティズムの帰結』を刊行し、自らをデューイ主義者（Deweyan）あるいはネオ・プラグマティストと称するに至った。ローティは、特に同書所収の「デューイの形而上学」において、デューイが西洋哲学の悪しき伝統である一連の二元論を批判して、自然主義的であると同時に歴史主義的なプラグマティズムを確立したことを高く評価している。ローティは、今やデューイ主義者として、特権的で絶対的な真理を所有していることを標榜してきた伝統的な西洋哲学を脱構築し、新たに「ポスト哲学文化」を創造する試みに着手したのである。

　以上のように『哲学と自然の鏡』ならびに『プラグマティズムの帰結』において伝統的な西洋哲学と決別したローティは、若き日からの長年の念願であった「実在と正義を単一のビジョンのうちに捉える」という目標も、実のところ「無神論者による自己欺瞞的な解決法」[22]の探究にほかならなかったという結論に達して、ついにこれを放棄するに至ったのである。こうして伝統的な西洋哲学のしがらみからすっかり脱却した後の知的な生がどういうものになるべきであるのかについてポスト哲学的に考察したのが、『偶然性・アイロニー・連帯』（1989年）であったとローティは述懐している[23]。ここに至ってようやくローティは、積極的な意味で自らのネオ・プラグマティズムの思想的立場を確立したといえるだろう。

　この『偶然性・アイロニー・連帯』が出版されたのと同じ年に、ローティは、ネオ・プラグマティズムの教育論を提示した基調講演をアメリカ大学協会で行っている。この講演内容が、本書の冒頭でも紹介した「教育、社会化、個性化」（1989年）と題する論文として発表され注目を集めた。この論文は斯界で大きな反響を呼び起こし、すぐにそれに対する代表的な反論「ローティへの9つの質問」とローティからの再反論「ローティからの応答」が相次いで発表された。この論文「教育、社会化、個性化」で構想したアメリカにおける改良主義的リベラル左派の伝統を詳述したのが、『われわれの国を成就

する』（1998年）であり、またリベラル・ユートピアという社会的・教育的希望を論述したのが、『哲学と社会的希望』（1999年）である。こうした90年代以降の著作や論文では、実際の政治や教育に対する哲学の役割に関して数多くの刺激的な議論を展開するようになる。

　以上のようにローティは、少年期を過ごした生活環境の中でデューイのプラグマティズムや政治活動に触れて感化されながらも、やがて青年期にはプラトン哲学へ向かい、それに幻滅するとヘーゲル哲学へ向かい、さらに当時のアメリカにおける哲学界の主流であった分析哲学を専門的に研究した上で、ついに西洋哲学の伝統と完全に決別するという力わざを敢行して、最終的にはデューイのプラグマティズムを再評価し、自らのネオ・プラグマティズムを確立するに至ったのである。つまり、ローティの思想的遍歴は、一言でいえば、絶対主義の模索からプラグマティズムの再評価へ至る道であったといえるだろう。ローティは、アメリカの思想的土壌から強い影響を受けながら、個人的な自己創造に関わる「私的なもの」と社会正義や公正に関わる「公共的なもの」との関係性に悩み、若い頃にはプラトン哲学やヘーゲル哲学などが説く普遍や絶対に傾倒するが、その後プラグマティズムへたどり着くのである。こうした思想的遍歴が、彼の哲学や政治的立場や教育論に色濃く反映していることはいうまでもない。

　次節では、こうした思想的遍歴をふまえた上で、ローティがポストモダン的思想状況において、ネオ・プラグマティズムの立場からどのような教育論的考察を展開するのかに焦点を当てつつ具体的に検討することにしたい。

註
1) Richard Rorty, *Philosophy and Social Hope*, Penguin Books, 1999, p. 5.（須藤訓任・渡辺啓真訳『リベラル・ユートピアという希望』岩波書店、2002年、47頁）
2) Richard Rorty, *Achieving Our Country: Leftist Thought in Twentieth-Century America*, Harvard University Press, 1998, p. 61.（小澤照彦訳『アメリカ　未完のプロジェクト—20世紀アメリカにおける左翼思想—』晃洋書房、2000年、66頁）

3) Rorty, *Philosophy and Social Hope*, p. 6.（邦訳、49 頁）
4) *Ibid.*
5) *Ibid.*, p. 7.（邦訳、51 頁）
6) *Ibid.*
7) *Ibid.*
8) *Ibid.*, p. 8.（邦訳、52 頁）
9) *Ibid.*
10) *Ibid.*, pp. 8-9.（邦訳、53 頁）
11) *Ibid.*, p. 9.（邦訳、53 頁）
12) *Ibid.*
13) *Ibid.*, p. 9.（邦訳、54 頁）
14) *Ibid.*, p. 9.（邦訳、55 頁）
15) *Ibid.*, pp. 9-10.（邦訳、55 頁）
16) *Ibid.*, p. 10.（邦訳、56 頁）
17) *Ibid.*, p. 11.（邦訳、57 頁）
18) *Ibid.*, p. 11.（邦訳、58 頁）同様の見地から、ローティはプルーストの『失われた時を求めて』をも賞賛している。
19) 野家啓一「訳者あとがき」、ローティ『哲学と自然の鏡』産業図書、1993 年、481 頁。
20) ローティが『哲学と自然の鏡』で行った問題提起を議論した論文は世界各国で発表されており、膨大な数に上っている。そのうちの代表的な論文を集めたものとしては次のものがある。Alan Malachowski (ed.), *Reading Rorty*, B. Blackwell, 1990. Konstantin Kolenda (ed.), *Rorty's Humanistic Pragmatism*, University of South Florida Press, 1990.
21) Rorty, *Philosophy and Social Hope*, p. 12.（邦訳、59 頁）
22) *Ibid.*, p. 13.（邦訳、60 頁）
23) *Ibid.*

第 2 節　ローティの哲学と教育論

1　哲学と教育

　ローティはネオ・プラグマティズムを提唱する哲学者として有名であるため、当然ながら、彼の教育論では彼の哲学に基礎づけられた理論が展開される

ものと推測されるかもしれない。しかし、そうした推測とは裏腹に、ローティは次のように語っている。「私は哲学の政治への関連性について疑わしく思うのと同じ理由で、哲学の教育への関連性について疑わしく思う。(中略) われわれは、哲学が政治的変化や教育的変化に自動的に関わりをもつと決めつけるべきではない。われわれは、哲学的な精緻化がわれわれのより大きな政治目的や教育目的を妨害しないように注意すべきなのである」[1]。このようにローティは、もともと哲学に理論的基盤を求めない民主主義やリベラル・ユートピアを重視するため、政治を哲学的に基礎づけることには一貫して反対しているのだが[2]、それと同じ理由で教育を哲学的に基礎づけることにも反対しているのである。従来の教育学者が哲学こそ教育の理念や原理を根本的に規定するものであると尊重してきたのに対して、ローティは哲学が教育に確たる原理や方向性を提示できるとは考えず、むしろ哲学によって教育目的を拘束してしまわないように警告するところに大きな特徴がある。

そこで、まずローティの教育論を知るために、まず彼が批判の対象としている哲学の特徴を分析しておきたい。というのも、ローティのネオ・プラグマティズムとその教育論は、伝統的な西洋哲学(形而上学)とそれに基づく教育理論に対する徹底的な異議申し立ての帰結として構築されたという経緯があるからである。

2　形而上学の特徴

ローティは、『哲学と自然の鏡』以降、しばしば形而上学、体系的哲学、認識論中心の哲学、あるいは表象の形而上学などに対して一貫して徹底的な批判を加えている。これらの哲学の具体例には、超越論的哲学、プラトン主義、実在論、デカルト哲学、カント哲学、実証主義など、およそ西洋の伝統的哲学の主流を形作ってきた一連の哲学が含まれている。以下ではこれら西洋哲学の主流を成してきた一連の哲学を、ローティにならって「形而上学」と一括して呼ぶことにしたい。

この形而上学とは、ローティによれば、その「正典 (canon)」となるプラ

トンからカント (Immanuel Kant) へ至る哲学体系を引用しながら、普遍的で本質的な事柄について探究しようとする試みである[3]。こうした形而上学は、認識論を中心に据えた様々な研究プログラムを提示してきた。これら認識論中心の哲学に見られる際立った特徴は、人間が究極の拠りどころを求めることのできる基盤、あるいは反駁しえない表象としての真理を見出すべく努力を傾けてきたということであるが、この特徴はその研究プログラムにもはっきりと反映されている。すなわち、認識論を中心に据えた哲学の研究プログラムは、人間のありとあらゆる言説にとって唯一の基準となるような中立の恒久的な枠組みが存在し、その枠組みを用いればすべての言説が共約可能になるということを前提とした上で、探究を制約する厳密な規則を求めてきたのである。ローティは、まさにこうした伝統的な西洋哲学の研究プログラムに公然と終焉を宣告したのであった。こうした形而上学をローティは以下の6つの点から特徴づけている。

　形而上学の第1の特徴は、歴史を超越した永遠不変の普遍的真理を探究しようとする点にある。形而上学の主張によれば、時間とともに移り行く数多くの現象の背後には、発見されるべき単一の永遠なる普遍的な実在が存在しており、真の世界とは明晰かつ判明に知られうる単純な事物から構成されたこの実在にほかならないのである[4]。このような実在としての真の世界を指し示す語として伝統的に使われてきたのが〈自然 (Nature)〉[5]であった。歴史を超越したこの〈自然〉を正確に把握しようと試みることが、形而上学の出発点であったといえる。

　形而上学の第2の特徴は、人間の心はさながら鏡のようにこの〈自然〉という普遍的実在を表象することができると考える点である[6]。つまり、人間はその内なる鏡に〈自然〉をありのままに正確に映し出すことができるというのである。形而上学は、内なる巨大な鏡に現れる〈自然〉の様々な表象を内観や省察といった純粋に非経験的な方法によって追究してきたのである。こうした鏡像の視覚的メタファーに従えば、認識とは「自然の鏡」の表象作用なのであって、真理とは〈自然〉という実在の正確な表象にほかならず、

知識とはそうした表象の集合体であるということになる。こうして形而上学の課題の成就は、いかにして〈自然〉という超歴史的な普遍的実在を心という鏡に正確に映し出し、永遠不変の絶対的な真理を獲得するかにかかってくるのである。

　形而上学の第3の特徴は、上述した〈自然〉という普遍的実在を特徴づける上で必要かつ十分な属性として「本質」なるものを想定し、この本質を発見することが人間の義務であると同時に、本質は人間自身による発見を促すような性質をもっていると考える点である[7]。人間は、心という鏡に普遍的実在を正確に映し出すことによって普遍的実在を構成する諸々の事物の本質を発見することができるのであり、この本質さえ把握できれば、哲学のみならず科学、道徳、政治、宗教などの諸問題も自ずと解決されることになる。人間は生来的にこうした本質を知りたいと欲する存在なのであり、人間性には本質を把握できる理性が万人共通の普遍的原理として組み込まれているのである。このように形而上学は、本質とそれを把握する理性とを前提した上で、様々な事物や事象に関してその本質を究明することにひたすら努めてきたのである。

　形而上学の第4の特徴は、人間の行為、信念、生活を正当化するために使用する特定の用語、つまり「終極の語彙 (final vocabulary)」を適用し、様々な表象の背後にある単一の永遠なる「実在」を発見しようとする点である。ここでいう「終極の語彙」とは、究極性、適正性、最適性についての「基準 (criteria)」を満たす語彙であるため、それらを用いて論理的な推論に基づき論証を続ければ、様々な命題間の推論関係を突き止められることになる。また、こうした論証によって事柄の本有的特性や真の本質が発見されることで、内的に有機的に結びついた「終極の語彙」から成る知識体系は漸進的に収斂していくことになる。

　形而上学の第5の特徴は、〈自然〉という普遍的実在の本質に関する知識が、あらゆる言説を理論的に基礎づけて、すべての文化に共通する全人類に普遍的な基盤を提供することができると考える点である。形而上学によってこの

ような権威を保証された知識は、特権化されることで「終極の語彙」となるに至る。形而上学の領域にとどまる限り人間が抱きうるあらゆる疑念は、この「終極の語彙」に訴えることによって解消されてしまう[8]。この「終極の語彙」を用いて前提を構成し論理的に正しい推論を展開していけば、様々な事物や事象の本質が発見されうるのであって、この手続きを用いることにより、個々人の見解や信念に含まれている誤りも是正することができるのである。つまり、「終極の語彙」は、必ず正しい結論が導出されるような前提を明確に定式化することを可能にするのである。これによって、人々が抱いている種々雑多な無数の見解は漸進的に収斂させられ、さらに相互に有機的に結びつけられて、最終的にはあらゆる分野のあらゆる思想を基礎づける確たる知識の基盤ができ上がるというのである[9]。

　形而上学の第6の特徴は、一群の二元論をもち出してくる点である。形而上学は、特に「実在と現象」の二元論を中心に据えて理論を構築するが、そのほかにも、「絶対と相対」、「無制約的なものと制約されたもの」、「永続的構造と一過的内容」、「厳密に道徳的なものと単なる分別」などの二元論も挙げることができる[10]。形而上学は、こうした二元論は真理や価値の基準に拠りどころを与えることで、行為や信念をはじめとする人間の生活全般についての正否や善悪を絶対的に決定づけるのである。

　以上のような特徴をもつ形而上学の体系においては、「人間と実在」、「表象と実在」、あるいは「言語と実在」といった対応関係がすでに明確に定められており、人間はそれらを発見して正しく認識することが重要になる。こうした形而上学は、様々な現象の根底にある普遍的実在に対応する特権的な知識を司る役割を独占的に担ってきたのであり、その伝統は近代のリベラルな社会における公共のレトリックや教育のレトリックのうちにも強力に浸透していったのである。

3　形而上学に基づく教育論

　以上のような形而上学を理論的基盤とした場合、教育とは、「人間と実在」

の対応関係としての知識体系を学校の教科カリキュラムに組み込み、その知識体系を子どもに習得させ、実在と適正な対応関係に入り込ませ、「人間」として完成させることになるのである。ここでいう「人間」とは、万人に共通する普遍的原理や究極的本性を有する存在者であり、その人間のうちにある整合的に統一された中心的存在が「自己」となる。こうした形而上学に基づく教育論では、子どもは普遍的原理や究極的本性が未熟であるため、「共有された大きな力」（たとえば、合理性、神、真理、歴史など）と正しい関係に置かれることで、力を付与されて真の自由を獲得し、人間として完成すると考えるのである。

さらに、形而上学においては、理性こそが、人間と実在との対応関係を正しく認識し、個人の衝動や欲望に由来する「私的なもの」と社会的な欲求に由来する「公共的なもの」との対立を和解させ統合する力であり、人間の連帯の源泉でもあると考える。こうした形而上学に基づく教育論では、子どもは、学校で理性を発達させ、まさに理性的な人間存在になることで、普遍的な道徳原理を身につけ、人間として完成すると想定するのである。

以上のような形而上学を高度に構築した代表的な哲学者であり教育学者でもあるのが、カントである。カントは、人間性の共通の核心となる理性に払われる敬意こそが、経験や歴史の偶然性に依存しない点で、教育の要であり、道徳のための唯一の動機づけであるとみた。それゆえ、カントは相対的な感性や情緒から切り離された絶対的な理性の教育を重視し、合理性を道徳的義務に結びつけることで、人間の連帯を道徳の動機づけによって合理的に基礎づけようとしたのである。こうした形而上学に基づく教育論では、人間は理性によって判断し行動できる点で他の動物に優越すると考えられ、相対的な要素を含む衝動や情緒や想像力は蔑視されることになる。そのため、学校では子どもが自らの気まぐれな衝動や情緒や想像力を克服して、人間にふさわしい理性を発達させることが最も重視されることになったのである。

次項では、こうした諸特徴を有する形而上学とその教育論に対して、ローティがいかなるスタンスで対峙し、それに代わって彼のネオ・プラグマティ

ズムとその教育論を構築していくのかを検討することにしたい。

4 ネオ・プラグマティズムの特徴

　ローティは、上述した特徴を有する形而上学を根本的に批判して、そこから自らのネオ・プラグマティズムの立場を明確に打ち出していく。そこで次に、前項で取り上げた形而上学の特徴と対応させながらローティによる形而上学批判を検討することによって、彼の提唱するネオ・プラグマティズムの特徴をみていくことにしたい。

　ローティは、第1章第1節3・4で述べたように、初期には分析哲学や言語哲学を研究していたこともあり、まず人間特有の特徴を「理性」ではなく「言語」にあると捉えるところから出発している。この立場では、言語の起源が自然主義的な用語ですべて説明できると考えるため、カント哲学のように人間にだけ特有の超越論的・叡智的側面があるとは信じがたくなるのである。ここでローティが再評価するのは、ヒューム（David Hume）の哲学である。ヒュームは、人間と動物の連続性を認め、理性と情緒、思考と想像の区別を曖昧にし、動物にも見られるような同胞に対する善意の関心に、人間の道徳を同化させ、道徳的進歩を情緒の進歩として考えようとした。このように理性と情緒の区別を曖昧にし、現実を知ることと現実に対処することの区別を曖昧にしたという意味で、ローティはヒュームを「原プラグマティスト（protopragmatist）」と呼んで高く評価している[11]。こうした反二元論的な立場に立つヒュームの見解は、ジェイムズやデューイを経てローティのプラグマティズムに継承されていくことになる。

　こうしたプラグマティズムの流れを受けて、ローティは形而上学を徹底的に批判していく。ローティは、まず「人間」を「具体的な姿をとった語彙（incarnated vocabularies）」[12]として捉え、そこから「自己」を「信念や欲求から成る、中心のないネットワーク」[13]として捉え直す。このように考えると、自己は特定の語彙を通して歴史的に偶発的に再編成されるため、新しい語彙の使用を学ぶことによって信念や欲求を適切に再記述し、自己を再創造する

ことができる。ここでローティは、人間に内在する普遍的原理や究極的本性を相対化し、信念や欲求の歴史的な偶然性を受け入れるために、想像力によってもたらされるアイロニーの作用に注目する。歴史的な偶然性に依拠する「中心のない自己」は、このアイロニーを用いることで究極的な原理を相対化するとともに、様々な語彙を比較対照し、新たに優れた有益な語彙を試してみる中で、信念や欲求の新たな候補となるものを探し出し、それを既存の信念や欲求のネットワークの内に編み込み、自己像を変化させていく。人間はこのような自己の再創造を繰り返すことによって、「われわれ自身にとって可能なかぎり最善の自己を創り出すという希望を抱く」[14]ことができるようになるとローティは考えるのである。

以上のような見地から、ローティは形而上学を次の6つの視点から批判し、それぞれに応じてネオ・プラグマティズムの特徴を歴史主義、反表象主義、反本質主義、反基礎づけ主義、反二元論、会話重視の立場において明らかにしていく。

まず第1に、ローティは形而上学が真理を歴史の外部で認識しようとしてきた点を批判し、人間はどのような事柄を知るのであれ、常に特定の歴史的文脈の内部において知ることができるにすぎないと主張する。要するに、「歴史主義（historicism）」の立場を明確に打ち出すのである。この歴史主義の立場は、人間のありとあらゆる認識に対して超歴史的な普遍性を一切承認しない。たとえば、「心」や「哲学」の概念、さらには、「真」、「善」、「美」の概念さえも常に特定の歴史的状況において歴史的に形作られたものであり、それゆえ具体的な歴史的文脈に即してその内容を捉えるほかないのである。ある事柄に関する理解やそこから派生した行為様式、習慣や学問さらには社会制度に至るまで、人間に関わる一切は歴史的状況の中で生じているのであって、この根本的な歴史性のために決して偶発的な性格や暫定的な性格を免れえないものなのである。ローティが強調するこうした歴史的な偶発性や暫定性は、バーンシュタイン（Richard Bernstein）が指摘するように、時代的な機運といった要因を重視する立場と呼応しており、非歴史的な本質や普遍性の

対極に位置づけられるものである15)。このようにローティは、人間の文化の歴史性を強調することで、認識一般におけるコンテクストの重要性に注意を向けようとするのである。

　第2に、ローティは形而上学が実在を正確に表象することを標榜している点を批判し、およそ表象の正確性を決定する方法などないと主張する。ローティはこの主張を「反表象主義（antirepresentationalism）」と呼んでいる。ローティによれば、「言語によって把握されたどのような世界像も、他の世界像よりも正確に世界を表象する方法ではない」16)。言語もまた人間が創り出したものである以上、どの言語も決して非歴史的で普遍的なものではありえず、したがって、歴史的文脈に依存した偶発的なものとして変化を免れることはできないのである。それゆえ、人間の認識が常に特定の言語と不可分であることを考えれば、表象の超歴史的な正確性を必然的にもたらしてくれる認識方法などあるはずもなく、科学であれ道徳であれ政治であれ、およそ何に関する理論であっても決して時代性や地域性を超越したものではありえず、偶発的な歴史的語彙によって構成された暫定的な記述としての「物語（narrative）」にすぎないのである。つまり、ローティによれば、真理とは外的な〈自然〉としての実在の非歴史的で正確な表象などではなく、その時々の文脈において適合性を有している歴史的な社会的構築物なのである。したがって、認識とは、表象において「実在を獲得していくこと」ではなく、「現実的に対処するための行動習慣を獲得していくこと」なのである17)。ローティのこうした反表象主義の見地は、伝統的な形而上学における認識論を根本から覆し、形而上学につきまとう認識の視覚的メタファー、特に鏡像のメタファーを一切退けることになる。

　第3に、ローティは、形而上学が主張してきた恒久的な絶対的真理、普遍的本質、あるいは万人に共通の普遍的な人間性といったものを根本的に疑い、具体的な歴史的文脈を超越した真理や本質などというものは存在しないと主張する。この主張をローティは「反本質主義（antiessentialism）」と呼んでいる。ローティによれば、真理や本質が一切の歴史的状況から独立して客観的に存

在していて、その真理や本質は人間の探究によって発見されるのを待っているなどということはありえないのであって、およそ人間が探究しうるのは、ある時ある状況のもとで成立する偶発的で暫定的な事象だけなのである[18]。いかなる観念であれ、その意味内容はある特定の人間がある特定の歴史的文脈においてその観念に与えた意味内容なのであり、真理として把握されるものが必ずこうした何らかの観念から構成されている以上、その真理もまた非歴史的なものではなく、特定の人々にとって特定の時に特定の場所でうまく働いてきたもの以上でもなければ以下でもないのである[19]。こうしたローティの真理観は、形而上学のいう実在の超歴史的で普遍的な本質としての真理観とは決別しており、ジェイムズのいう「役立つもの、有益なもの、信じた方がよいもの」としての真理観、あるいはデューイのいう「保証された言明可能性」としての真理観に連なっている。こうした反本質主義は、形而上学における多数の問題構制を無意味なものとして却下し、人間の文化について時代に応じた新しい語り方を創造することを可能にするのである[20]。

　第4に、ローティは、形而上学が主張してきたような、諸々の文化を基礎づける確固たる普遍的基盤としての知識など存在しないと主張する。この主張をローティは「反基礎づけ主義（antifoundationalism）」と呼んでいる。形而上学は、人間の様々な歴史的文化を文化横断的・歴史横断的な知識、すなわち普遍的で絶対的な真理によって基礎づけることができると考えるが、これに対してローティは、人間の文化に関わるあらゆるものがその時々の歴史的状況に相対的であるため、文化的歴史的な世界を横断した普遍的基盤などは存在しないと考えるのである。たとえば、ある共同体はその共同体に特有のエートス（道徳的な慣習）を有しているのに対して、別の共同体は別のエートスを有しているというのが通例であるため、相異なる共同体や文化圏の間には共通の基盤としての普遍的な真理基準は存在しない[21]。こうして、ローティによれば、普遍的な真理や本質の概念の正統性が否定されると共に、それに関連した特権的な語彙も退けられ、そうしたものに訴える合理的な議論を通じて究極的な相互理解や合意に達することも不可能ということになるのであ

る[22]）。

　第5に、ローティは形而上学に特有の二元論を解消しようと試みる。これをローティは「反二元論（antidualism）」と呼んでいる。たとえば、ローティは、「実在」と「現象」との二元論的な区別を、世界と人間に関する「より良い記述」と「あまり良くない記述」との区別に置き換えることで、形而上学における実在と現象の二元論そのものの解消を図っている[23]）。その際、ローティは、どのような基準に基づけば記述が「より良い」ものであるのかを追究しようとする形而上学的な誘惑を退け、プラグマティズムの見地から「われわれが良いとみなすものを多く含み、悪いとみなすものをより少なく含んでいるという意味で、より良い」と述べる以上のことは差し控えるのである[24]）。また、ローティは、形而上学における「永続的構造」と「一過的内容」との二元論的な区別を、過去と未来との区別に置き換えることを試みている[25]）。この試みを実行することで、「永続的構造」をもち出すことによって過去の習慣や伝統を正当化するという形而上学的な後ろ向きの任務は、不満足な現在をより満足のいく未来に変えていくというプラグマティックな前向きの任務に置き換えられることになる。大事なことは、形而上学の発想によって「一過的内容」を「永続的構造」に近づけることではなく、プラグマティズムの発想によっていま現にある不満足な状況を満足できる可能な未来に近づけることなのである[26]）。

　第6に、ローティは、形而上学が主観と客観的対象との対面（confrontation）に即して問題構成を提示することに反対し、歴史的な文脈に根ざした人間同士の絶えざる会話（conversation）に即して問題構成を提示している。ローティは、形而上学のように人間の内なる鏡が実在と対面することによってもたらされる絶対的な真理の発見を重視するのではなく、人間同士が繰り広げる会話という言語に媒介された活動を重視するのである。こうした会話の成立にとって不可欠なことは、哲学的議論のテーマを「人間とその探究対象との関係から、相互に代替可能な諸々の正当化の基準間の関係へと移行させ、さらにそこから知の歴史を構成しているこうした基準の実際の諸変化へと移行さ

せる」[27]ことである。あらゆる言説にとって唯一の基準となるような中立の恒久的な枠組みといったものを認めないローティは、様々な言説相互の関係を、会話を織り成す繊維同士の関係として捉えている。ローティによれば、「こうした会話は話し手を統一するような専門母型 (disciplinary matrix) を何ら前提しないが、それでも会話の続く限り決して一致への希望を失わないような会話である」[28]。こうした見地からローティは、ネオ・プラグマティズムとは、「会話的なものを除いては探究を制約するものはないという主張であり、対象や精神や言語の性質から引き出される全般的な制約などなく、あるのはわれわれの仲間の探究者による言及によって提示された制約を保つことだけである」[29]と説明している。要するに、ローティのネオ・プラグマティズムは、およそ探究の方法論的制約を求める試みを一切放棄して、非方法論的な会話の制約のみを保持するのである。それゆえ、ローティによれば、「どのような行為が最適か」とか「どのような知識が最重要であるか」といった問題を探究するための数多くの方法が提唱されてきたが、その中のどれが最も普遍的で最善であるかを決定づけることなどできないのである[30]。ネオ・プラグマティズムにおいて特定の探究方法が有する価値とは、その探究方法が実践にどのような結果をもたらしたかによって判断されるのであって、探究方法を実践に移して得られる効果から離れてはその価値を決定することができないのである。この点をローティは、「あらゆる探究の様式は、科学的であろうと道徳的であろうと、多様で具体的な選択肢が有する相対的な魅力に関する熟慮なのである」と端的にいい切っている[31]。こうしてローティのネオ・プラグマティズムは、具体的な文脈における実践にどのような効果をもたらすかということに関して、様々な選択肢の優劣をめぐって取り交わされる会話を重視するのである。

　要するに、人間は様々な選択肢の長所や短所、あるいは実践がもたらす結果について議論を行うことを通して、より広汎な合意を伴う生活様式や行為様式を選択し共同体の連帯を拡張することができるし、そうすべきなのである。探究の方法論的な制約を根本的に認めないローティは、会話を続けるこ

とにおいて様々な選択肢を検討し、より広範な合意が形成されることを求めるのである[32]。このような役割を担う会話は、科学的な実験という形をとることもあれば、文学についての議論という形、あるいは理想的な社会についての協働探究という形をとることもある。

以上のように、ローティは、西洋の伝統的な形而上学に対する徹底的な批判に即して、歴史主義、反表象主義、反本質主義、反基礎づけ主義、反二元論、会話重視の立場をとり、現代思想の文脈においてプラグマティズムの新たな展望を切り拓いていったのである。ただし、実のところ、ローティは伝統的な形而上学の信奉者たちを納得させうるような論理を自らのネオ・プラグマティズムの立場から提示できるとは考えていない。ローティによれば、「プラグマティストと彼の敵対者との間の論争を双方が同意できる基準に従ってひきしめ、解決する方法などないのである」[33]。このように、ほかならぬローティ自身もプラグマティズムと形而上学との間の哲学論争に決着をつけるための決定的な論証を提示することはままならないのを認めているとはいえ[34]、ローティが、形而上学とプラグマティズムとの問題構成の違いを十分に見据えた上で、形而上学から脱却したネオ・プラグマティズムの鮮烈なイメージを提示していることは間違いない。

5 啓発とアイロニー

伝統的な形而上学との対比において、ローティがネオ・プラグマティズムの主要な特徴として重視するのが、「啓発（edification）」である。ローティのネオ・プラグマティズムは、まさに「啓発的哲学（edifying philosophy）」であることによって形而上学から区別されるといっても過言ではない。

ローティの啓発的哲学とは、形而上学のように現在の直観や社会的慣習に根拠を提供することではなく、読者や社会全体が時代遅れの語彙や態度から解放されるように手助けすることを目指す[35]。ローティによれば、「慣習の殻を破るための主な道具となるのは、新しく具体的な代案を提示すること」であり、「われわれ哲学者にできる最大のことは、これらの提案を発表する

のに適切なレトリックを発展させることであり、これらの提案をより好ましいものにすること」なのである[36]。こうした啓発的哲学は、人々が時代遅れの哲学概念から抜け出て、社会的な慣習の殻を破ることを手助けするという意味において治癒的な役割も果たす。こうした哲学の治癒的役割とは、日常言語の働きや論理を見誤ることから生じた哲学の病を治癒しようとする営みであり、ひいては人間や社会の諸問題の解決に寄与しようとする営みでもある[37]。

　こうした目標を抱いた啓発的哲学は、体系的哲学すなわち伝統的な形而上学に対して変則的であると同時に反抗的である。ローティによれば、啓発的哲学は、「普遍的な共約性の提唱者が、一連の特権化された記述体系の具現化をたてに会話を打ち切ろうとする目論見に対して異議申し立てをする」[38]。つまり、啓発的哲学が目指しているのは、普遍的な真・善・美の体系を普遍的なものと捉えた上で万人に共有させようとする企てを放棄し、特定の文脈の中で個々人が互いに共通の関心事について自由に見解を取り交わす会話を続けることによって、多様な価値を創造しようとすることなのである[39]。

　このような啓発的哲学は、体系的哲学との対比において明確に特徴づけることができる。まず、体系的哲学は、世界の本質の究明とか、世界の成立の解明といった問題を探究することを好んで企てる。したがって、体系的哲学の営みは、おのずと現実の社会問題からはかけ離れたきわめて抽象的な次元において、人類の永遠の謎に取り組むことになる。そこでは学問として精密になればなるほど、他の文化領域との接点が著しく減少していくことになる。従来の哲学者の大多数は、こうした体系的哲学に従事した学者として特徴づけられるのである。

　これに対して、ローティが推進しようとする啓発的哲学は、「究極的なもの（the ultimate）」や事物の本質を解明しようとする探究に対して強い疑念を抱き、哲学の伝統をなす「大きな物語（grand narratives）」に対して公然と反旗をひるがえす。啓発的哲学は、実在の本質を認識しようとする体系的哲学の企てを愚かな試みとして却下する。啓発的哲学にとって、「人間の本性は

本質の認識者になることにあるという見解は信頼がならない」[40]のである。このような啓発的哲学が努力を傾けるのは、「より興味深く実り豊かで優れた新しい語り方」[41]を見出すことなのであり、これによって啓発的哲学はまさに哲学者の社会的役割を一変しようとするのである。啓発的哲学において、今や哲学者に求められているのは、「変則的（abnormal）であることであり、見慣れぬというその力によって、われわれを古い自我から連れ出し、われわれが新しい存在となるのに力を与えてくれること」[42]なのである。つまり、啓発的哲学は、体系を構築したり究極的な基礎づけを行ったりすることに手を染めるのではなく、新しい語彙や語り方を創造して、社会的な常識や因習を打破したり、新しい行動様式を構想したりすることに貢献することを使命とするのである。

こうした啓発的哲学は、より改善された知的で実り豊かな新しい語り方を見出す企図を意味している[43]。これは形而上学の体系化におけるプラトン流の「確実性の探究」ではなく、あらゆるドグマに懐疑を抱いて安易に絶対的なものを求めないソクラテス流の「偶然性の会話」を志向するものである[44]。この協働的な探究をあくことなく続けようとするソクラテス的会話は、形而上学に走ろうとする欲求を抑え、協働探究の成果を常に社会的、実際的なものに関連づけようとするものである。

こうしたローティの啓発的哲学は、ウェイン（Kenneth Wain）が指摘するように、デューイからの思想的影響だけでなく、ニーチェ（Friedrich Nietzsche）やフーコーからの思想的影響も取り込んでいるため、私的要素の強い「自己創造（self-creation）」を重視する側面がある[45]。それに呼応して啓発的哲学を特徴づける重要な要因として、アイロニーが登場することになる。ローティのいうアイロニーとは、ニヒリズムやシニシズムに結びつく一般的な意味での皮肉や嘲りといった否定的なものではなく、公私の深刻な現実の問題に取り組む際に既存の価値基準をソクラテス的な懐疑にさらすことで、新たな価値や希望を創造し、積極的に解決をもたらそうとする肯定的なものである。ローティによれば、こうしたアイロニーによって、人間は「自分を

記述するための言語が変化しうるものであり、自分が受け入れる終極の語彙の偶然性と脆弱さを自覚する」[46]ことが可能になるのである。アイロニーは、深刻な内省や自己批判を促すと同時に、人生を一連の意味ある選択として説明するための「メタファー」としても働く。ネイマン（A. Neiman）によれば、ローティのいうアイロニーは、真面目さと軽快さを伴う会話において、物事を「詩化する能力」や社会批判の能力を育み、新たな自己創造を促して、社会変革の構想へ人間を導く働きをする[47]。このアイロニーの働きは、自己創造や社会変革にはつきものの偶発性や不確実性にも対応できる柔軟さを備えているのである[48]。

　ローティは、人間存在に関する普遍的原理や究極的本質といったものをアイロニーの作用に訴えることによって相対化し、信念や欲求の歴史的偶然性を受け入れる人物のことを「アイロニスト」と呼ぶ。ローティによれば、アイロニストには次のような特性が確認される。第1に、アイロニストは「自分がいま現在使っている終極の語彙を徹底的に疑い、絶えず疑問に思っている」[49]。なぜなら、現在使っている終極の語彙といえども、普遍性や絶対性を有するものではなく、歴史的偶然性を免れないものだからである。第2に、アイロニストは「自分が今現在使っている語彙で形作られた論議は、こうした疑念を解消することができないと分かっている」[50]。なぜなら、歴史的偶然性を免れない語彙で形作られた論議は、その性質上、疑念を完全に除去するために普遍的原理を標榜することなどできないからである。そして第3に、アイロニストは「自らの状況について哲学的に思考するかぎり、自分の語彙の方が他の語彙よりも実在に近いと考えてはいない」[51]。中立性や普遍性という尺度で語彙を選択すべきではなく、ただ単に新しい語彙を古い語彙と競わせることによって語彙の選択を行うべきなのである。

　こうしたローティの啓発的哲学は、教育の理念や原理を打ち出す役割や教育理論を基礎づける役割ではなく、人間（子ども）を啓発する役割や社会を治癒する役割をこそ果たすのである。そこでは、自他を啓発して人間形成に深く貢献すると共に、人間が実際に抱えている様々な問題を解決するために

有用なインスピレーションを与えることを何よりも重視するのである。

6　啓発と教育

次に、ローティのいう啓発が教育とどのように関わるかについて検討を深めていきたい。まず、伝統的な形而上学は、自己を人間存在の中心となる「普遍的本質」や「超歴史的な内在的属性」と関連づけて哲学的に基礎づけてきた。それに対して、ローティはこうした普遍的な意味での自己の概念規定を棄却した上で、人間の自己を「信念や欲求からなる、中心のないネットワーク」[52]として捉え直し、その語彙や意見は歴史的な状況によって決定されているとみる。ある人間の信念や欲求が他の人間の信念や欲求と共通する部分が多々あるとしても、その共通性とは偶発的なものでしかなく、ホモ・サピエンスの核をなす本質（たとえば、理性や人間性といったもの）によってもたらされたものではないとローティは考えるのである。こうした見地では、人間は形而上学が想定する超歴史的な普遍的本質によって規定されるのではなく、たまたま自らが生まれ育った歴史的環境によって基本的に条件づけられることになる。ローティによれば、普遍的な意味において「人間存在などというものはないし、社会的抑圧によって本質的な人間性が疎外されるようなこともない。あるのは社会化の過程によって動物を人間に形成することであり、そして後にその過程に反感を抱くことを通して人間の自己個性化や自己創造が続くことである」[53]。

このように自己や人間性を捉え直せば、教育はこれらの信念と欲求を形成する上で大きな影響を及ぼし、ひいては人間の自己形成を左右するものであると考えられる。ただし、その場合でも、自己や人間性には核となる本質がないため、教育が執着するべき〈自然〉の構造が人間に内在しているということはなく、人間という種に特有の自己実現も規定できないことになる。ローティによれば、ある人間が何者であるかは、その人間がたまたま生まれ育った歴史的環境において多分に偶発的な形で身につけてきたものに大きく影響されるのであって、すべての人間に普遍的な内的構造によって先天的に決定

づけられているわけではない。そのため、ルソー（Jean-Jacques Rousseau）の『エミール』に提示されているような普遍的な人間性を志向する教育には否定的であり、また「〈自然〉は何を求めているか」ということを教育実践の指針にするべきではないと考える。ローティにとって、人間を導く〈自然〉などは虚妄でしかないのであって、教育の果たすべき役割は、歴史的偶然性によって規定された諸条件を介して解釈するしかないのである[54]。

以上のように自己や人間性を捉え直す立場から、ローティは教育の目的を再検討している。伝統的な教育の目的とは、子どもに知識を伝達して社会化することであったが、その思想的背景には、知識が客観的実在に対応する絶対的真理であるという形而上学のドグマがあった。ローティによれば、永遠の絶対的真理を把握しようとする試みと不可分な知識観は、客観的実在を純粋な形で正確に心という鏡に映し出そうとする形而上学の認識論的な野心を秘めているのである[55]。こうした形而上学の認識論的な野心を抱くかぎり、教育の目的は、絶対的真理としての知識を子どもに伝達して社会化することに還元されてしまう。

それに対して、ローティは教育の目的とは、子どもを「啓発」[56]することによって、「信念と欲求のネットワーク」としての自己を編み直し、新たな自己を創造することなのである。そうした教育の過程では、われわれが使う語彙や「物事の語り方」[57]に注目しながら、「新しい、よりよい、より興味深い、より実り豊かな話し方を見出すプロジェクト」[58]を遂行すべきなのである。しかしながら、ローティは啓発だけを教育の目的として考えているわけではない。そもそも人間は、文字通り、無から何かを作り出したり形成したりはできない。啓発といえども現存している特定の信念や欲求を前提とし、それらに対する反抗として作用するほかない。そこで、ローティによれば、「教育は文化的適応（acculturation）から始まらなければならない」のである[59]。というのも、文化的適応という社会化の過程がなければ、啓発の作用すべき対象である信念や欲求がそもそも形作られないからである。もちろん、このような文化的適応という社会化の過程だけでは、知識を絶対的真理として捉

える形而上学と同様の知識観に陥ってしまう危険性もある。しかし、それにもかかわらず、「啓発は常に今日の文化によって提供された材料を用いる」[60]しかないのであり、教育において自己を主体的に創造するためには、自らが属する共同体の保有する支配的な言説や因習的な記述の中で、まずは社会化されなければならないのである。

　こうした見地から、ローティは教育の過程として、文化的適応を目指す「社会化（socialization）」と啓発を目指す「個性化（individuation）」とを分けて考察を展開している。結論から先にいえば、ローティは、初等・中等教育の目的は、概して社会化に関わることであり、そこでは市民感覚を教え込もうとすることが重要になるのであり、一方、高等教育の目的は、概して個性化に関わることであり、そこでは自分自身を再創造できるという希望のもとに個人の想像力を喚起することが重要になると考えるのである[61]。このように、初等・中等教育では、児童・生徒に基礎的知識や社会規範を習得させ社会化し、現行の社会に参加できるような教養ある市民として育成すべきであり、それを受けて高等教育では、学生を啓発して現実の社会に見られる弊害や疎外を克服するために、より寛容で民主的な社会のあり方を探究するよう働きかけ、その中で学生の個性化を図って豊かな自己創造を促すべきであると考えるのである。

　これまでの教育史上においては、「教育の目的は社会化か個性化か」をめぐって熱い論争が繰り広げられてきたが、ローティはそうした二項対立の図式をあっさり棄却して、淡々と次のように語る。「社会化とは個性化の前に起こらなくてはならないものであり、いくつかの社会通念が押し付けられる前に、自由のための教育を開始することなどありえない」[62]。ローティは、こうした教育における二項対立の問題設定が生じた原因とその問題を克服する手段を教育における政治性と関連づけながら考察を深めている。そこで、次節ではローティの政治的立場や政治論をふまえて、教育問題の深層部に迫っていきたい。

註

1) Richard Rorty, "The Dangers of Over-Philosophication," *Educational Theory*, Vol. 40, No. 1, 1990, pp. 41-44.
2) たとえば、ローティの次の論文を参照のこと。Richard Rorty, "The Priority of Democracy to Philosophy," in *Objectivity, Relativism, and Truth*, Philosophical Papers Vol. 1, Cambridge University Press, 1991.
3) Richard Rorty, *Contingency, Irony, and Solidarity*, Cambridge University Press, 1989, p. 76.（齋藤純一・山岡龍一・大川正彦訳『偶然性・アイロニー・連帯―リベラル・ユートピアの可能性―』岩波書店、2000 年、159 頁）
4) Richard Rorty, *Philosophy and the Mirror of Nature*, Princeton University Press, 1979, pp. 38-39.（野家啓一監訳『哲学と自然の鏡』産業図書、1993 年、28-30 頁）*Ibid.*, p. 357.（邦訳、417 頁）
5) 古代ギリシャ哲学に端を発する〈自然〉（ギリシャ語では「ピュシス（physis)」）は、本来は成長・生成を意味したが、後にはそうした成長・生成の結果として構成されたもののもつ性質や本性、さらにはそうした成長・生成をもたらす力や能力の意味も併せもつようになり、最終的にはそのように成長・生成する森羅万象全体を包括する実在を意味するようになった（廣松渉他編『岩波 哲学・思想事典』岩波書店、1998 年、637 頁参照）。
6) Rorty, *Philosophy and the Mirror of Nature*, pp. 41-43.（邦訳、30-31 頁）*Ibid.*, p. 357.（邦訳、418 頁）
7) Rorty, *Contingency, Irony, and Solidarity*, p. 75.（邦訳、157 頁）Rorty, *Philosophy and the Mirror of Nature*, p. 336.（邦訳、390 頁）
8) Rorty, *Contingency, Irony, and Solidarity*, p. 75.（邦訳、158 頁）
9) *Ibid.*, p. 76.（邦訳、160 頁）
10) Richard Rorty, *Philosophy and Social Hope*, Penguin Books, 1999, p. 24.（須藤訓任・渡辺啓真訳『リベラル・ユートピアという希望』岩波書店、2002 年、79 頁）
11) *Ibid.*, p. 67.（邦訳、147 頁）
12) Rorty, *Contingency, Irony, and Solidarity*, p. 88.（邦訳、180 頁）
13) *Ibid.*, p. 10.（邦訳、26 頁）
14) *Ibid.*, p. 80.（邦訳、166 頁）
15) Richard J. Bernstein, *The New Constellation: The Ethical-Political Horizons of Modernity/Postmodernity*, The MIT Press, 1992, p. 267.
16) Richard Rorty, *Rorty & Pragmatism*, Herman J. Saatkamp, Jr. (ed.), Vanderbilt University Press, 1995, pp. 3-4.
17) Rorty, *Objectivity, Relativism and Truth*, p. 1. ローティの反表象主義と言語哲学との関連については、次の文献を参照。冨田恭彦『アメリカ言語哲学

の視点』世界思想社、1996年、109-111頁。
18) プラグマティズムの見地によれば、「知識の性質に関する探究」とは、「信じるものに関して様々な人々がどのようにして同意に達してきたかを社会的・歴史的に説明すること」にほかならない。Rorty, *Objectivity, Relativism and Truth*, p. 24.
19) Richard Rorty, *Consequences of Pragmatism: Essays: 1972-1980*, University of Minnesota Press, 1982, p. 163.（室井尚他訳『哲学の脱構築―プラグマティズムの帰結』御茶の水書房、1985年、364頁）
20) Rorty, *Philosophy and Social Hope*, p. 66.（邦訳、145頁）
21) Rorty, *Contingency, Irony, and Solidarity*, p. 75.（邦訳、157頁）
22) ローティはこの言語論的な見解をデイヴィドソンと共有している。D. デイヴィドソン著、野本和幸他訳『真理と解釈』勁草書房、1991年、210頁参照。この点についてマッキンタイアーは、「カント的な超越論的企て」によって基礎づけられていた世俗化された形態のプロテスタンティズムや近代の自由主義的個人主義は、クワインやローティのプラグマティズムによって覆されたと述べている。Alasdair MacIntyre, *After Virtue: A Study in Moral Theory*, Second Edition, University of Notre Dame Press, 1984, p. 266.（篠崎榮訳『美徳なき時代』みすず書房、1993年、324頁）
23) Rorty, *Philosophy and Social Hope*, p. 27.（邦訳、85頁）
24) ここでいう「より良いもの」とは、たとえばデューイにみられるように「成長」や「自由」ということになる。ローティにとって正当化とは、形而上学が想定する真理に関わる事柄ではなく、プラグマティズムの見地から「物事に対する希望の実質である未来」に関連づけられる事柄である。ここで重要なのは、形而上学が目指すような明確な「最終地点」ではなく、プラグマティズムが重視する曖昧といえば曖昧な「展望（vista）」なのである。*Ibid.*, p. 28.（邦訳、86頁）
25) *Ibid.*, p. 31.（邦訳、91頁）
26) *Ibid.*, p. 38.（邦訳、103頁）
27) Rorty, *Philosophy and the Mirror of Nature*, p. 389.（邦訳、450頁）
28) *Ibid.*, p. 318.（邦訳、370頁）
29) Rorty, *Consequences of Pragmatism*, p. 165.（邦訳、367頁）
30) *Ibid.*（邦訳、367-368頁）
31) *Ibid.*, p. 164.（邦訳、365頁）
32) Rorty, *Objectivity, Relativism and Truth*, p. 67.
33) Rorty, *Consequences of Pragmatism*, p. xliii.（邦訳、62頁）
34) Rorty, *Philosophy and Social Hope*, p. xxxii.（邦訳、39頁）
35) Rorty, *Philosophy and the Mirror of Nature*, p. 12.（邦訳、30頁）

36) Rorty, "The Dangers of Over-Philosophication," p. 41.
37) Rorty, *Philosophy and the Mirror of Nature*, p. 359.（邦訳、420 頁）
38) *Ibid.*, p. 377.（邦訳、437 頁）
39) Rorty, *Consequences of Pragmatism*, p. 172.（邦訳、379 頁）
40) Rorty, *Philosophy and the Mirror of Nature*, p. 367.（邦訳、427 頁）
41) *Ibid.*, p. 360.（邦訳、420 頁）
42) *Ibid.*
43) Rorty, *Philosophy and the Mirror of Nature*, p. 359.（邦訳、419 頁）
44) Rorty, "The Dangers of Over-Philosophication," p. 44.　本書では、プラトンの初期の対話編をソクラテスの思想として捉え、『国家』以降の対話編にみられるイデア論や形而上学をプラトンの思想として捉えている。(村井実『ソクラテスの思想と教育』玉川大学出版部、1972 年、195-229 頁参照)
45) Kenneth Wain, "Richard Rorty, Education, and Politics," *Educational Theory*, Vol. 45, No. 3, 1995, p. 403.
46) Rorty, *Contingency, Irony, and Solidarity*, p. 73.（邦訳、154-155 頁）S. シム編、杉野健太郎・下楠昌哉監訳『ポストモダン事典』松柏社、2001 年、26 頁参照。
47) Alven Neiman, "Ironic Schooling: Socrates, Pragmatism and the Higher Learning," *Educational Theory*, Vol. 41, No. 4, 1991, p. 384.
48) Alven Neiman, "Pragmatism and the Ironic Teacher of Virtue," James W. Garrison and Anthony G. Rud, Jr. (eds.), *The Educational Conversation: Closing the Gap*, State University of New York Press, 1995, p. 61.
49) Rorty, *Contingency, Irony, and Solidarity*, p. 73.（邦訳、154 頁）
50) *Ibid.*
51) *Ibid.*
52) Rorty, "The Priority of Democracy to Philosophy," p. 191.
53) Richard Rorty, "Education, Socialization, and Individuation," *Liberal Education*, Vol. 75, No. 4, 1989, p. 5.
54) *Ibid.*
55) Rorty, *Philosophy and the Mirror of Nature*, p. 357.（邦訳、417-418 頁）
56) ローティは、教育の目標について考えるに当たり、初めドイツ語の「ビルドゥング（Bildung 教養、人間形成）」に注目したが、結局、外国語は避けて、「啓発」を採用したと述べている。この点からローティのいう「啓発」はビルドゥングに近い意味合いがあることがわかる。*Ibid.*, p. 359.（邦訳、420 頁）
57) *Ibid.*, p. 359.（邦訳、419 頁）
58) *Ibid.*, p. 360.（邦訳、420 頁）
59) *Ibid.*, p. 365.（邦訳、425 頁）

60) *Ibid.*, p. 366.（邦訳、425-426 頁）
61) Rorty, "Education, Socialization, and Individuation," p. 5.
62) *Ibid.*

第3節　ローティの政治論と教育論

1　リベラルな共同体

　ローティのネオ・プラグマティズムは、1つの哲学的立場であるため、それ自体が特定の政治的立場を決定づけるようなものではない。このことを十分わきまえた上で、本項ではローティがとっている政治的立場を明らかにすることにしたい。

　ローティは、政治的にはリベラルな立場を支持している。ローティが支持している「リベラル」とは、シュクラー（J. Shklar）の定義に基づくものであり、「残酷さこそがわれわれの行う最悪のことであると考える人々」[1]を意味している。こうしたリベラルの定義は、伝統的なリベラルのエートスを継承しているが、形而上学に基づく絶対的価値に訴える発想とは無縁である。それゆえ、ローティによれば、このような意味でのリベラルな立場を正当化するということは、このリベラルな立場と他の社会組織上の立場（たとえば、ユートピア主義、王政復古主義、あるいはイスラム原理主義など）とを比較検討する企てにほかならない[2]。

　ローティが目指しているリベラルな社会では、「他者の痛みを感じる力量」や「多様性の拡張を認める寛容」だけでなく、可能な限り残酷さや痛みを社会から除去するために連帯することが求められる。ローティは、人々が互いに人間として万人共通の普遍的な義務をもつという形而上学的なテーゼに反対し、「われわれ」という意識を拡張し続けるための方策として人々は互いに相手に対する義務を負うというテーゼを積極的に主張している[3]。要するに、人々は他者に身体的な苦痛や精神的な屈辱を与えるような残酷なことを

できるだけ避けて、互いの差異に寛容になるよう合意を形成すべきなのであり、これによって社会的連帯が実現されると考えるのである。

　ローティによれば、こうした社会的連帯へのコミットメントは、伝統的に「他者」として位置づけられてきた人々に「想像的に共感 (attunement)」し、その人々と「想像的に同一化する技量」をもつことによって達成されうる[4]。このように人々は社会的想像力によって他者の苦痛に共感し、他者と自己を同一化して、他者を「われわれ」の仲間として捉え、苦痛の除去や残虐性の回避に努めることで「われわれ」の範囲を拡大していくことができるのである。他者との継続的な会話を通して、多くの間主観的な合意を創り出していけば、それだけこれまで周縁化されてきた他者をも「われわれ」の範囲に組み入れることが可能になる。ローティによれば、「道徳的進歩において重要なのは、感受性の増大」なのであり、この感受性の増大とは、「ますます多様になっていく人々や事態の必要性に呼応する能力を増大させること」[5]なのである。このようにローティは、「われわれ」の範囲を拡大することでリベラルの社会的連帯が実現していくと考えるのであるが、この社会的連帯は、国家的な規模で「大きな物語」を立ち上げることによってではなく、個々人の人生に含まれる様々な現実経験から「小さな物語」を紡いでいくことによってのみ可能になるのである[6]。

　以上のようなローティの立場は、自ずとある種の社会的義務に関する考察と結びつくことになる。ローティによれば、人々は共同体の構成員であることによって、様々な行為が社会的にどのような有意義な結果をもたらすかということを見定めるために、相手の発言に耳を傾けたり、他者と相互に会話したり、仲間の市民と協働探究を行ったりする社会的義務を負うのである。この社会的義務との関連でローティは、「われわれは互いの世界観について話し合ったり、強制ではなく説得を用いたり、多様性に寛容になったり、悔い改めて自らが誤りうることを自覚する義務がある」[7]と述べている。

　ローティが重視する会話は、多くの人々との交流を実現するため、「われわれ」の範囲を拡大する働きをもっている。こうした会話の働きは、調和的

な将来の社会を実現する可能性を開くのであって、会話に結びついたローティの社会的ビジョンは、「惑星的規模（planetwide）の民主主義」のイメージを掲げて、「豊かで強い者が貧しく弱い者を虐待しようとすることに対して絶えざる警戒」を行う政治的活動の企図に発展していく[8]。このようにローティのネオ・プラグマティズムは、オープンで寛容な態度で他者との会話を継続することによって社会変革の可能性を探るのである。

2 社会的想像力の必要性

　以上から、ローティは、伝統的な形而上学の立場から議論における理性の働きを重視するのではなく、ネオ・プラグマティズムの立場から会話における想像力の働きを重視していることがわかる。ここでローティが想像力を重視する理由は、大別して以下の2つが考えられる。

　まず1つ目の理由は、想像力が普遍的原理や究極的本性を相対化し、「多様化と革新のメタファー」[9]を用いて、自己や社会に関して、従来の記述とはまったく異なる新しい記述を行うことができるということである。ローティによれば、想像力とは、「人間の未来を過去よりも豊かにするべく絶えず作動している能力」なのであり、それは換言すれば「なじみの事柄をなじみのない用語で再記述する能力」である[10]。アイロニストは様々な語彙を比較参照し、自らの「終極の語彙」を改訂することによって自己に関する記述を改め、自らの道徳的アイデンティティを再構築し、ひいてはより豊かな未来の社会を志向するような新しい人生にふみ出すことも可能となるのである。

　もう1つの理由は、想像力が理性では語りえない「他者の苦痛」を感じ取る働きを発揮しうるということである。人間は理性によって「話される言語」を操り物事を理解するが、それでは感知できない非言語的な苦痛を想像力によって共感的に理解することもできる。苦痛それ自体は非言語的なものであるため理性では取り扱えないが、この苦痛を想像力によって感知することで、（言語を使用する）人間を（言語を使用しない）動物とさえ結びつけることができる[11]。人間は理性によって「被抑圧者の声」や「犠牲者の言葉」を真に理

解することはできないが、想像力によってそれらを情緒的に感じ取り、誰もが辱めを受けうる存在であることを理解し、自らもその例外ではありえないことを感じ取ることできる。ローティによれば、こうした想像的な共感こそ「必要とされる唯一の社会的な紐帯」[12]をもたらしてくれるのである。

以上のように、ローティは、自己創造と人間の連帯を理性によって認識論的に基礎づけることから解放し、社会的な想像力による共感的理解において新たなリベラリズムの創造を目指すのである。ローティにとってリベラリズムとは、社会的想像力の働きに訴えることによって文化を丸ごと「詩化 (poeticize)」することもできるという希望の源なのである[13]。換言すれば、それは、想像力によってもたらされる特異なファンタジーを実現するチャンスが誰にでも与えられることになるという希望の源なのである。

このように想像力の働きを重視する点で、ローティはロマン主義の伝統に回帰しているように見えるかもしれないが、しかしローティのネオ・プラグマティズムはロマン主義とは根本的に異なったものであることに留意すべきである。ロマン主義は、想像力を人間の心の奥深くにある神秘的な能力と捉え、こうした想像力によって人間は驚嘆すべき世界の謎を解き明かすことができると考えるのであるが、それに対して、ローティは想像力をあくまでも自己や世界を記述し直すための手段とみるのである。したがって、ローティのいう想像力は、何ものをも神秘的に崇拝せず、すべてを時間と偶然の歴史的産物として捉え、人間にとって重要な事柄に関するより良い記述をするための道具なのである。

こうした見地から、個人の道徳的発達や人類の道徳的進歩の問題は、自己を構成する多様な諸関係をいかにして拡大していくかという問題として捉え直す必要が出てくる。この拡大が極大になるときに成立する理想的な状態とは、ローティによれば、「いかなる人間の飢えや苦しみであっても（そしておそらくは他のいかなる動物の飢えや苦しみさえも）強度の苦痛となる理想的自己」[14]と関連している。ローティによれば、われわれがわれわれによって助けられる者に想像的に同一化するようになる程度によってわれわれの道徳的

発達の度合いが判断される。ここでローティのいう「同一化するようになる程度」とは、「自分が何者であるのかについてわれわれ自身が物語を語るとき、われわれに助けられる者にどの程度まで言及するのかということであり、助けられる者の物語がどの程度までわれわれの物語でもあるのかということである」[15]。こうしてローティは、想像力や共感の働きに依拠する新たな民主主義的ユートピアの創造を目指すのである。

　こうした見地から、ローティは当然ながら、信仰、希望、愛の働きにも強い関心を寄せることになる。ローティによれば、「信仰・希望・愛が曖昧にオーバーラップ」する中で「道徳的人間の未来の可能性」が開けてくるのであり[16]、このような人間の未来の可能性を実現する上で重要なのは、圧倒的な力に満ちた信仰・希望・愛を経験する能力なのである。この希望・信仰・愛の力は、現在使用されている言語を越えて、われわれを想像力の彼方にまで連れていくことができる。ローティによれば、知的進歩や道徳的進歩とは、究極的な実在としての真・善・美に近づいていくということではなく、信仰・希望・愛の作用において想像力や共感能力が増大していくということなのである[17]。

　以上のような考察から、ローティは、人間が想像力や共感の働きによって他者の苦しみにますます配慮するようになり、また社会における個々人の多様性にますます寛容になっていけば、これまでよりもさらに正当な社会的関係が構築され、リベラルな民主主義的ユートピアにおける連帯が漸進的に実現されうると考えていることがわかる。つまり、カントが「他者への理性的な敬意」を道徳性の中核に位置づけたのとはまったく対照的に、ローティは「他者の苦痛や辱めを避けようとする想像的な同一化」を道徳性の中核に位置づけることで新たな連帯のあり方を追究したといえるだろう。

3　リベラル・ユートピア

　ローティは自らが心に抱く理想の社会を「リベラル・ユートピア」と呼んでいる。このリベラル・ユートピアとは、ローティのネオ・プラグマティズ

ムに即していえば、これまで2000年以上もの長期にわたって認識論や形而上学が取り組んできた伝統的な問題設定やその探究態度が消えてなくなり、人々が自分のために使用する語彙や自らの属する共同社会の語彙が歴史的な偶然性を免れえないことをわきまえた上で、誰もが自己創造の希望をもつことのできるような社会のことである。このような社会組織の要諦は、「全員に自己創造の機会をもたせ、彼／彼女の能力を最もよく発揮させることにある」という[18]。つまり、リベラル・ユートピアでは、自己創造や自己表現を追求するための私的探求を公共的領域において保障するところに特徴がある[19]。換言すると、リベラル・ユートピアでは、従来の因習的な語彙や時代遅れの社会的言説に対する抵抗を引き起こすことによって、自己に関する記述を一新する試みとして「個性化のプロジェクト」が公共的領域において促進されるのである。

　ローティは、こうしたリベラル・ユートピアの目標を実現させるためには、平和と富だけではなく「標準的なブルジョワ的自由」も必要であると述べている[20]。平和と富とブルジョワ的自由が公共的領域において相互にバランスをとって平等に実現されることで、自由な言論活動が展開され、疎外がより広汎に解消されて、私的領域における自己創造の機会が保証されるのである。ローティによると、これまでの歴史の現実に鑑みれば、ブルジョワ・リベラルの社会制度においてのみ、「人々は私的な救済をどこまでも追求し、私的な自己像を創造し、たまたま新たに出会う人々や書物に照らして自らの信念と欲求のネットワークを編み直す」ことができる[21]。こうしたブルジョワ的自由は、決して普遍的真理によって形而上学的に基礎づけられ正当化されるものではないが、このブルジョワ的自由をもたらす社会制度が欠けていれば、自由な討議や私的な自己創造さえ期待できないことも確かである。

　こうした平和、富、およびブルジョワ的自由を前提とするリベラルな福祉国家的資本主義を支持するローティの態度は、多くの誤解や批判を招きつつも、従来のリベラル勢力からはおおむね歓迎され、マルクス主義の流れを汲むラディカルな左派勢力からは激しい反発を買うことになった。そこで次に、

ローティの真意を明らかにするために、伝統的な形而上学に基づくリベラルな社会と彼のネオ・プラグマティズムに基づくリベラル・ユートピアの違いに注目してみたい。

まず、伝統的な形而上学に依拠する政治哲学は、万人に共通の普遍的な善や正義に叶うということを理論的根拠としてリベラルな社会を構築しようとしてきた。それに対して、ローティは、他者の苦しみに共感して人間的・文化的な相互の多様性に寛容になることを重視し、より正当な社会的諸関係を構築し、共同体における連帯を実現することでリベラル・ユートピアを構築しようとする。形而上学をきっぱりと棄却するローティは、あくまでもプラグマティズムの立場から、「永遠の非人間的な拘束に従属することではなく、人間が誤りうることを自覚して暫定的で人間的な企図に参加すること」[22]に社会的活路を見出そうとするのである。ローティが希求するリベラル・ユートピアでは、暴力的な侵害から生ずる精神的・身体的苦痛を減少させ、「豊かで強い者が貧しく弱い者を虐待しようとすることに対して絶えざる警戒」[23]を行うことが最も重視される。こうしたリベラルな社会だけが「自らが社会に対して抱く疎外感をはっきりと口にする自由を与える」[24]という。こうした弱者救済や人間解放や疎外解消を目指すローティの政治的スタンスや理念は、リベラルな勢力だけでなく左派勢力でもある程度まで共有できるものであろう。

しかしながら、ラディカルな左派勢力の中にはこうしたローティの見解に対して鋭い批判を浴びせる者もいる。たとえば、ムフ（C. Mouffe）は、リベラルな社会を擁護するローティの主張が、「富裕な北大西洋圏の民主主義諸国の制度や慣習」[25]を弁明するものであり、こうした「自文化中心主義（ethnocentrism）」の立場では、社会制度や慣習を批判して変革を実現していく道を閉ざしてしまうと批判している。これに対して、ローティは、文化の相対性や多様性は認めながらも、自文化中心的な見地からリベラルな社会の重要性を強調している[26]。というのも、アメリカのような多文化社会では、自国の文化を他の諸文化と対等に扱う文化的相対主義ではなく、積極的に自文

化に即して他文化の内容を吟味し取り入れるリベラルな態度こそがふさわしいと考えるからである。ローティによれば、「プラグマティストが非難されるとすれば、相対主義のためではなく、自文化中心主義のためである」[27]。ローティは歴史的文脈に根づいた自文化の統一性を重視しつつ、会話を継続・拡張することを通して自由と平和と富に加えて他者に対する寛容性を備えたリベラル・ユートピアの構築を目指すのである。

次に、バーンシュタインによれば、ローティの見解は、社会生活にみられる苛酷な現実（たとえば、道徳的政治的な合意の解体、あるいは競合し合う社会的諸実践の間に生ずる激しい対立や葛藤）に対して、もっともらしい表面的な説明を施して済ませてしまう傾向があるという[28]。また、ローティが目指すリベラル・ユートピアでは、ブルジョワ的自由をいまだ獲得していない社会的下層の人々が人生の出発点に立った時点から疎外され続け、自己創造の機会も大きく奪われている点を見逃していると批判する。

さらに、ジルー（Henry A. Giroux）によれば、ローティは「理想化された多元主義」に基づくため、権力構造の分析や具体的な社会的実践と結びつかず、また誰が会話に参加できて誰が参加できないかを決定する権力格差の問題を無視していると批判する[29]。このようなリベラル・ユートピアでは、周縁化されてきた人々やマイノリティ集団が強制や迫害から解放されて自由に社会参加でき、また会話においても他の社会集団の人々と対等な関係をもつものと楽観的に想定されているが、そこでは会話に参加することを妨げたり会話の展開を歪めたりする権力格差の存在を見落しているという。

たしかにこうした左派の観点からみると、周縁化されてきた人々に関心を寄せながら会話を継続・拡張することでリベラル・ユートピアを構築しようとするローティのプロジェクトは、実際の社会変革をもたらす政治行動としては取るに足らないものであり、急進的に社会変革を引き起こす契機ともならない。しかし、ローティは、従来の硬直した伝統や因習的な価値観から生ずる様々な弊害を除去するためにリベラル・ユートピアを構想したのであり、そこで会話を通して多様な価値の創造とより豊かな人生を求めて、個人が自

己を新たな文脈の中に位置づけ直し、民主的な共同体に参加して共通の関心事や社会問題について自由に意見を取り交わすことを期待したのである。こうした意味で、ローティは、リベラル・ユートピアにおける様々な社会的弊害に目を閉ざしているわけではなく、様々な問題を自覚しながらも、他の社会像と比べてみてリベラル・ユートピアの方がより多くの人間に自己創造の機会を保障し、それぞれの能力を最もよく発揮させうる可能性が高いと判断しているに過ぎない。

そもそもローティは、こうしたリベラル・ユートピアの目標を実現するためには、あくまでも漸進的に改良していくしかないと考えている[30]。左派が全体的革命なくしては結局のところ何も変わらないと主張するのに対して、ローティは部分的かつ漸進的に改良を進めていくことで社会変革を実現することは可能になると反論するのである。それは前述したように、ローティが、他者の苦しみに対する想像的な共感、残酷さや侮辱に対する絶えざる警戒、現状よりも望ましい生活様式の想像力による構想とその実現のための協働が、道徳的進歩の最善の希望を徐々にもたらし、より広い人類の連帯を可能にすると考えているからである。

以上のようにローティは、形而上学的な手続きに訴えることによってリベラル・ユートピアを正当化しようとする企てを退けると同時に、全体的革命に訴えて別のユートピアを強引に築こうとする左派の企てをも拒絶した上で、現状よりもっと自由で寛容でグローバル化された社会において、会話を通した協働探究によって問題解決を積み重ね、国際協力や民主主義の価値を一層尊重することで、漸進的にでも社会変革を実現することを志向するのである。

4　私的なものと公共的なもの

前述したように、ローティが提唱するリベラル・ユートピアは、伝統的な形而上学に基づくリベラルな社会像と比較すると、リベラルな政治的立場を標榜する点で共通するが、理論的には根本的に異なる点がある。そこには、第1章で繰り返し触れたように、ローティの思想的遍歴において最も大きな

懸念事項であったテーマ、つまり、「私的なもの (the private)」と「公共的なもの (the public)」の関係をどう捉えればよいかという問題意識が大きく影響しているといえる。そこで次に、このテーマに関して形而上学とローティのネオ・プラグマティズムを再び比較検討することで、彼の思想的立場をより鮮明にしていきたい。

伝統的な形而上学では、普遍的な道徳原理や人間の究極的本性を規定し、同一の真理や目標や理性を共有すると仮定した上で、人間本性に内在する道徳的動機づけによって人間の連帯を合理的に基礎づけてきた。つまり、形而上学は哲学探究のパラダイムを論証する理性によって合理的な社会統制を図ろうとしてきたのである。こうした形而上学の枠組みでは、「自分自身に関わる私的な関心」と「他者や社会正義に関わる公共的な関心」との関係を調和的に統合するために理論づけがされてきた。こうした理論の典型として、「なぜ公正であることが自らの利益に適うことになるのか」という問題に答えようとするプラトンの企てや、「完全な自己実現は他者への奉仕を通じて達成される」と主張するキリスト教の教義などが挙げられる。こうした思潮を受けて形而上学の関心事は、私的領域における行為を公共的なコミットメントに結びつける論理構造がいかに合理的に構築できるかということに置かれてきたのである。形而上学では、他者と共有しているもの（つまり普遍的な道徳原理や人間の究極的本性）こそが自分たちにとって一番重要なものであり、私的な生の成就は人間同士の公共的連帯と同根の根拠によって正当化されるというレトリックを用いてきたのである。このように万人が同一の原理や本性をもつことを前提にして、「公共的なものへのコミットメントが私的領域における自己実現を成就する」という形而上学的な枠組みは、時代や地域によって「終極の語彙」を変えて理論を多様に変容させながらも、現在に至るまで脈々と受け継がれてきている。

これに対して、ローティは、「私的なもの」と「公共的なもの」とを調和的に統合しようとする形而上学的な企図を放棄している。ローティによれば、自己創造の欲求と人間連帯の欲求とは互いに等しく価値をもつものであるが、

私的領域における自己創造と公共的領域における社会的正義とを結びつける理論的方途はないのである[31]。それというのも、私的領域において重要なことは、あくまでも私的な生や自己創造であり、当人の人生に似つかわしい「正しさ（authenticity）」や存在意義を与えることなのであり、一方の公共的領域において重要なことは、自分が属する共同体の公的目標や公的制度へコミットすることだからである。同様のことを、ローティは言語哲学の立場から次のようにも解説している。私的領域における自己創造の語彙は、必然的に私的領域に根ざしたものであるため、他者がそれを共有することは期待できず、公共的な議論への適合性を欠いている。それに対して、社会的正義を論ずるための語彙は、必然的に公共的であるために他者と共有されうるものであり、議論を交換し合意を形成するための媒体としてふさわしい。ローティによれば、私的領域における自己創造の語彙と公共的領域における社会的正義の語彙とは融合することがないため、私的領域における自己創造と公共的領域における人間の連帯は、相互に異質的なものとして根本的に区別され、相互に「共約不可能（incommensurable）」と判断されるのである[32]。こうして「私的なもの」と「公共的なもの」の優先順位を決定しうるような先天的な理論や方法は、原理的に存在しないと結論づけられ、完全に放棄されるのである。

　以上のように、私的な自己創造と公共的な連帯とを調和的に統合しようとする形而上学的な呪縛から解き放たれると、私的な自己創造の方は個人の嗜好や欲求に基づくため特に問題にはならないが、公共的な連帯の方はいかにして実現可能かが大きな問題になる。ここでローティは、「他者に対するわれわれの責任は、われわれの人生の公共的領域だけを構成している」[33]と割り切って考えた上で、人間同士の連帯という公共的領域の事柄に関しては、他者の苦痛や屈辱に対する感受性や苦しみに悩んでいる見知らぬ人々を自分の仲間として受けとめる想像力によって対処するべきであると考える。つまり、他者の苦痛や屈辱に対する感受性や他者と想像的に同一化する技量を幅広く働かせることによって、他者性や差異性や多様性を認め合い寛容になり、

より正当な社会的諸関係が構築され、人間同士の連帯も可能になると考えるのである。ローティが重視するのは、「永遠の非人間的な拘束に従属することではなく、人間が誤り得ることを自覚した上で、暫定的に人間的な企図に参加することである」[34]。そこでは、暴力的な侵害から生ずる精神的・身体的苦痛を減少させ、豊かで強い者が貧しく弱い者を虐げようとすることに対して絶えず警戒することが肝要になる。

人間の連帯を実現するためにローティが重視するのは、形而上学のように理性的な反省や理論によって社会の成り立ちを道徳的に基礎づけることではなく、文学のように人々の想像力に働きかけて社会的希望を創り出すことである。これまで形而上学では、理性的な反省や理論による基礎づけを公共的領域における諸問題と結びつけて重視する一方で、文学を私的領域における個人的な趣味の問題に関わるにものとして軽視してきた。それに対して、ローティはこの位置関係を逆転させて、文学をまさに公共的な領域に関わる社会的希望を創り出すものとして重視するのである[35]。ローティによれば、社会をまとめ上げているのは「共通の語彙」と「共通の希望」である。ここでいう「共通の語彙」の主要な機能は、現在の犠牲を償うような未来の結果について物語ることにあるため、「共通の語彙」は「共通の希望」を養分として成り立つことができる[36]。それゆえ、順序としては、「共通の希望」が想像力や情緒によって打ち出され、次にそれを物語るための「共通の語彙」が要請されることになる。人間の連帯とは、実践によって達成されるべき社会的目標であり、「共通の希望」に支えられているため、理性的な反省によって発見したり理論的に基礎づけたりするのではなく、文学によって詩的に想像することで「共通の語彙」を創り出していくべきなのである。

このように、ローティは、人間本性や道徳原理に基づいて私的な自己創造と公共的な連帯とを合理的に統合しようとする形而上学的な企図と決別した後でも、ネオ・プラグマティズムの立場から文学による詩的な想像力や感受性を用いた共通の希望を創り出し、共通の語彙を紡ぎ出すことで、公共的領域における人間の連帯や社会正義が実現可能であることを提示してみせたの

である。

5 リベラル左派 VS ラディカル左派

　ローティのネオ・プラグマティズムに基づく政治論は、たしかに形而上学に基づく近代のリベラルな政治論とは哲学的に異なるが、だからといってマルクス主義に影響を受けたラディカルな政治論と同じというわけでもない。そこで次に、ローティの政治的立場をより具体的に明らかにするために、政治的立場を右派と左派に分け、さらに後者の左派をリベラル左派とラディカル左派に分けた上で再検討することにしたい。

　ローティは自らの政治的立場を「ポストモダニスト・ブルジョワ・リベラリズム」[37]と称しているが、それは全体主義的な傾向や過激な社会革命を拒否し、ブルジョワ的自由や批判的精神を尊重しながら、現行の資本主義社会のシステムを漸次改良して、開かれたリベラルな民主主義を構築しようとする立場である。こうしたブルジョワ的自由や資本主義を支持しつつも、ローティは自らを「政治的左派 (the political left)」に位置づけている。このあたりの込み入った事情を理解するためには、ローティがいう「改良主義的リベラル左派 (the reformist liberal left)」と「革命主義的ラディカル左派 (the revolutionary radical left)」の違いに注目する必要がある[38]。

　まず、「改良主義的リベラル左派」とは、アメリカの伝統的な立憲民主主義に由来し、弱者救済や機会均等を重視し、自由で寛容な精神に基づいて社会を漸次改良して社会正義の実現を目指す立場である[39]。この改良主義的リベラル左派は、個人と社会の関係をめぐる「政治的なもの」を契機として、対話や討議を重ねることで個々人の差異性や多様性を寛容に認め合い、社会的な対立や矛盾を少しずつ解消していくことができるとみる。改良主義的リベラル左派にとって重要なのは、政治的・社会的・文化的な対立を和解させて合意形成へと導く民主的で具体的な代案やプログラムなのである。こうした立場には、ウィルソン (Woodrow Wilson)、ルーズベルト (Franklin Delano Roosevelt)、ジョンソン (L. Johnson) といった歴代のアメリカ大統領から、ホ

イットマン（W. Whitman）やデューイのような思想家まで含まれる 40)。

　一方の「革命主義的ラディカル左派」とは、マルクス主義の影響を受け、民衆を社会的疎外から解放することを企図する立場である 41)。この思潮には、革命運動を推進することでアメリカの社会システムを転覆しようとする過激な言説や活動も含まれている。この立場では、逆に「政治的なもの」を契機として差異や矛盾を際立たせて、「差異のポリティクス」へと発展させていこうとする。この革命主義的ラディカル左派から見れば、デューイのプラグマティズムでさえも自然主義化された形而上学を用いてアイデンティティ・ポリティックスを乗り越えようという楽観的な主張であるため、とうてい容認できないのである。むしろ、ラディカル左派は、マルクスやニーチェあるいはフーコーの思想的立場に共感しつつ、これまで人間が受けてきた社会化の作用によって、人々の想像力や意思があまりに制限されてしまい、今ある社会に代わる社会を提示することができなくなってしまったと考え、こうした社会状況を打破するためには何らかの劇的な社会変革（革命）が必要であると確信している 42)。

　以上の２つの立場を比較考察した上で、ローティはアメリカの正統的な左派として改良主義的リベラル左派を支持し、その代表的思想家としてデューイを位置づけている。ローティは、デューイのプラグマティズムに含まれる形而上学的側面に関しては否定しながらも、デューイと同様に改良主義的リベラル左派の立場にたって、政治的・社会的・文化的な諸要因の多様性を相互に尊重して、民主的な社会における合意形成に向けてコミュニケーションを重ねていくことが肝心であると考えている。

　こうしたローティのリベラルな政治的立場は、単にラディカルなマルクス主義を批判し、従来のリベラルなキリスト教文化を容認する保守的（右派的）な立場にすぎないのではないかとみなされることもある。しかし、ローティの場合は、それほど単純な主張ではなく、リベラルなキリスト教文化のように「友愛」や「寛容さ」に関する精神論を唱えるだけでは不十分であり、ラディカルなマルクス主義のように歴史の本質となる「経済的なもの」にも積

極的に関心を寄せるべきだとさえ主張している[43]。ローティの目指す政治的立場とは、キリスト教のように友愛や寛容を願う気持ちを表明すると同時に、マルクス主義のように過去の人間社会が行った非人間的な行為を批判して、豊かな希望を抱いて社会を改良しようとするものである。改良主義的リベラル左派と革命主義的ラディカル左派は、一見すると対立しているが、ローティから見れば、ある社会においてその社会自身が抱く自己像に悖るような負の側面があれば、その社会自身の名のもとにおいてその負の側面に対して抵抗する左派勢力であるという点では共通しているのである[44]。このようにローティは、キリスト教やマルクス主義に一定の理解を示しながらも、実際の政治においてはキリスト教原理主義や共産主義あるいは社会主義にはまったく見切りをつけており、社会民主主義あるいは福祉国家的資本主義を支持した上で、彼自身の政治的立場を典型的な民主党左派として位置づけている[45]。

以上のように、ローティは、アメリカ社会の光と影を考慮しつつも、民主主義的制度と福祉国家的資本主義とテクノロジーを協調させることで、公共的領域におけるブルジョワ的自由、平和、富のバランスを求め、平等や社会正義を促進して人々の苦痛や屈辱や疎外を広汎に減少させ、私的領域における自己創造の機会を保障することで、自由な言論活動を許容できるリベラルな社会を漸進的に構築していこうとするのである。

6 リベラル左派 VS 文化的左派

ローティは、前述したラディカル左派の中でも、特に大学教授などの知識人で構成されるグループを「文化的左派 (the cultural left)」あるいは「学術的左派 (the academic left)」と呼んでいる[46]。この文化的左派は、たとえば、アルチュセール主義者、フーコー主義者、デリダ主義者（脱構築主義者）、民族研究者、フェミニスト、同性愛者研究者などが含まれ、近年アメリカの学界では顕著に台頭してきている。文化的左派の特徴は、一般にニーチェ、デリダ、フーコー、グラムシ (Antonio Gramsci) などの思想に賛同し、特に「破

壊的読書」、「覇者的議論」、「伝統的な言語中心主義」、「階層制度の打破」などの用語を好んで用いるところにある。そして、現代のアメリカ社会を残酷で不条理な社会とみなし、現行の社会制度を根本的に変革することを企図し、そのためには学校教育を有力な道具として用いるべきだと考えるのである。

　この文化的左派は、伝統的な形而上学を根本的に批判し、想像力や感受性を重視して弱者救済や人間解放を目指す点では、前述したローティの主張と共通する点も多分に見受けられる。しかし、文化的左派がアメリカ社会をひどく残酷で不条理な社会とみなして批判するのに対して、ローティはアメリカ社会をそれほど残酷でも不条理でもないと擁護する点では、両者は見解が真っ向から対立することになる。

　ローティからすれば、アメリカ社会は「自らが社会に対して抱く疎外感をはっきりと口にする自由を与えてくれる社会」[47]であり、「ここまで巨大で富裕かつ文化的に不均質な産業国に発展した、おそらく最も合理的な社会」[48]である。もちろん、ローティといえどアメリカ社会の残酷な負の側面を見逃しているわけではない。たとえば、アメリカがベトナム戦争を仕掛けたことやラテン・アメリカの寡頭政治国家に協力したことなど、歴史上でしばしば残虐行為を行ってきたという事実を認めているし、またアメリカの貧民街には何百万もの子どもたちが希望もなく見捨てられて困窮している惨状も認めている。しかし、こうしたアメリカの負の側面にもかかわらず、ローティは、総体的に見てアメリカが残虐行為や無慈悲を行うことは他の国と比べて少ない方であり、かりに残忍行為や無慈悲があった場合でも、罪悪感をもって悔い改めるように説得することができる社会であると考えている。また、アメリカでは議論によって世論が変化するし、政治家や官僚がやりたい放題にやってしまうのをマスコミの自由な報道や自由な大学によって防ぐことができるとも考えている。さらに、政府が残虐行為をした場合には、「現在行われていることは、われわれの国の伝統を裏切るものだ」と主張して自粛または方針転換を促すこともできると考えている。このようにアメリカは、ローティから見れば、他の専制的な諸国と違って、「力ではなく説得によって社会を

改善できるメカニズムが機能している」[49]のである。

　以上のように、文化的左派がアメリカ社会は大いに残酷で不条理だから変容する必要があると主張するのに対して、ローティはリベラル左派の立場から、「現在行われている制度はわれわれの国の伝統を裏切っている」から「この制度を改革する必要がある」と主張するのである[50]。そもそも文化的左派は、マルクス主義の革命思想から影響を受けているため、社会制度を根本的に「変革（transformation）」してしまうことをもくろんでいるのに対して、ローティは現状よりもよい社会制度が登場することを期待しながらも、実際には今のリベラルな社会制度よりも優れた社会制度を構築することは不可能であるとみて、その漸進的な改良を求めている。たしかにローティも、若い頃はマルクス主義の影響を受けて、生産手段を国有化して社会変容を試みることに肯定的だったようだが、それは過去に他の諸国で実際に試されて、効果を挙げないことがわかり失望して、アメリカのリベラルな伝統に希望を託すようになったのである。

　こうしたローティの立場と文化的左派の立場が鮮明に異なるのは、まず社会変革のスタイルである。文化的左派は現状の社会を変革する必要性を強く主張するが、その変革後の結果を青写真として具体的に提示することはない。それに対して、ローティはネオ・プラグマティズムの立場から、社会改革を推進した結果を示す青写真を提示し合い比較検討することを重視している。ローティによれば、そうした青写真を元大統領のジェファーソン（Thomas Jefferson）やアダムズ（John Adams）、ロシアの革命家レーニン（Vladimir Lenin）やトロツキーは持ち合わせていたが、青年国際党（イッピー）の共同創立者アビー・ホフマン（Abbie Hoffman）などは持ち合わせておらず、文化的左派も一般に持ち合わせていないのである[51]。

　こうした青写真を文化的左派がなかなか提示しようとしないことについては、フーコーからの思想的影響を考えることができるだろう。つまり、文化的左派は、別のシステムを構想することが、現在のシステムへの参加を拡大することであるとフーコー流に考えて、変革後の青写真や社会システムに対

する対案を出すことを控えてしまう傾向にある。ローティによれば、文化的左派は具体的な青写真や対案を提示することによって、「既存の政治勢力に自らが協力して共犯になってしまうのではないか」とか、「いまだヘゲモニー的な議論のもとにいるのではないか」という懸念が先にきてしまい、それらを議論することに多くの時間を費やすあまり、「何もできずに終わってしまうのではないか」という懸念を軽んじてしまうのである[52]。こうした文化的左派は、国家に対して反抗的な立場を表明するため、自分たちを同胞の仲間であるとは主張せず、自国の話をするときにも「われわれ」ということがなくなり、代わりに他の惑星の出身者か時空を超えた見物人のような口調になり、シュトラウスやフーコーに共通した口調になっていく。こうしてますます内部の教義上の純粋性にこだわるようになり、反対者（右派）の主張があまりにもひどすぎて議論にならないと嘆き、これからの若い世代になら自分たちの考えを教え広めることができるかもしれないと考え、教育に希望を託すようになる。こうした文化的左派に特有の否定的かつ消極的な態度を、ローティのような改革者タイプのプラグマティストは最も疎遠に感じるのである[53]。

　次に、ローティと文化的左派では、哲学に対するスタンスも根本的に異なる。文化的左派は、旧来のマルクス主義者よりもさらに哲学を重視する傾向がある。ローティによれば、文化的左派は「文章を脱構築するか、その文章の中に全体化を検知するか、またはポール・ド・マン（Paul de Man）のように読解不可能であることを示せば、何か政治的に有益なことを成し遂げたと考えがちである」[54]。こうした文化的左派は、昔のマルクス主義者と同様に、具体的にプラグマティックな対案を提示することに対しては本能的に不信感を覚え、ある社会現象に対する「正しい理論分析」を見つけることだけが非常に重要であるかのように思い込む。ローティから見れば、そのような理論分析は、特定の社会的変化を促す提言ではなく、単に現行の社会を変革する必要性があることを何度も繰り返し訴えているにすぎないのである[55]。こうした理論や哲学を過度に強調する文化的左派の戦略は、ますます社会的に

無益になり、ますます自己陶酔したものになりがちであるため、ローティにはとうてい賛成できないのである。

このようにローティは、文化的左派が社会変革を語る際にあまりにも哲学を重視して無為無策である点を批判するのだが、しかしこれまで文化的左派が提示してきた諸々の哲学的なテーゼには賛同している点も多い[56]。たとえば、「真理」とは「実在の正確な表象」ではなく「有用な道具」であること、「自己」とは「実体のある何か」ではなく「諸々の関係の繋がり」であること、真理と権力が常に説明のつかないような形で相互に結びついていること、歴史に関する巨大な全体化理論（たとえば、「科学的社会主義」など）を作ろうとしても意味がないこと、ある集団の実践によって文脈的に定義されるもの以外に合理性はないこと、などである。これらは、フーコーやデリダがニーチェから受け継いだ哲学的なテーゼであり、文化的左派のおかげで学界でも広く浸透してきたことをローティも素直に喜ぶのである。

ただし、これらのテーゼはニーチェの哲学の専売特許ではなくデューイの哲学にも共通する内容である。そこで、ローティはデューイ派の一人としてそれらのテーゼが定着するのを歓迎しているのである[57]。文化的左派は、ニーチェからそれらのテーゼを取り入れることで、プラトン的な「永遠の真理」や「永遠の価値」などに関する形而上学を廃棄したのだが、ローティは同様のテーゼをデューイから取り入れることで形而上学と決別したのである。また、文化的左派は、ニーチェから影響を受けて、様々な分野における規範を変え、神秘的な「優秀の基準」へ言及するのではなく、他者（子ども）と会話をすることが重要であると主張してきた。それと同様に、ローティは、デューイから影響を受けて、「永遠の真理」や「永遠の価値」について語るよりも、子どもの成長それ自体について多く語ることを重視するようになったのである。このようにローティと文化的左派では、たしかに共通した哲学的テーゼも多いが、その思想的淵源がまったく異なる点に留意しなければならないだろう。

7 ローティ VS リオタール

　次に、ローティとポストモダニズムとの関係について述べておきたい。ローティは、第1章第3節5でも述べたように、彼自身の政治的立場をポストモダニスト・ブルジョワ・リベラリズムと称するため、斯界ではポストモダニズムの論者として位置づけられることもある。しかし、ローティ自身は自らをリオタール、フーコー、デリダらに代表されるポストモダニズムの思潮に位置づけているわけではないし、逆にポストモダニズムと真っ向から対立する思想傾向も多分に持ち合わせている。ローティとポストモダニズムとの関係について吟味する場合、まずポストモダン思想の先駆者であるリオタールと比較検討するのが有効であるだろう。以下では、ローティとリオタールの対立点を中心に検討してみたい。

　リオタールは、周知のように主著『ポストモダンの条件』(1979年) において、高度に発展した先進社会における知の状況を「ポストモダン」と呼び、そこに文化的な危機状況を見出している[58]。1980年代の現代思想では、こうしたリオタールの見解に依拠しながら、ポストモダニズムが権威と西洋文化の概念的システムにおける危機を反映していると指摘してきた。これに対して、ローティは、そもそもリオタールの指摘するような文化的な危機状況が存在していると認めていない。ローティは、リオタールの指摘する事柄、たとえば、フランス革命の時代から西洋の政治的・文化的生活に鋭い亀裂があるとは思わないし、コンピューターが人間の生活や教育に大きな影響を与えるとも思わないし、現代の科学理論に「錯論理症 (paralogy)」の傾向があるとも思わないし、科学的理論の選択に関するクーン (Thomas Samuel Kuhn) 的説明とテロリズムに繋がりがあるとも思わない[59]。このようにローティは、「ポストモダン」と呼ばれる明確な現象があること自体を疑っており、リオタールのポストモダン論を最近の科学技術的な変化に関する懐疑的な意見の表明にすぎないとみなしている。

　次に、リオタールは今日の知識人たちが「形而上学としての哲学」を見限り、「大きな物語」に対して信頼を失ってきていると主張している。この見

解にはローティも一応の同意を示しているようだが、その「大きな物語」からヘーゲル的またはマルクス的な哲学的装飾を取り除いてしまえば、「自由の物語」としての歴史物語さえもすべて信頼を失うとまでは考えていない。というのは、ローティにとって、西洋社会がフランス革命以来より良くなり自由になってきたと主張することと、ヘーゲルやマルクスが主張したような社会変容の原因に関する洞察を主張することとは、まったくの別問題だからである。ローティによれば、「自由を拡張しようとする大きな物語が、巨大な非人間的諸力の作用に関する物語ではなく、幸運の連続的な断片に関する物語であるかぎり、何も悪くないように思える」[60]。つまり、自由を拡張しようとするリベラルの「大きな物語」は、歴史主義の見地から見ても、過去に大きな功績を挙げているのであり、現在も正当化できるとローティは考えるのである。

　第3に、リオタールは、知の性質と構造が教育の性質と構造を決定するという前提を棄却するべきだと主張している。リオタールは知に性質と構造があることを認めながらも、その知の性質と構造が歴史的な時期によって変化するため、教育の性質と構造を決定することもできないと考えるのである。それに対して、ローティは、そもそもリオタールのいう「知の性質と構造」という概念自体が有効であるとは考えていない。ローティによれば、フーコーが示したような回顧的分析が過去の歴史を時代に区分し、その中で「科学的知識のパラダイム」がそれぞれ違ったものであることを指摘できることは認めるが、自分たちの時代が未来の歴史学者の観点からどのように見えるかを理解できるということまでは認めない[61]。このようにローティは、次の時代に関する将来的な見通しのようなものをもつことができるというリオタールの主張に疑念をもつのである。

　第4に、リオタールは、マルクス主義への信頼をすでに喪失しているが、それでもなお「ブルジョワ・リベラルの改良主義者（reformer）」に対してはマルクス主義的なラディカルな不信感を抱いている。それゆえ、リオタールは同じくポストモダニストであっても、ローティのようなブルジョワ・リベ

ラルの改良主義者とは根本的に対立する傾向がある。それに対して、ローティは、第1章第3節5でも述べたように、ブルジョワ・リベラルの改良主義者に対して不信感を抱くことはなく、自由と正義と民主主義を拡張しようとするアメリカ的な物語や社会的希望を実現するような「改良主義的リベラル左派」の立場を積極的に支持するのである[62]。

ローティのように改良主義的リベラル左派と目される知識人は、事実上ますます増加する傾向にあり、協働的教授法、学際的研究、人種・ジェンダー研究を教育課程に組み込むという実験的試みを精力的に行って多大な成果を挙げている。しかし、こうした知識人たちは、なぜか自分がローティのような「ブルジョワ・リベラルの改良主義者」とみなされることを嫌がり、その代わりにリオタールやフーコーのような左派的用語を好んで使ってみせ、厭世的で絶望的と思えるような現代思想を唱えて自己満足する傾向にある。これに対して、ローティはこうした改良主義的リベラル左派の有望な知識人が「ニーチェ化した左派」になっていくことを懸念するのである[63]。そこで、ローティはこうした知識人たちが自らを堂々と「ブルジョワ・リベラルの改良主義者」であると称するべきであり、左派のレトリックでいう「ニーチェ化」には何の意味もないばかりか危険でさえあると警告する。というのも、ローティから見れば、「ニーチェ化した左派」の知識人は、哲学の政治に対する関連性を過大に評価するようになり、周りの共同社会に対して望ましくないエリート主義になりがちで、他者を見下すような立場をとり、ジェイムソン（Fredric Jameson）のようなマルクス主義者やブルームのようなシュトラウス派に共通するような論調になるからである[64]。ローティによれば、「ニーチェやフーコーやリオタールからレトリックを借用する現代の改良主義者は、哲学を過大評価し、彼らが救済しようとしている人々や、彼らが国と伝統を共有する仲間の市民たちから彼ら自身を不必要なくらい引き離しているように思える」[65]。

このようにローティは、近代のリベラルな社会には致命的な欠陥があるとみる「左傾化したポストモダニスト」から慎重に距離を置き、自由や民主主

義を拡張しようとしてきたアメリカの国家的物語と自分たちとの関係を前向きに捉えた上で、その共同社会と自己を想像的に同一化することによって、ポストモダニストであると同時にブルジョワ・リベラルの改良主義者でもあることが可能であることを強調するのである。

8　ローティ VS フーコー、デリダ

　ローティとポストモダニズムの思想的な相違を吟味する上では、ローティが著名な哲学者たちを彼独自の観点から公共的哲学者と私的哲学者に分類してみせる点に注目する必要があるだろう。ここでいう公共的哲学者とは、公共的領域において社会的な希望を語るときに役立つ哲学者であり、一方の私的哲学者とは、私的領域において自己像を形作ろうと試みるときに役立つ哲学者である。ローティはまず公共的哲学者の代表として、ミル（John Stuart Mill）、デューイ、マルクス（Karl Marx）、ハーバーマス（Jürgen Habermas）、ロールズ（John Rawls）を挙げ、一方の私的哲学者の代表として、ニーチェ、ハイデガー、フーコー、デリダを挙げている[66]。公共的哲学者は、私的哲学者の好んで用いるアイロニーが社会的希望を破壊するとみなし、また啓蒙や理性への批判がリベラルな社会の紐帯を切り裂くとみなして批判する。それに対して、私的哲学者は、公共的哲学者がリベラルな連帯を説くことで社会の矛盾や弊害を隠蔽し、私的な生や自己創造を圧迫していると批判する。これに対して、ローティは、公共的哲学者は公共的領域におけるリベラルな連帯を構想する点で役立つが、一方の私的哲学者は私的領域においてアイロニーを駆使して自己創造を助長する点では役立つと考える。つまり、公共的哲学者と私的哲学者とを対立関係において捉えるのではなく、両方の哲学者が領域や目的を異にして独立した価値をもつと考えて双方を尊重するのである。ここには従来の哲学者同士の政治的対立を超えた、ローティ独自のネオ・プラグマティズムの立場が反映されているといえる。以上の見解をふまえて、ポストモダニズムの代表的な思想家であり私的哲学者でもあるフーコーやデリダの立場をローティの立場と比較検討してみたい。

まず、ローティとフーコーを比較すると、両者は普遍主義を廃棄して歴史主義に立脚したアイロニストであるという点では共通しているといえる。しかし、ローティが「われわれリベラル」の一員になるのを好むアイロニストであるのに対して、フーコーはまさに「リベラルになるのを嫌がるアイロニスト」[67]である点では決定的に異なっている。

また、ローティとフーコーは、自己（つまり人間主体）がそれを形成しているものすべての蓄積にすぎないと考える点では共通している。しかし、ローティが自己を「信念や欲求から成る、中心のないネットワーク」として現実的に捉えるところから哲学を展開するのに対して、フーコーは近代のリベラルな社会の文化的適応によって人間存在の深層にある何かが決定的に歪められてしまったと考えるところから哲学を展開している点では、やはり根本的に異なっているといえる。

フーコーは、近代のリベラルな社会に特徴的な文化的適応のパターンがいかにしてその構成員に対して、前近代の社会が想像もできないほどひどい抑圧を押しつけてきたかについて丹念に分析し示してきた。それに対してローティは、こうした抑圧が近代のリベラルな社会では「苦痛の減少」によって償われてきたことを強調するのである。ローティによれば、近代から現代に至るリベラルな社会は、それ自体の欠陥や矛盾を漸進的に改良するための制度をすでに内包しているのである[68]。しかしながら、フーコーはそうしたリベラルの弁明など一切聞き入れず、現代のリベラルな社会は部分的に改良するにはあまりにもひどくなりすぎてしまったので、もはや今あるリベラルな社会を再構築したり理想的な社会を対案として提示したりすることなどできないから、何らかの全体革命的な激変が必要であると考える傾向にある。このようにフーコーは、近代のリベラルな社会に徹底して対抗して、その抑圧から解放されることで自律的になり自己を再創造することで真の人間存在になろうとするのである。つまり、フーコーはこうした自己創造や私的な生を求めるラディカルな欲求を公共的な政治的態度に転化する戦略をとるのである。それに対して、ローティは、そもそも自律的になり自己創造したいと

第1章 ローティの哲学、政治論、教育論　67

いうラディカルな欲求と、残酷さと苦痛を避けたいというリベラルな欲求とは何の関係もないのだから、そうしたラディカルな欲求を公共的領域における政治的態度に移行させるべきではなく、「私事化する (privatize)」ことで私的領域に限定するべきだと主張するのである[69]。ローティによれば、リベラルな民主主義社会では、残酷さや苦痛を減少させることによって、こうした自律的になり私的な生を求めようとするラディカルな欲求をもある程度までは充足できるのである。

　次に、ローティとデリダを比較すると、ローティが民主主義の社会的プロジェクトの意義を尊重しながらも、私的な自己創造と公共的な連帯とを形而上学的に統合しようとする欲求を放棄する点では、デリダの脱構築論にも類似している。また、ローティは、形而上学に特有の二項対立の図式を棄却し、「詩化された文化 (poeticized culture)」において哲学を文学の一ジャンルへと移行させ、文芸批評を用いて他者への共感を重視しようとする点でも、デリダの脱構築論の基本的戦略と共通するところがあるといえる。しかし、ローティのネオ・プラグマティズムとデリダの脱構築論では、やはり哲学的・政治的な意味合いにおいて決定的に相違する点が大別して2つある。

　1つは、ローティは「何が問題であるか」を問うのに対して、デリダは「物事それ自体」を問う点である[70]。ローティは問題状況に陥ってから物事を問い始めるという点でデューイのプラグマティズムに通ずるが、一方のデリダは通常の物事において問いを立て、それを問題化し苦境に陥らせる点でムフらのポスト・マルクス主義に通ずる。ローティは、プラグマティズムの見地から、デューイのように問題状況に陥ったときだけ問いを立てればよいと考え、たとえ問題状況に陥った場合でも伝統的な二項対立の図式によって行き詰まってしまうのではなく、「妥協を容易にする言葉で状況を言い直して、わずかでも改良の歩みを進める方法」[71]がよいと考える。一方のデリダは、こうしたプラグマティックな妥協や改良の余地を容易には認めないため、ローティとは根本的に対立するのである。

　もう1つは、ローティが「われわれ」と異なる他者性を現実的に尊重しな

がらも、この他者性に対する「無限の責任」という形而上学的なものはないと断言してリベラル左派を支持するのに対して、デリダは相対化できない正義に対する責任による基礎づけから、絶対的な他者性に対する「無限の責任」を強調してラディカル左派の立場を堅持する点である。たとえば、2001年9月11日に起きたアメリカのニューヨークの世界貿易センタービルへのテロ襲撃事件に関して、アメリカの傲慢さに対する他者の弁明可能な異議申し立てであると主張するポストモダン系の知識人も少なからずいたが、ローティはこうした他者性を無限に尊重して寛容になることには同意しない[72]。というのは、このテロ行為がアメリカ人の人権を踏みにじることになるばかりか、より残酷な専制政府を正当化することに繋がってしまうからである。ローティは、デリダのように人々が互いに万人共通の普遍的な義務や「無限の責任」をもつとは考えず、現実的なレベルで歴史的・地域的な文脈のもとで「われわれ」の意識の拡張を試み続ける方策として他者に対する義務や責任もつと考えるのである[73]。

このようにローティは、フーコーやデリダを自律的な自己創造を目指す私的哲学者としては尊重するが、公共的哲学者としてはまったく尊重しないばかりか危険でさえあると見ている。ローティは、リベラルで改良主義的な政治文化のもとでラディカルな自己創造を確保するという点で、リベラルな社会を形而上学的に正当化する保守派と哲学的に対立するが、それと同時にポストモダン系のラディカル左派とも政治的立場を異にするため、彼独自の第3の立場にたつことになるのである。以上のような哲学的・政治的見解をふまえて、次にいよいよローティの教育論を検討することにしたい。

9 教育における右派と左派

これまで検討してきたローティの政治論を、次に教育論と関連づけて検討を深めたい。ローティは教育論を考察する際に、前述した政治論をふまえて、まず教育論者を「政治的右派 (the political right)」と「政治的左派 (the political left)」とに分けることから始めている（ここでいう政治的右派と政治的左派は、

時に「右派」と「左派」と略記されたり、「保守派」と「ラディカル左派」と言い換えられたりすることもあるが、特に断りがない場合は同じ意味で使われているとみてよいだろう。そこで本書では、これ以降は「右派」と「左派」の略記で統一していきたい)。ローティによれば、大局的にみて教育における社会化の機能を重視するのが「右派」であり、教育における個性化の機能を重視するのが「左派」である。そこで次に、ローティが左右両派の教育観をどのように特徴づけているかを見ることにしたい。

　まず、右派に典型的な教育論を見ていきたい。右派は、子どもの理性に訴えることで根本的な真理を教え込み、子どもが生来もつ衝動や原罪を克服して、適切に現行の社会へ適応できるように配慮するべきであると主張する。右派によれば、人間はその内側に事象の本質的性質を発見できる道具としての理性をもっており、この理性のもつ自然の光によって、人間は相対的な感覚や熱情または罪などの障害を克服して絶対的な真理に到達する。ローティによれば、「右派は自分たちが昔から慣れ親しんだ自明の真理を列挙して、そのような真理が現在ではもう若者に教え込まれていないことを嘆く」[74]。こうした右派の立場では、子どもは理性によって衝動や欲求を制御し、共同体の伝統文化や基本的知識を自明の真理として覚え込むことで、「真の自己（a true self）」を内面に確立できると考える。それゆえ、右派の掲げる教育目的は、子どもに自明の真理を教え込んで社会化することなのである。こうした理由から、右派は伝統的な教科カリキュラムこそが、多くの子どもたちに効率的に真理を教えることができる最も好ましいカリキュラムであると信じて疑わないのである。

　もちろん、右派といえど自由の価値を尊重しているが、その場合でも子どもが真理を把握することができれば、自由も自動的に獲得できると考える。右派によれば、子どもの魂の奥深くに正しい教育を施すことで、真理を追究しようとする愛（エロス）が燃え上がり、理性の働きによって真理を獲得できれば、その結果として真の自由も自ずと獲得できるのである。こうしてみると、右派のいう「真の自由」とは、子どもが合理的になる能力を獲得して、

「真の自己」を実現したときに自然と備わることになる。こうした右派は、現存する社会の伝統的なスローガンや一般通念は、理性のもたらした解放の証であるとして肯定的に捉えている。それゆえ、右派は、現在でこそ無視され軽蔑されている根本的真理を復活させて、子どもに教え込むべきだと主張するのである。ローティは、こうした右派の教育観を根底において支えているのは、理性の働きによって絶対的な真理の獲得を目指す形而上学的な考え方であると見て、これを「プラトン的禁欲」[75] と呼んでいる。

　次に、左派の典型的な教育論を見てみたい。左派は、右派のいう「社会化」によって子ども本来のもつ衝動や欲求が取り除かれてしまい、伝統文化や社会規範を強要されて「文化的適応」をさせられると見る。そこで、左派は子どもの人間性をも根本的に変容させてしまう社会化の過程を、「不自然な人間疎外」とみなしてラディカルに批判する。左派は、こうした「社会化」を子どもに強制することを止めさせ、子どもが生来の自然で自由な状態で個性的な自己実現をする権利を保障すべきであると主張するのである。

　こうした左派の見地からみると、現行のアメリカ社会ではあまりにも非条理で非人間的な教育が行われていることになる。左派によれば、右派が尊重するような昔なじみの真理とは、打破されるべき因習の殻の一部であり、時代遅れの思考法の痕跡なのである[76]。このように左派にとって、右派のいう「真理」や社会的な因習を学校で子どもに教え込み続けることは、子ども本来の人間性を裏切り続けることに等しいのである。それゆえ、左派にとって、右派の推進する教育は、子どもから自由や人間性を奪い取り、子どもを社会の歯車にする権力装置にほかならないことになる。そこで、左派にとって教育が克服しなければならない「自由への障害」とは、右派のいう個人的な「熱情」や「原罪」ではなく、実際の社会的な因習や偏見であることになるのである。

　こうした見地から、左派は、現行社会の抑圧的な権力装置に対抗して、社会システムをラディカルに変革しなければならないと考える。左派の掲げる教育目的とは、右派のいう「社会化」という疎外過程には従属する必要がな

いことを子どもに自覚させることである。つまり、抑圧的な社会システムから子どもを解放することである。ローティは、このように左派が右派の言説をラディカルに批判し、右派に特有の概念を再定義している戦略に注目している[77]。たとえば、右派の目指す「熱情の克服」を、左派は「健全な動物本能の窒息」とみなす。右派が「理性の勝利」と呼ぶものを、左派は権力者たちによって強行される「文化的適応の勝利」とみなす。右派が「若者への教化」と呼ぶものを、左派は「若者を真の自己から疎外するもの」とみなす。右派が「根本的真理」として賞賛するものを、左派はフーコーが「権力の表現」と呼ぶものの例示とみなす。このように左派は、右派に特有の概念が実は権力側に有利な言説であり、現状を維持させるための言い訳でしかないと批判的に考えるのである。

　こうした左派の考え方は、ルソーからマルクスやニーチェを経てフーコーへ至る思想的伝統を受け継いでいる。この左派的伝統において、学校とは、子どもから自由と本質的な人間性を奪い取ることで、巨大で非人間的な社会経済機構の中で摩擦なき歯車として機能できるように改造する装置なのである。それゆえ、左派にとって教育のもつ適切な機能とは、こうした社会化における疎外過程に黙従する必要はないし、黙従するべきではないということを子どもに気づかせることなのである。左派によれば、自由（特に政治経済的な自由）を尊重すれば、社会のもつ疎外と抑圧的な力が除去され、真理は自動的に信用されるようになる。社会的抑圧や疎外から人間を解放して自由を保証することで、本来の人間性を守り抜こうとするこうした左派の立場を、ローティは「ソクラテス的社会批判」[78]と呼んで特徴づけている。

　こうして右派の提唱する「プラトン的禁欲」と左派の提唱する「ソクラテス的社会批判」とが激しく衝突することで教育における二項対立の図式ができ上がることになるとローティは見て取るのである。こうした政治的言説によって複雑に絡み取られた教育現象をいかに読み解き、そこに生じた問題をいかにして現実的に解決していくのかが次の課題となる。

10 政治的立場と教育論争

　以上のようなローティによる左右両派の特徴づけは、カーダシー（P. F. Cardaci）が指摘するように、教育における政治性を単純に図式化した傾向があることも否めないが[79]、政治勢力と教育観との内的連関性を読み解く上ではきわめて有効であるといえる。そこで、以下でも引き続きこのローティの区別に則って論を進めていくことにしたい。

　従来の典型的な教育論争では、「右派の支持する社会化」と「左派の支持する個性化」とが真っ向から対立して、どちらの主張が正しいかについて哲学的論争や政治的闘争が延々と繰り返されてきたといえる。こうした状況では、すべての教育論者が右派か左派かに分けられてしまい、それぞれの陣営から自陣を擁護し敵陣を批判することを余儀なくされてきた。しかし、ローティはそうした右派と左派に分かれて議論することそれ自体を不毛とみている。というのは、一見したところ、両陣営はそれぞれ対立した哲学的前提に立脚して論争しているように見えるが、右派と左派は抽象的な哲学的原則においては大部分において同意しており、いずれも同様の哲学的前提を有するからである。ローティによれば、実のところ、右派も左派も「真理」や「自由」という概念を本質的に「人間的なもの」と同一とみなして受け入れ、「真理」と「自由」の間には自然の繋がりがあることを前提にし、「自然と慣習の間、および本質的に人間的なものと非人間的なものとの間にある区別に基づいて、この繋がりに同意をしている」からである[80]。

　こうしてみると右派と左派が見解を異にするのは、現行の政治経済的な社会状況が多少なりとも〈自然〉と合致するかどうかに関わることであることがわかる。ローティによれば、右派の立場では、現行の社会経済的状況は〈自然〉と合致して、「人間的な潜在性」を実現させるものであるのに対して、左派の立場では、それは〈自然〉から離脱し「人間的な潜在性」を挫折させるものなのである[81]。同様の見地から、「社会規範への文化的適応」とは、右派の立場では、〈自然〉に合致して「人間の自由」を生み出すものであるのに対して、左派の立場では、〈自然〉から離脱して「人間の疎外」を生み

出すものなのである。こうしてみると、右派と左派は対立しているように見えるが、実際のところ教育事象に関する右派の保守的な解釈を、左派はそのまま逆転させて進歩的な解釈をしているにすぎないことがわかるのである。

ここでローティは、理性によって真理を追究する教育を施せば、「真の自己」（人間性）を意識化させることができると考える右派の見解も間違いであるが、それと同様に、社会の抑圧的な影響力を除去すれば、本質的な「人間性」が現れると考える左派の見解もまた間違いであると考える[82]。つまり、右派も左派も人間の普遍的本質として「人間性」を措定しているため、どうしても類似した形而上学的構造に陥るのである。ローティによれば、「プラトンやシュトラウスが人間性という用語を使う深い意味において人間性などというものは存在しないが、その一方でルソーやマルクス主義者たちが馴染み深いものにした、深い意味において社会的抑圧が原因となる『本質的人間性からの疎外』なども存在しない」[83]。右派は「理性」や「人間性（human nature）」を措定したプラトン主義に基づくが、一方の左派も社会的疎外が解消されれば、「人間性（humanity）」や自然本性が自ずと現れると考える点では、「プラトン主義のニーチェ的転換」[84]にすぎないとローティは考えるのである。このように左右両派は共に教育の目的を「人間性」「理性」「真理」「自然」などといった中立的で普遍的な「終局の語彙」に訴えて基礎づけているという点で、いずれも類似した哲学的前提に立脚し、同じような形而上学的論議に陥っているのである。このようにローティは、左右両派の哲学的前提の類似性を暴き出し、左右両派が作り出した二項対立の図式を脱構築してみせるのである。

以上のようにみてくると、教育について語られてきた右派と左派との対立は、哲学上の相違というよりは、教育の果たすべき役割に関する見解の相違であることがわかる。つまり、右派は教育における社会化の役割を重視し、左派はこの社会化に抵抗する個性化の役割を重視するのである。左右両派は、教育が果たすべき社会化と個性化の役割のうち、いずれか一方だけを絶対的に正当なものとして支持し、その機能のみをもっぱら初等教育から高等教育

まで首尾一貫して働かせるべきだと思い込むため、両派の対立がますます深まるのである。ローティによれば、左右両派は「教育が5歳から22歳までの継続的な過程ではないということを認識することができないために、この問題はさらに悪化する」[85]。

ローティはこの問題を解決するために、まず、右派が重視する社会化と左派が重視する個性化とは、「2つのまったく異なる、等しく必要不可欠な過程」[86]を含んでいることを認識する必要があると指摘する。その上で、個性化は何らかの社会化がなされる以前には実現されることがないので、「社会化は個性化に先立つ」ことを基本原則とするべきであるとする。ローティによれば、「社会化の過程によって動物から人間へ形成され、（運がよければ）それに続いて、社会化の過程そのものに対して、後に自らによる反抗を通して起こる人間の自己個性化と自己創造がある」[87]。当然ながら、こうしたローティの見解に対して、左右両派はすぐには納得しないだろう。しかし、よく考えてみると、社会の現状維持を重視して子どもの社会化を強調する右派でさえも、高等教育の段階にもなれば、学生が既存の知識体系にとらわれないで、創造的で革新的な発想を抱いて自由に個性化してほしいと望むものである。また、社会変革を目指して子どもの個性化を強調する左派でさえも、やはり初等教育の段階では、学問の基礎・基本（たとえば、正しい読み書きや四則演算）を学び、社会規範やモラル（たとえば、交通ルールや列の順番待ち）を身につけて社会化してほしいと望むものである。ローティが揶揄するように、左派でさえ「高校で毎年アマチュア版のツァラトゥストラ（訳者註：ニーチェの著作に登場する隠遁的で超人的な主人公名）の卒業クラスを生み出すことは望んではいないはずである」[88]。

このように考えると、教育の論点となるべきなのは、「教育の目的が社会化か個性化か」という単純な二項対立の事柄ではなく、学校教育のどこの段階で社会化することを止めて、どこで個性化のための教育に切り替えればよいかということになるだろう。ローティによれば、「左派と右派の間で起こる教育に関する論議の大部分は、中等教育と高等教育の境界線で起きてい

る」[89]。そこで、ローティは「初等・中等教育における社会化の過程」から「高等教育における個性化の過程」へ移行することで、従来の左右両派による形而上学的な教育論争に決着をつけようとするのである。次の第2章以降では、この初等・中等教育における社会化と高等教育における個性化に関する問題を具体的に掘り下げていくことにしたい。

註

1) Richard Rorty, *Contingency, Irony, and Solidarity*, Cambridge University Press, 1989, p. xv. (齋藤純一・山岡龍一・大川正彦訳『偶然性・アイロニー・連帯——リベラル・ユートピアの可能性——』岩波書店、2000年、5頁) こうしたシュクラーの立場は、「恐怖のリベラリズム」とも呼ばれる。シュクラーによれば、リベラルとは、「残酷な行為こそ最悪の行為とみなす」ような人々であり、その人が「防ごうと望んでいる恐怖とは、恣意的で、予期不可能で、不必要かつ許可なく行使される暴力の使用と、体制のいかんを問わず、軍人や私兵や警官による習慣的かつ広範な残酷な行為や拷問によって作り出される恐怖である」。Judith Shklar, "Liberalism of Fear," Stanley Hoffman(ed.), *Political Thought and Political Thinkers*, University of Chicago Press, 1998, p. 11.
2) Rorty, *Contingency, Irony, and Solidarity*, p. 53. (邦訳、114頁)
3) *Ibid.*, p. 196. (邦訳、407頁)
4) *Ibid.*, p. 93. (邦訳、190頁)
5) Richard Rorty, *Philosophy and Social Hope*, Penguin Books, 1999, p. 81. (須藤訓任・渡辺啓真訳『リベラル・ユートピアという希望』岩波書店、2002年、169頁)
6) 以上のようなローティの政治的立場は、マッキンタイアー、ベラー、サンデルらの共同体主義と同様に、「共通善(common good)」を実現して新しい形態の共同体を建設しようとするプロジェクトを志向している。Alasdair MacIntyre, *After Virtue: A Study in Moral Theory*, University of Notre Dame Press, 1981. Robert N. Bellah, *Habits of the Heart, Individualism and Commitment in American Life*, University of California University Press, 1985. Michael Sandel, *Liberalism and the Limits of Justice*, Cambridge University Press, 1982. ただし、ローティは、「共通善」の歴史性や相対性に関しては共同体主義者の主張に同意しながらも、サンデルがいう「普遍的な共約可能性への希望」や人間の「道徳的主体としての本性」は認めない。Richard Rorty, "The Priority of Democracy to Philosophy," in *Objectivity, Relativism, and*

Truth, Philosophical Papers Vol. 1, Cambridge University Press, 1991, p. 182. (邦訳、176 頁) *Cf.* Michael Sandel, *Liberalism and the Limits of Justice*, p. 49. この点に関して、ローティはクワインの見解を引き合いに出して、すべての共同体に共通する普遍的で合理的な真理の存在を否定している。Richard Rorty, *Objectivity, Relativism and Truth*, Philosophical Papers Vol. 1, Cambridge University Press, 1991, p. 215. (W. クワイン著、大出晃・宮館恵訳『ことばと対象』勁草書房、1984 年、27 頁参照)

7) Rorty, *Objectivity, Relativism and Truth*, p. 67.
8) Richard Rorty, *Rorty & Pragmatism*, Herman J. Saatkamp, Jr. (ed.), Vanderbilt University Press, 1995, pp. 203-204.
9) Rorty, *Contingency, Irony, and Solidarity*, p. 77. (邦訳、160 頁)
10) Rorty, *Philosophy and Social Hope*, p. 87. (邦訳、179 頁)
11) Rorty, *Contingency, Irony, and Solidarity*, p. 94. (邦訳、191 頁)
12) *Ibid.*, p. 91. (邦訳、187 頁)
13) *Ibid.*, p. 53. (邦訳、114 頁)
14) Rorty, *Philosophy and Social Hope*, p. 79. (邦訳、165 頁)
15) *Ibid.*
16) *Ibid.*, p. 160. (邦訳、207 頁)
17) *Ibid.*, p. 87. (邦訳、179 頁)
18) Rorty, *Contingency, Irony, and Solidarity*, p. 84. (邦訳、174 頁)
19) *Ibid.*, p. 63.
20) *Ibid.*, pp. 84-85. (邦訳、174 頁)
21) *Ibid.*, p.84. (邦訳、174 頁) こうしたローティのネオ・プラグマティズムに対する様々な批判については、拙稿「新旧のプラグマティズム」(『理想』第 669 号、2002 年) 参照。
22) Richard Rorty, *Consequences of Pragmatism: Essays: 1972-1980*, University of Minnesota Press, 1982, p. 166. (室井尚他訳『哲学の脱構築―プラグマティズムの帰結』御茶の水書房、1985 年、369 頁)
23) Rorty, *Rorty & Pragmatism*, pp. 203-204.
24) Rorty, *Contingency, Irony, and Solidarity*, p. 89. (邦訳、183 頁)
25) C. ムフ著、千葉眞他訳『政治的なるものの再興』日本経済評論社、1998 年、21 頁。*Cf.* W. G. Weaver, "Richard Rorty and the Radical Left," *Virginia Law Review*, Vol. 78, 1992.
26) ローティによれば、「自文化中心的であることは人類を、自分の信念を正当化する人々とその他の人々に分ける」。Rorty, *Objectivity, Relativism and Truth*, p. 30. この見解については以下の論文も参照のこと。Richard Rorty, "Demonization of Multiculturalism," *The Journal of Blacks in Higher Educa-*

tion, 1995.
27) Richard Rorty, "Solidarity or Objectivity?," J. Rajchman & C. West (eds.), *Post-analytic Philosophy*, Columbia University Press, 1985, p. 13.
28) Richard J. Bernstein, *The New Constellation: The Ethical and Political Horizons of Modernity/Postmodernity*, The MIT Press, 1992, p. 245.
29) Henry A. Giroux, *Schooling and the Struggle for Public Life: Critical Pedagogy in the Modern Age*, University of Minnesota Press, 1988, p. 64.
30) Rorty, *Objectivity, Relativism and Truth*, p. 14.
31) Rorty, *Contingency, Irony, and Solidarity*, p. 86.（邦訳、177頁）
32) *Ibid.*, p. xiv.（邦訳、4頁）
33) *Ibid.*, p. 194.（邦訳、404頁）
34) Rorty, *Consequences of Pragmatism*, p. 166.（邦訳、369頁）ローティのいう「人間的企図」に関しては次の論考も参照のこと。Rorty, *Rorty & Pragmatism*, pp. 203-204.
35) Rorty, *Contingency, Irony, and Solidarity*, p. 94.（邦訳、192頁）
36) *Ibid.*, p. 86.（邦訳、177頁）
37) Richard Rorty, "Postmodernist Bourgeois Liberalism," in *Objectivity, Relativism and Truth*. *Cf.* Rorty, *Consequences of Pragmatism*, p. 210.
38) Richard Rorty, *Achieving Our Country Leftist Thought in Twentieth-Century America*, Harvard University Press, 1998, p. 43.（小澤照彦訳『アメリカ 未完のプロジェクト―20世紀アメリカにおける左翼思想―』晃洋書房、2000年、45頁）
39) Richard Rorty, "Education, Socialization, and Individuation," *Liberal Education*, Vol. 75, No. 4, 1989, p. 8. *Cf.* Richard Rorty, "Post-Philosophical Politics?," *Philosophy & Social Criticism*, Vol. 15 1989, p. 201.
40) Rorty, *Achieving Our Country Leftist Thought in Twentieth-Century America*, p. 43.（邦訳、47頁）
41) Rorty, "Education, Socialization, and Individuation," p. 8.
42) Rorty, *Contingency, Irony, and Solidarity*, p. 64.（邦訳、134頁）
43) Rorty, *Philosophy and Social Hope*, p. 227.（邦訳、280頁）
44) Rorty, *Contingency, Irony, and Solidarity*, p. 60.（邦訳、128頁）
45) Rorty, *Philosophy and Social Hope*, p. 17.（邦訳、68-69頁）
46) Richard Rorty, "Two Cheers for the Cultural Left," D. J. Gless and B. H. Smith (eds.), *The Politics of Liberal Education*, Duke University Press, 1992, p. 233.
47) Rorty, *Contingency, Irony, and Solidarity*, p. 89.（邦訳、183頁）
48) Rorty, "Two Cheers for the Cultural Left," p. 234.

49) *Ibid.*
50) *Ibid.*, pp. 234-235.
51) *Ibid.*, p. 235.
52) *Ibid.*
53) *Ibid.*
54) *Ibid.*, pp. 237-238.
55) *Ibid.*, p. 238.
56) *Ibid.*
57) *Ibid.*
58) ジャン＝フランソワ・リオタール、小林康夫訳『ポスト・モダンの条件』水声社、1989年、9頁。
59) Richard Rorty, "The Dangers of Over-Philosophication," *Educational Theory*, Vol. 40, No. 1, 1990, p. 41.
60) *Ibid.*, p. 43.
61) *Ibid.*
62) *Ibid.*
63) *Ibid.*, p. 44. この「ニーチェ化した左派」とは、ブルームが次の著書で取り上げている。Allan Bloom, *The Closing of the American Mind*, Simon and Schuster, 1987, p. 224.（菅野盾樹訳『アメリカン・マインドの終焉』みすず書房、1988年、247頁）
64) *Ibid.*
65) *Ibid.*
66) Rorty, *Contingency, Irony, and Solidarity*, p. 83.（邦訳、171-172頁）
67) *Ibid.*, p. 61.（邦訳、130頁）
68) *Ibid.*, p. 63.（邦訳、133頁）
69) *Ibid.*, p. 65.（邦訳、136頁）
70) シャンタル・ムフ編、青木隆嘉訳『脱構築とプラグマティズム―来るべき民主主義―』法政大学出版局、2002年、85頁参照。
71) 前掲書、31頁。
72) ローティのテロリズムに関する見解は、『リベラル・ユートピアという希望』（岩波書店、2002年）の「日本の読者に」を参照。
73) Rorty, *Contingency, Irony, and Solidarity*, p. 196.（邦訳、407頁）
74) Rorty, "Education, Socialization, and Individuation," p. 2.
75) *Ibid.*
76) *Ibid.*
77) *Ibid.*
78) *Ibid.*

79) P. F. Cardaci, "Taking Issue, Nine Responses to Richard Rorty," *Liberal Education*, Vol. 75, No. 4, 1989, p. 10. ローティ自身も右派－左派の区分が誤解を招きやすいことを認めている。Richard Rorty, "Richard Rorty Replies," *Liberal Education*, Vol. 75, No. 4, 1989, p. 28.
80) Rorty, "Education, Socialization, and Individuation," p. 2.
81) *Ibid.*
82) *Ibid.*, p. 5.
83) *Ibid.*, p. 5.
84) *Ibid.*, p. 9.
85) *Ibid.*, p. 4.
86) *Ibid.*
87) *Ibid.*, p. 5.
88) *Ibid.*, p. 4.
89) *Ibid.*

第2章

ローティの学校教育論

第1節　初等・中等教育における社会化

1　社会化としての教育

　ローティは、前述したように、初等・中等教育段階においては子どもの社会化を最も重視している。というのは、子どもが将来の民主的な社会に自律的かつ協同的に参画すると共に、将来の職業生活においても有能な仕事を遂行することができるようにするために、まず学校では子どもを教養ある市民として育成することが必要不可欠であると考えるからである。この点をローティは次のように語っている。

　「18から19歳までの教育は、主に生徒を社会化させることが重要であり、現状の社会の道徳的・政治的な常識を生徒に受け入れさせることが肝要である。思いやりのある高校の教師たちは、好奇心のある生徒や悩んでいる生徒のために、この常識に対する選択肢がどこで発見できるかを示して援助することはよくあることであるし、そこでは社会化だけが問題になるわけでない。しかし、このような例外を通例とすることはできない。若者の人生の過程において何か他の出来事が起ころうとも、一般的に信じられていることの多くを若者たちに教え込むように求める権利をどの社会でも有しているのである」[1]。

たしかに教育には大人の世代による子どもの世代の社会化という一面が厳然としてある。そのため、子どもは初等・中等教育において教師や親が人間にとって基本的に重要であると考える知識や社会規範を習得し、当該社会の標準的文化を理解し、現行社会の道徳的・政治的な共通感覚を身につける必要がある。こうした見地から、ローティは、昨今の初等・中等教育では性急に子どもを個性化しようとするあまり、基本的な知識や社会規範の習得をおろそかにしてしまい、社会的・政治的な諸問題を的確に把握して議論できる民主的な市民を形成することができなくなったことを遺憾に思い、初等・中等教育において子どもの個性や自主性を重視しすぎる進歩主義教育の論調には必ずしも賛同できないのである[2]。

また、ローティは、今日のアメリカにおいて高等教育が急速に大衆化した結果、中等教育レベルの基礎知識を十分に習得しないまま大学へ入学する学生が大幅に増加してしまい、大学で中等教育レベルの補習を行って再び社会化せざるをえないことに苦言を呈している[3]。こうした学力の低下した学生たちは、すでに年齢的には成人に近いためプライドだけは高く、大学で再び中等教育レベル以下の教育内容を教え込もうとしても拒絶してしまい、大学入学以前と同じような社会化のための退屈な再教育に甘んじたりはしなくなる。こうした事態を避けるためにも、中等教育までに十分に社会化の過程を済ませてしまい、高等教育からは自己啓発や批判的精神の形成によってもっぱら個性化を図るようにした方が望ましいとローティは考えるのである[4]。

以上から、ローティが初等・中等教育における社会化を重視する理由は、高等教育における個性化を有効に遂行するためであることがわかる。たしかに学生が中等教育までにきちんと社会化の過程を修了させておけば、大学の一般教養教育科目において学生の低学力のためにグレートブックス（古典的な教養書）や現代文明を教えることの困難さに悩まされることもなくなり、また初等・中等・高等教育を通した全体的な教育課程の完全性や分裂性について懸念しなくてもよくなるだろう。こうした理想的な大学では、ローティによれば、「大学教授の方は教えるのに適切だと思われるものを何でも教え

ることができ、大学当局の方も教授が何を教えているかにあまり気を配らなくても適切に大学を運営していくことができる」[5]。こうした大学であれば、たしかに教授は、新しい講座を冒険的に設置したり、指定されたことのない斬新なテキストを用いたり、伝統的な学問的母型から抜け出して新たな学問を講義したりして、創造的で啓発的な教育活動をすることも可能だろう。

しかし実際問題として、アメリカにおける大衆化した大学に入学してくる学生は、初等・中等教育において十分に社会化されておらず、学問を学ぶ上での基礎・基本となる文化的リテラシーさえもおぼつかない状態にある。こうした現状では、大学でさえも社会化の過程を仕上げる学校として機能しなければならなくなるし、大学当局もしばしば教授にこの社会化の職務を遂行するように要請しなくてはならなくなる。また、高校から大学への橋渡しとして設定された一般教養教育でさえも、文化的リテラシーの不足した学生相手では、グレートブックスや現代文明について十分講義できなくなる。

こうした大学教育における様々な問題を考慮して、子どもは社会化のために教えられるべき教育内容を高校までにしっかり習得し終えて、その教育内容に何らかの疑念をもって個性化し始めるのは、大学に入学してからで十分であるとローティは考えるのである[6]。大学に入学する以前の生徒が基礎教養をしっかり習得しておくことで、大学教授は本来の高度なレベルで学問を教育・研究することに専念できるようにすべきであるという主張は、当時のローティ自身が教授職にあったことを差し引いても、十分に常識的で妥当な見解であるといえるだろう。

2　基礎・基本の習得

初等・中等教育における社会化を重視する上でローティがしばしば好意的に引き合いに出すのは、くしくもハーシュ（E. D. Hirsch, Jr.）である。一般にハーシュといえば、『文化的リテラシー』（1987年）を書いた新保守派の教育学者として有名であり、同書の中でデューイの教育理論や進歩主義教育の指針を批判したことでも知られている。それゆえ、デューイ主義者と称するロー

ティが、ハーシュを擁護することは奇妙に思えるかもしれない。そこで、本項ではまずローティの支持するハーシュの教育論を取り上げ、それをデューイの教育論と比較検討することにしたい。

まず、ハーシュは、デューイが学校教育においてあまりにも性急に情報や知識を子どもの頭の中に蓄積する作業を拒否してしまった結果、アメリカでは各教科の基本的な内容を軽視する教育政策を招くことになったと批判し、アメリカ国民にふさわしい共通の文化的リテラシーを子どもにきちんと身につけさせる教育をすべきであると提言した[7]。また、ハーシュは、進歩主義教育を推進するエスタブリッシュメント（専門家集団）の教育政策のために、アメリカの高校生が『ニューズウィーク』や『マザー・ジョーンズ』や『ザ・ネイション』といった定期専門雑誌を読み込むだけの文化的リテラシーさえ獲得できないまま高校を卒業する事態に陥ったと批判する。そこで、ハーシュは、中等教育において文化的リテラシーの基礎・基本を徹底的に習得させるという教育改革を行うことで、高校生がそのような専門誌の中に記載された論説文をきちんと理解できるようにすべきだと考える。さらに、できれば生徒たちに歴史上の有名な人物名や重大な出来事やスローガンなどをどのくらい理解しているか試験をしてみるべきだとも提案している[8]。

こうした主張に対して、デューイを支持する進歩主義教育の学者や現場教師は、ハーシュを当時のレーガン（Ronald Reagan）政権に寄り添う御用学者として軽蔑し、ハーシュの提言するような暗記リストを重視することは、「自由に対する攻撃」であり、非現実的で自己満足な提言にすぎないと反論した[9]。こうした進歩主義教育を推進する論者たち（以下、進歩派）は、デューイと同様に、生徒が自らの生活経験を通して自主的に学習し成長することを重視するため、退屈な暗記リストを生徒に強制的に習得させようとするハーシュの方針には断固として反対するのである。ハーシュは、進歩派がデューイの影響によって個性化や批判的思考を支持する教育政策に傾きすぎたと批判するのに対して、進歩派は、ハーシュがあまりに保守的で偏向した提言をすると反駁するのである。

こうした論争をふまえた上で、ローティは、「われわれアメリカ人は子どもたちに民主主義社会において市民として機能できるようになる中等教育をもはや与えてはいないという点で、ハーシュの意見はまったく正しい」[10]という。それゆえ、ローティは、ハーシュと同様に、初等・中等教育では子どもに基本的な知識や共通の文化を習得させて、民主的な共同体に参加できる人間としてきちんと形成すべきであると主張するのである。

こうした保守的な（右派の）ハーシュの提言を擁護するローティの見解に対しては、当然ながら、進歩派の学者や現場教師から多くの反論が寄せられることになる。一般に、進歩派はハーシュを「右派の思想家」であると決めつけ、「文化的リテラシー」を重視して、基礎教養語を暗記させようとする方針に断固反対している[11]。ここでいう「右派の思想家」とは、過去から取り出した伝統的な価値観を擁護し、社会化の一環として若者に教え込まれる必要のある明確な文化的リテラシーがあると信じる者たちである。逆の「左派の思想家」とは、子どもに人間疎外をもたらしかねない社会化の過程をできるだけ排除し、基本的な知識や社会規範に対して懐疑の目を向けて批判的に考察し、これとは別の物語を子どもに提供しようとする者たちである。

ローティは、進歩派（左派）がハーシュを「右派の思想家」とみなして全員一致で反対することに驚くと同時に落胆もしている[12]。というのも、文化的リテラシーに関するハーシュの見解は、当時のレーガンやブッシュ（George Herbert Walker Bush）大統領による利己的な旗振りと同じであるという左派の見解は、明らかに間違いだからである。ローティにとって、民主主義社会を築くために文化的リテラシーをもった教養ある市民を育成しようとするハーシュの主張は、左派や右派とは関係なく正当な主張であると考えるのである。

ただ、ここで注意しておかねばならないのは、ローティとハーシュでは教育の目的が異なっている点である。ハーシュは子どもの社会化それ自体を教育目的として重視し、基本的な知識や伝統的な社会規範の習得を無批判に尊重している。それに対して、ローティは、子どもの社会化の重要性を認めながらも、社会化それ自体を教育の目的と考えているわけではない。ローティ

はネオ・プラグマティズムの見地から、民主主義社会における基本的な知識や伝統的な社会規範を初等・中等教育の段階で子どもに習得させることによって、将来、民主主義社会に参加できるようにするための準備を整えることにとどまらず、その後の高等教育において過去の社会化の過程を批判的に考察し、個性化を促す前提を設けようとしているのである。つまり、ハーシュの教育論は、子どもの社会化で完結してしまうのであるが、ローティの教育論は、社会化に始まり個性化に至って完結するのである。ローティの場合は、あくまでも初等・中等教育における「社会化の必要性」とその後の高等教育において「その社会化が必然的に押しつける障壁を取り除く必要性」をセットで考えている[13]。そのため、初等・中等教育において子どもを社会化することは、個性化をふまえた高度に民主的かつ社会的な人間形成を行うための前段階として正当化されるのである。

以上から、ローティが初等・中等教育において社会化を重視するのは、単に右派の思想家に迎合して、左派の重視する個性化を軽視しているからではなく、まさにネオ・プラグマティズムの見地から、基本的な知識や社会規範を習得する社会化の必要性を見据えると共に、教育が果たすべき個性化の機能をも視野に収めた上でのことなのである。

3 ローティ VS 進歩派

ハーシュに賛同しつつ初等・中等教育における社会化の必要性を強調するローティの見解は、当然ながら、進歩派の教育学者や現場教師から、保守反動的な見解として批判を受けてきた（ここでいう進歩派は、厳密にはデューイに代表される進歩主義教育から影響を受けたリベラル左派とマルクス主義や改造主義から影響を受けたラディカル左派とに分けられるが、その点は後述することにしたい）。こうした進歩派からの批判に対して、ローティは、「右派の思想家」を支持するのではなく、子どもの親（保護者）を支持する立場から反駁を試みている。こうした進歩派の教師と保守的な親という対立構造を取り入れる点で、ローティの教育論は新たに独自の特徴を呈することになる。

まず、ローティは、初等・中等教育段階において子どもに社会の基礎知識や伝統・規範を教えて社会化することの是非に関して、教師たちと親とでは見解がまったく異なる点に注目している[14]。進歩派の教師たちは、教育といえば、子どもたちが現状の社会体制に疑問をもち、そこに内在する社会問題や矛盾を批判的に考察することで個性化することと関連づけようとする。それに対して、親の多くは、教育といえば、子どもたちに現行の社会で役立つ情報や知識を教え、国や地域の伝統や価値観へ対する尊敬の念を養うことで、子どもを社会化することと関連づけようとする。この対立する2つの主張を見据えて、ローティは、親の多くが初等・中等教育の段階では基礎知識や共通の文化を学習させ、国家や共同体の伝統を尊重させて、子どもを社会化することを望んでいるのだから、進歩派が初等・中等教育で社会化よりも個性化を重視しすぎることは間違っていると主張するのである。

同様の見地から、ローティは「全米教育協会（NEA）」と「父母と教師の会（PTA）」の対立にも注目している[15]。一般的にいって、教師集団を代表するNEAは、教育のもつ性質や機能について多かれ少なかれ個性化を重視する進歩（左派）的な提言をしがちであるが、それに対して親集団を代表するPTAは、社会化を重視する保守（右派）的な提言をしがちである。過去のアメリカにおける勢力分布では、内部的にNEAやPTAは民主党と共和党の構成がほぼ同比率であるにもかかわらず、こうした左右の傾向が顕著に生じているのは、そうした客観的事実や要望があるからであるとローティは考えるのである。現行のアメリカ社会では、進歩的な左派も保守的な右派も共に教育体制を支配できていないため、教員研修を受けて進歩的になる教師たちと地元の保守的なPTAとが対立してしまい、非生産的で非協力的な関係になってしまうのである。

こうした対立状況を見据えて、ローティは次のように述べている。「教師たちは、初等・中等教育の学校が原理主義や保守反動的な思想の砦になることを防ぐことはできるが、社会慣習や制度を疑問視する中心地に変えることはできない。親たちは学校でそのような（左派の）中心地が形成されること

を防ぐことはできるが、親たちが望むような情報の蓄積を教師に押しつけることはできない」16)。一般に親たちは、教育の素人ではあっても、常識的な見地からハーシュのような保守的な見解を支持することが多かったといえる。しかし、進歩派の教師たちはそうした親たちの見解に対して、「そもそも教育の本質を理解していない」とか、「学習の性質に関する現代心理学や社会学の研究成果を知るべきだ」とか、「教科の知識を詰め込むよりも、その知識を活用する方が大切なのだ」などと反論してきたのである。これに対して親たちは、こうした進歩派の教師の誠実そうな甘言に乗せられて、子どもたちが学力低下や道徳的混乱に陥ってしまうことを警戒するのだが、それでも教師のもつ専門家としての見識には敬意を払うため、なかなか表だって反抗的な行動に出ることは少ないのである。

　こうした親たちと進歩派との対立状況を見据えた上で、ローティはあえて進歩派の教師ではなく保守的な親たちの見解を擁護するのである。ローティによれば、進歩派の教師は親たちの保守的な要望を軽く見ずに、親たちが懸念している子どもたちの学力低下や道徳的混乱についてもっと本気で心配すべきなのである17)。こうしたローティの主張は、哲学的見解というより、親たちと共有できる常識的な見識であり、学力低下や道徳的混乱や教育格差が懸念される今日では十分に了解可能なことのはずである。

　以上から、ローティは親たちの言い分を擁護する立場から意識的に進歩派の教師と対立する姿勢を打ち出していることがわかる。次に、進歩派たちがローティに向けた批判を取り上げて、それに対するローティの反駁を検討することで彼の思想的立場をより明確にしていきたい。

　進歩派からの第1の批判は、ローティがハーシュの見解を援用しつつ、初等・中等教育においては文化的リテラシーの元になる暗記リストを覚える必要があると主張する点である。たとえば、ガイ＝シェフトール (Beverly Guy-Sheftall)、エレーン・マイモン (Elaine P. Maimon)、グルメット (Madeleine R. Grumet) に共通する批判は、黙々と暗記リストを覚える作業など子どもたちにはすぐ飽きられてしまうという指摘であり、そもそも教育とは情報や知識

を頭に詰め込むこと以上のものであるという主張である[18]。

　それに対して、ローティは次のように反駁している。「たしかに子どもたちは暗記リストを覚えることに飽きてしまうだろうが、退屈とは子どもに起こりうることの中で最悪なものではない。それよりも無知はさらに悪いことである。たしかに教育は知識を暗記すること以上のものであるが、それだからといって暗記リストが不要であるということにはならない。現代社会では、たくさんの暗記リストを覚えること、つまりたくさんの退屈な作業が求められているのである」[19]。こうしたローティのあまりに割り切った保守的な見解には多少戸惑ってしまうところもあるかもしれないが、たしかに文化的リテラシーの基礎・基本となる知識くらいは、多少退屈でも覚えてしまわなければ、日常生活を営む上でも支障をきたすし、民主的なコミュニティのメンバーとして社会的活動をすることもできなくなるだろう。このように子どもが将来コミュニティの自律的なメンバーとなって政治的過程に参加するためには、たくさんの情報や知識を頭の中に積み上げなくてはならないと考えるのである。ローティによれば、せめて高校を卒業するまでには市民社会にふさわしい程度の文化的リテラシーを身につけ、せめて新聞や専門誌くらいは十分読解できるようになり、互いに議論し合えるような文化的教養を備えておくべきなのである[20]。

　また、ローティは、高校生や大学生の学力テストの惨憺たる成績にも目を向けるべきだと主張する[21]。常識的に考えても、昨今の高校生や大学生の学力低下の惨状を考慮すれば、批判的思考を行う上での基礎となる知識くらいは、大学に入学する前までに十分知っておかなければならないものである。というのも、こうした基礎・基本の知識を高校までに覚えておかないと、後の高等教育で専門分野を研究することさえできなくなってしまうからである。ローティによれば、医学生なら医療の専門用語を覚え、法学生なら法律の専門用語を覚えなければならないように、それぞれの専門分野で社会的に活躍するためには、いくら退屈であってもその科目の基礎・基本となる知識や技術を覚えてしまうことが求められるのである。世間一般的にいっても、きち

んと専門的な知識や技術を習得した学生が専門職に就くことを望むものである。それにもかかわらず、進歩派のように、生徒に暗記リストを覚えさせることを躊躇していると、有能な専門家を養成することさえできなくなってしまうことは想像にかたくないだろう。

　進歩派からの第2の批判は、ハーシュやそれに賛同するローティの見解が非民主的なエリート主義的であるというラディカルな指摘である。たとえば、ローズ（Mike Rose）のようにネオ・マルクス主義から影響を受けた進歩派（ラディカル左派）から見ると、ハーシュのいう文化的リテラシーや暗記リストの内容とは、明らかに西洋の教養主義の伝統を継承するものであり、それらを強制的に習得させようとするのは、民主主義を否定して、一部の社会的に恵まれた社会層の子どもに対してのみ行うエリート教育や一般教養教育を強引に公教育に導入してしまおうとする無謀な試みなのである[22]。

　これに対して、ローティは、ハーシュの著作をよく読めば、それが決してエリート主義的ではなく、むしろ民主主義のための教育であることが容易にわかるはずだと反論している[23]。実際のところ、ハーシュやローティが求めているのは、前述したように、民主的なコミュニティの市民として自律的に活動するために必要な文化的リテラシーである。たしかに、ハーシュの掲げる暗記リストには西洋の教養主義的な偏りも見られるが、それを特定の社会的階層において選良意識を形成しようとする非民主的なエリート主義と結びつける必要はないといえるだろう。

　第3の批判は、ローティがハーシュにならって全国的に標準化された学習指導目標を重視する点に向けられている。たとえば、ガイ゠シェフトールは、ハーシュのような誰か特定の人物あるいは集団が作成した教育システムの学習指導目標を設定することは、きわめて恣意的な内容になりがちで危険であるため、もっと多角的かつ批判的な見地から再考すべきだと主張している[24]。たしかに多様な価値観が渦巻くアメリカ社会では、教育システムや教育内容を統一するよりも、各州や各学校の実情に応じた自由な教育を行うべきだと主張する声は多いだろう。

それに対して、ローティは、全国的に標準化された中等教育課程や高校卒業試験の惨憺たる成績結果を考慮すれば、現状のような自由な教育に満足することなどできないはずだと反論する[25]。たしかに、全国規模の学習指導目標を設定することは、ある一定の教育内容やカリキュラムを押しつけることになる。しかし学校において子どもの「学習の性質」を保障し、教育格差を是正して現状の子どもたちの学力不足やリテラシー不足を補足するためには、全国統一の学習指導目標を設定して対応に当たった方が、より好ましい結果になるだろうと考えるのである。

第4の批判は、ローティの見解では現行の社会制度に内在する矛盾や弊害をえぐり出し、教育を通したラディカルな社会変革が達成できないというものである。それに対して、ローティは、かりに進歩派の教師が現行の社会制度に対して疑念をもっているとしても、初等・中等教育レベルでは自らの社会観を授業に反映させることには限度があり、こうした教師にできることはせいぜい社会の物語について話す際に、教科書には出てこない偉人や出来事をいくつか取り入れる程度にとどまるべきだろうと考える。もしかりに、ある進歩派の教師が社会に関する物語に対して疑問をもち、それを小中学校で子どもたちに吐露し続けたとしたら、親たちから学校は社会を破壊する制度であると思われて苦情が寄せられるだろう。そこで、進歩派の教師といえども、社会に関する自らの物語を親たちの思い描く物語と十分に重なるように配慮する必要が出てくる。そこで、ローティは「もしある教師が現存する社会は虚偽の上に成り立っていると考えているのなら、他の職業を探した方がよいだろう」と述べている[26]。

このようにローティは、初等・中等教育の位置づけを再考し、進歩主義教育の行きすぎを是正し、真に民主主義のための教育を再構築するために、初等・中等教育から高等教育までの一貫した教育システムを構想し、学力低下や道徳的混乱に対応し、親たちの要望や教師たちの要望を総体的に考慮した上で、社会化を重視した初等・中等教育論を提唱しているのである。

4 ローティ VS 文化的左派

　ローティは、前述したように、ハーシュが新保守的な見地からアメリカの中等教育を改革しようとする提言に基本的には賛同しており、進歩派の教師たちの批判には親の立場から常識的な見解を取り入れて反論しているのだが、第1章第3節6で紹介した文化的左派の教育学者に対しては理論的かつ政治的な対立を鮮明に打ち出している。こうしたローティと文化的左派の論争を理解するためには、まずハーシュの見解が登場した時代的・政治的背景を検討しておく必要があろう。

　そもそもハーシュの新保守的な見解は、進歩主義教育が盛んだった1980年代前半までの時代状況に対する反動的な対案として登場している。こうしたハーシュの見解は、当時のレーガン政権下におけるベネット（William J. Bennett）教育長官の教育政策では採用される可能性も十分あったといえる。もちろん、こうしたハーシュの見解は、保守的な右派勢力からは好意的に受けとめられ歓迎されたが、進歩派や文化的左派からは強い批判を浴びることになった。文化的左派によれば、ハーシュの見解は、文化に関する覇権主義的な考えであり、彼の暗記リストは現状を維持する方に傾いているのである。それゆえ、文化的左派はハーシュを A. ブルームやベネットのような右派の教育論者とひとくくりにして侮蔑し、嘲笑する傾向が強い。これに対して、ローティは自らを「改良主義的なブルジョワ・リベラリストと考えているデューイ派の哲学者」[27]と称した上で、あえてハーシュの教育論を擁護する側に回ったのである。そこで次に、こうしたハーシュの教育論をめぐって、ローティと文化的左派が理論的にどう対立したかに焦点を当てることで、両者の見解の相違を明らかにしていきたい。

　まず、文化的左派は、右派の思想家が主張する「教育とは社会的に正当化された知識を真理として伝達することである」というテーゼに対して強い疑念をもつ。それゆえ、ハーシュに代表される右派の誤解や悪意に満ちた知識を子どもに伝達してしまえば、現行社会の弊害や矛盾を再生産することになると非難するのである。それよりも、左派は「〈自然〉の摂理に基づく真理

を伝達すること」こそ教育目的とすべきだと主張するのである。

　これに対して、ローティは、そもそも初等・中等教育と高等教育とでは教育目的が異なることを前提にした上で、そのどちらの教育目的も「真理を伝達すること」とは関係ないと主張する[28]。ローティによれば、初等・中等教育の目的は、主に子どもたちが民主的な社会の市民として機能できるように、所属する社会において真であると「信じられているもの」を十分に伝達することなのである。ローティによれば、文化的左派のように初等・中等教育段階で「生徒に自分自身の社会化の過程について絶えず疑念をいだかせるような仕方で、彼らを社会化する文化などというものは、私には想像できない」[29]。

　たしかに、文化的左派がいうように、現行の社会で「信じられているもの」が本当に真であるかどうかについては疑問の余地が残るが、その「信じられているもの」の真偽などは現場の教師には関係のないことなのであり、自らの職能を超えたものであるとローティは主張する[30]。こうした見地から、初等・中等教育の教師は、共有する社会を共同で再創造することに従事しているのであり、その中心的な仕事は意識的に社会を再生産することであると結論づけている。ローティは、初等・中等教育では前の世代の社会通念の多くをきちんと教え、社会や歴史や価値について標準的・愛国的・楽観的な物語を教えることで、子どもたちを適切に社会化するべきであると考える。たしかに、現実問題として考えると、教育省や教育委員会のシステムは初等・中等教育においてこのような社会化を目指した教育課程を保障しているため、ローティの主張はある意味で常識的なものであるともいえる。

　次に、文化的左派は、現行の教育システムを欠陥や矛盾に満ちたものとみなし、それを廃止して別の教育システムに代替すべきであると考えるため、現行の教育システムを強化する傾向をもつハーシュの保守的な提案に反対するのである。左派にとって、初等・中等教育もまた、人間の疎外状況を解消してより一層「自由化 (liberation)」するためのプロジェクトなのであり、現行の社会体制に適応するための手段ではないのである。

これに対して、ローティは、ネオ・プラグマティズムの立場から、左派が構想する「自由化のための教育システム」を初等・中等教育に導入した場合には、明らかに現行のものよりも混乱や矛盾が生じてきて一層悪くなるだろうと想定している。ローティによれば、「H. ジルーのような文化的左派の教育論者がいつの日か教育長官に就任したとしても、初等・中等教育を現在の9つに分かれた社会化から単一の自由化へと切り替えることはできないだろうし、そう試みるべきでもない」[31]。というのは、そもそも社会化されていない子どもから自由な個人を作り出すことなどできないからである。たしかに左派の主張するように、現行の教育システムにおける社会化の過程には様々な弊害や矛盾があるかもしれないが、それらの問題はプラグマティックに漸進的な改良を加えていけばよいのであって、政府がわざわざ新しい革新的な初等・中等教育のシステムを導入して、子どもたちを親や社会に対抗するための文化的革命へと駆り立てる必要はないと考えるのである。

また逆に、ローティは、ハーシュの提言が教育政策として採用された場合には、右派にとっても左派にとっても都合のよい結果が現れるだろうとも考えている。というのは、この場合、子どもたちは、アメリカが元来「万人のための自由と正義の国」であると教えられ、偉大な解放者たちや M. L. キング Jr. (M. L. King, Jr.) の誕生日を祝い合い、アメリカの歴史に関する物語を「自由の増大する物語」として学び、そうした文化的リテラシーを身につけた後で大学に進学してくることになる。そうすると、かりに文化的左派の教授が大学で一般教養教育や専門教育を講義する際であっても、文化的リテラシーや基礎知識を身につけた学生たちの方が、社会改革の必要性を説得するには都合がよいのである。この例として、ローティは次のように述べている。「フランス革命がロシア革命に先立ったと知っている学生に対しては、社会変革の可能性について説得することがより容易であり、女性参政権という言葉や第二波フェミニストのベティ・フリーダン (Betty Friedan) という名前を知っている学生に対しては、性差別主義について語ることが容易になり、イギリス文学作家のワイルド (Oscar Wilde) の名前を聞いたことのある学生

に対しては、ホモセクシュアルの嫌悪について話をすることが容易になる」[32]。このようにローティは学習の順序とその効果を考慮するという常識的でプラグマティックな観点から、文化的左派による文化的リテラシー批判に反駁するのである。

さらに、ローティはアメリカの大学におけるリベラル左派とラディカル左派の勢力分布を見据えた上で、次のように現状を分析してみせる。まず、大学の社会科学や人文科学の学部にいるリベラル左派の教授は、講義を通して学生たちを少しばかり思想的に左寄りに移行させることで、大学教育を受けた者を大学へ行かなかった者よりもリベラルな思想を好むように指導してきた。一方、ラディカル左派の教授は、こうしたリベラル左派の教授に奪い取られなかった学生に対して、ラディカルな思想を好むように指導してきた。こうしたローティの見立てでは、リベラル左派の教授もラディカル左派の教授も、大学の講義においては、小中学校で学ぶような「万人のための自由と正義」についての物語を、高校で学ぶような「自由の増大」についての物語と同様に、有効に利用してきたといえる。こうした点からローティは次のようにいう。「両派の教授は、アメリカがそれ自身の伝統と理想を裏切っているという点に注目し、学生がそれらの伝統や理想に対して相当しっかりした理解をもち、愛着を感じていなければ、あまり効果が上がらないようなこだわりを示してきたのである」[33]。以上、ローティがいうように、リベラル左派の教授もラディカル左派の教授も、初等・中等教育において児童・生徒が基礎・基本をきちんと身につけ、アメリカの伝統や理想を理解してきたことに多くの恩恵を受けていることは確かだろう。こうした意味では、ハーシュが中等教育までに基礎・基本を身につけさせるようという主張は、リベラル左派にとってもラディカル左派にとっても十分に有益なことなのである。

第3に、文化的左派は、ハーシュの教育論において、生徒が興味深い書物を読むことよりもリストを暗記することの方が大事であると主張する点を批判している。文化的左派から見れば、ハーシュが主張するように権威づけられた書物（グレートブックス）の知識をただ暗記することにはまったく意味が

なく、むしろその知識を批判的に考察したり、別の物語の可能性を模索したりすることこそ大切なのである。

これに対して、ローティは、文化的左派がハーシュの教育論を誤解しているという。ハーシュの主張とは、単に生徒がそうした書物の中で言及されている人物や物事や出来事を知っているかどうか試験すべきであると提案したにすぎない。ここからローティは、「ハーシュに対するラディカル左派の批判者たちが、ハーシュの挙げるようなリストに対する試験を準備することなしに、どのようにしてそのような物語を生徒に教え込むことができるのか、(中略)また、『ニューズウィーク』さえ理解できない18歳たちがどのようにして多数の政治家の候補者の中から適切な人物を選択できるのか」と疑問を呈するのである[34]。それよりも、ローティは、「ハーシュの考えるような卒業試験を制度化した後に、デューイやハーシュが夢みたくらいに、大部分の18歳のアメリカ人たちに文化的教養をもたせることに成功したと考えてみてほしい」[35]と提案する。そのような理想郷では、アメリカの大学は、学生に専門的な職業訓練と自己創造の刺激とを融合したカリキュラムを提供するという本来の職務に専念できるようになり、実り多き教育効果をもたらすことになると考えるのである。

以上、ローティのようにプラグマティックに考えれば、ハーシュの提言には様々な利点もあるのだが、文化的左派から見ればハーシュの保守的な見解にはどうしても同意できないため、結局のところ、ローティと文化的左派の議論もまた平行線をたどることになる。こうした文化的左派の特徴は、学校現場の実践レベルではなく高尚な理論レベルで批判するところにある。ローティから見ると、こうした文化的左派の批判は、「何をなすべきかという問題よりも教義的な純粋性に関わるものであるという意味で、過度に哲学化(over-philosophication)され過小に政治化されたものである」[36]。こうした見地から、ローティは文化的左派が教育を過度に哲学化してしまうことに苦言を呈するのである。

このように、文化的左派に特徴的な「過度の哲学化」によって理論レベル

で抽象的な論争を延々と繰り広げることの不毛さを訴え、実際の子どもや親や教師からの要望、学校現場や地域社会の状況、教育政策としての代替可能性などを実践レベルで総合的に考慮して、プラグマティックに教育問題を捉え直し、具体的な解決策を構想するところに、ローティの教育論の独自性があるといえるだろう。

5　物語の教育

　ローティのように初等・中等教育の機能をもっぱら社会化に求め、高等教育の機能をもっぱら個性化に求めた場合、双方の教育課程をいかに接続するかが重大な問題になる。実際、進歩派からは、初等・中等教育においては社会化のための働きかけを行い、高等教育からは急に方針転換して個性化のための働きかけをするということには無理があるという批判が寄せられてきた。これに対して、ローティは後に初等・中等教育がもっぱら社会化を目的とするという自説を補足・修正している。そこでは、中等教育における社会化のプロセスは、単に社会規範や基礎知識を教えるだけにとどまらず、公共性に関する語彙やレトリックを批判的に検討させる学習も含んでいると主張している。それゆえ、中等教育は高等教育における個性化の準備教育だけでなく、個性化の過程を一部担うことにもなるのである。ローティによれば、中等教育では、まず生徒に自分たちの人生の物語を「国家的物語（national narrative）」の一部として位置づけて社会化を図るように働きかけるべきであるが、そこで取り上げられる国家的物語のテーマにはしかるべき社会批判の要素も含まれているため、個性化の働きにもなると考えるのである[37]。そこで、以下ではローティが国家的物語や歴史に注目して中等教育を語る点に注目してみたい。

　ローティは、中等教育のあり方を再考する際に、アメリカの国家的物語（＝アメリカ合衆国史）を検討するところから始めている。つまり、ローティはアメリカの国家的物語をラディカル左派のように破壊的で残虐な物語として否定的に捉えるのではなく、「自由を増大させてきた物語」として肯定的に捉

えるのである。具体的にいうと、アメリカの国家的物語の中には、奴隷の解放、女性選挙権の獲得、労働組合の登場、福祉国家の発展、女性運動や市民権運動の進展などが含まれており、それらは未完成の物語の中にある挿話として伝えることができる[38]。同様の趣旨をローティは、別の箇所で次のようにも述べている。「(アメリカは) 長い歴史をかけて様々な苦難を乗り越えて、外国の支配を打破し、奴隷を解放し、婦人に選挙権を与え、悪徳資本家 (robber baron) を規制し、労働組合を許可し、宗教の実践を自由化し、その宗教的で道徳的な寛容を拡大し、国の人口の50％が入学できる大学を作り上げた国なのである」[39]。こうした歴史的な物語や偉人を中等教育で生徒に教えることで、アメリカにはまだ成し遂げるべき偉業がたくさん残っていることに気づかせ、その担い手となりうる生徒たちの魂を奮い立たせようとするのである。ローティによれば、そのような物語を教え伝える中等教育は、生徒たちが自らの物語を国家的物語に結びつけることができ、自己を再創造することに繋がると共に、国家的物語を遂行し続ける担い手を育成することにも繋がるのである。

ローティは、こうした中等教育に導入する国家的物語を選定するに当たって、子どもが興味や関心を抱いて基礎知識や伝統的な社会規範を習得すると共に、批判的精神を形成することのできる教材として、英雄物語およびマイノリティの物語を取り上げている。

まず、「英雄物語 (saga)」とは、自らの実存的な問題を苦悩の末に解決すると同時に、政治や伝統の束縛に抗しながらリベラルで民主的なアメリカ社会を創造してきた歴史上の偉人たちの物語である[40]。その典型的な主人公として、奴隷解放時の大統領リンカーン (Abraham Lincoln)、婦人参政権運動のアンソニー (S. B. Anthony)、労働運動のデブス (E. V. Debs)、市民権運動のキング牧師を挙げている[41]。別の個所では、さらに元大統領のジェファーソン、思想家のソロー (Henry David Thoreau)、元大統領のウィルソン、公民権運動の活動家パークス (Rosa Parks)、元大統領のルーズベルト、小説家のボールドウィン (James Baldwin) を「誇り高く忠実な市民」として挙げている[42]。

もちろん、これ以外でも様々な社会慈善活動や人権擁護運動に参加した無名の闘士をアメリカの英雄として取り上げることもできる。こうした英雄は、決して政治経済的なパワーエリートではないが、自由のために闘い、共同体の抱える深刻な社会問題の解決に身を捧げた民主的な指導者として偉大なのである。生徒はこうした英雄物語に触れることで、歴史上の英雄が共同体の伝統文化を改革し、弱者を救済してきたことを理解し、英雄の生き方に憧憬を抱くようにもなると考えられる。ローティはこうした英雄物語による教育の着想を、もともとはニーチェにおける英雄崇拝から得たようであるが、後に自由で寛容な社会の実現を目指して活動する民主的な指導者像を強調することにより、ニーチェには見られない公共性を英雄物語に付与するに至ったのである。

次に、「マイノリティの物語」とは、歴史的に抑圧され排除されてきた社会的弱者の物語である。生徒はマイノリティの物語に接することで、社会的弱者に深く共感するようになり、自らを社会的弱者に想像的に同一化していくようになる。こうして生徒は、社会的弱者へ加えられる残酷さ、苦痛、侮辱ができるだけなくなることを望むようになる。教師は、こうした授業で生徒に社会的弱者という他者の苦痛や抑圧への共感を訴えかけることで、自分自身とはまったく異なった他者と人間的に結びつくことの大切さを教えることができる。ローティは将来の社会で寛容な連帯を実現するためにも、こうした他者の苦しみに対する想像的な共感が教育システム全体を通して促進されるべきであると考えるのである。

こうした物語を提供する教材として、ローティは文学あるいは文芸批評の役割に注目している[43]。特に、英雄物語やマイノリティの物語を言語的に表現するジャンルとしては、歴史小説、ルポタージュ、エスノグラフィを取り上げている。ローティはこうした作品群を次の2種類に分けて考察している[44]。1つは、「社会的実践や制度が他者に及ぼす影響を考えるために役立つ」作品群である。これらは、奴隷制度、戦争、偏見、人種差別、性差別のようなテーマが取り扱われている。もう1つは、個人的な特質が他者に及ぼす影

響を考えるために役立つ書物である。これらは、個人が抱く迷妄が他者の要請や苦しみに対する感覚を損ねてしまうことや、自己に対する義務と他者に対する義務の対立といったテーマについて内省させるのに適している。

こうした作品の例として、ローティは黒人女性の生涯を描いた『彼らの目は神を見ていた (The Eyes Were Watching God)』、ゲイの生活を描いた『ジョヴァンニの部屋 (Giovanni's Room)』、レズビアンの闘いを描いた『ルビーフルーツ・ジャングル (Rubyfruit Jungle)』などを挙げている[45]。こうした作品群は生徒に、「時代と共に社会規範や価値観がどのように変化してきたか」、あるいは「女性、黒人、ゲイであるとは過去にどのようなことであったか、そして現在はどのようなことであるか」を考えさせることができる。こうした中等教育が功を奏すれば、いつの日か生徒がキング牧師の誕生日を祝うように、同性愛者らの起こした「ストーンウォール暴動」[46]を祝うようになるかもしれない。もちろん、現在のところ、前掲したセンセーショナルな作品群を課題図書として取り上げて、その記念日を祝う高校などアメリカでもないだろうが、時が経つにつれて社会の価値観が変化すれば実現する可能性は多分にあるだろう。

こうした文芸作品を中等教育に導入することに関しては、これまで文化的左派が主要な役割を果たしてきたといえる。こうした物語を中等教育に導入することで、すぐに社会を劇的に変革することなどはできないだろうが、社会生活における残酷さを漸進的に減らし、社会をもっと品位あるものに改善することには寄与するだろう。ローティによれば、高校の教師は、こうした物語を通じて社会がここまで発展できたのは、常に過去の社会を懐疑し、それを変革してきた結果であることを生徒に教えることができ、またアメリカ社会の原動力とは絶え間ない社会変革であると今でも教えることもできる[47]。そうした見地からみると、過去に登場したアメリカの国民的英雄はその時代の社会通念に反旗を翻して抵抗運動をした人物であったとみることもできるだろう[48]。こうした人物たちを英雄として中等教育で教え伝えることに関しては、ローティと文化的左派の間でもまったく同意できるところだろうと思

われる。

　最後に、このような物語による教育がもっている教育的意義を以下に5つほど指摘しておきたい。第1に、子どもは他者、共同体、国家の物語を通じて、想像力をかき立てられてイメージの世界を広げるとともに、生き生きとした歴史的知識を豊かに獲得することができる。子どもは興味や関心を抱きながらこれらの物語に没頭し、歴史の知識や伝統文化を習得することができる。こうした教育では子どもの興味や関心と教科の内容とが自然に関連づけられ、知性、想像力、情緒が融合されるのである。

　第2に、子どもはこれらの物語の教育を通して、人間の中にどれほど残酷な性質があるかを知ると共に、弱者や他者に対して共感や同一感を抱くようになる。そして、社会制度や社会構造が特定の人々にいかに有害な影響を及ぼしてきたかを知るに及んで、子どもはこうした残酷な事態をどうしたら改善できるかを考え、他者と連帯したり社会的にコミットしたりすることの重要性を認識するようになるのである。

　第3に、英雄物語やマイノリティの物語のテーマである弱者救済や社会変革は、本来アメリカ文化の一部であるため、これらの物語を通して生徒は文化的伝統や規範を学ぶと共に、批判的精神を形成することもできる。こうして子どもは自らの社会や文化に対する一体感を失うことなく、弱者救済や社会変革の重要性を理解することができるのである。

　第4に、子どもはこうした物語の教育を通じて多様な価値観を見出し、様々な人生の意味や生き方を知ることでができる。子どもは人生の苦悩や社会制度の弊害を直視しながらも、単なる諦念やニヒリズムに陥ったりせずに、将来に新たな希望を見出し、新しいアイデンティティを確立するためのビジョンを得ることができる。

　第5に、英雄物語やマイノリティの物語による教育は、教科間の境界線を越えた形でも行われうるため、子どもは各教科の教科内容を総合的に学習することができる。こうして子どもの学習経験は多様で豊かな広がりをもっていくことが期待される。

以上のように、ローティは、英雄物語やマイノリティの物語を用いた中等教育を通して、興味や関心をもって基礎知識や文化的伝統を習得すると共に、社会問題への関心を高めてその解決に取り組む公共的精神を育み、さらには新しいアイデンティティを創造することが可能であると考える。こうした意味で、リベラルな民主主義社会では、社会化のための「歴史的事実を学ぶ保守的な教育」と個性化のための「社会変革を目指す進歩的な教育」とを中等教育の段階で結合することは、決して困難なことではないとローティは考えるのである[49]。こうしたローティの見地を取り入れることで、保守派と進歩派との対立を解消する鍵を見出すことも可能かもしれない。

註

1) Richard Rorty, "Education, Socialization, and Individuation," *Liberal Education*, Vol. 75, No. 4, 1989, p. 4.
2) Richard Rorty, "Two Cheers for the Cultural Left," D. J. Gless and B. H. Smith (eds.), *The Politics of Liberal Education*, Duke University Press, 1992, p. 236.
3) Rorty, "Education, Socialization, and Individuation," p. 8.
4) *Ibid.*, p. 8.
5) *Ibid.*
6) *Ibid.*
7) E. D. Hirsch, Jr., *Cultural Literacy*, Houghton Mifflin, 1987, p. 44.
8) Rorty, "Two Cheers for the Cultural Left," p. 236.
9) Richard Rorty, "Richard Rorty Replies," *Liberal Education*, Vol. 75, No. 4, 1989, p. 29.
10) Rorty, "Education, Socialization, and Individuation," p. 5.
11) Rorty, "Richard Rorty Replies," p. 28.
12) *Ibid.*
13) Rorty, "Education, Socialization, and Individuation," p. 7.
14) Rorty, "Richard Rorty Replies," p. 28.
15) *Ibid.*
16) *Ibid.*
17) *Ibid.*, pp. 28-29.
18) Beverly Guy-Sheftall, Elaine P. Maimon, Madeleine R. Grumet "Taking Is-

sue: Nine Responses to Richard Rorty," *Liberal Education*, Vol. 75, No. 4, 1989, pp. 17-21.
19) Rorty, "Richard Rorty Replies," p. 29.
20) *Ibid.*
21) *Ibid.*
22) Mike Rose, "Taking Issue: Nine Responses to Richard Rorty," *Liberal Education*, Vol. 75, No. 4, 1989, pp. 22-23.
23) Rorty, "Richard Rorty Replies," p. 29.
24) Beverly Guy-Sheftall, "Taking Issue: Nine Responses to Richard Rorty," *Liberal Education*, Vol. 75, No. 4, 1989, pp. 18-19.
25) Rorty, "Richard Rorty Replies," p. 29.
26) Richard Rorty, "The Dangers of Over-Philosophication," *Educational Theory*, Vol. 40, No. 1, 1990, p. 42.
27) Rorty, "Two Cheers for the Cultural Left," p. 234.
28) Rorty, "The Dangers of Over-Philosophication," p. 42.
29) Richard Rorty, *Contingency, Irony, and Solidarity*, Cambridge University Press, 1989, p. 87.（齋藤純一・山岡龍一・大川正彦訳『偶然性・アイロニー・連帯―リベラル・ユートピアの可能性―』岩波書店、2000年、180頁）
30) Rorty, "The Dangers of Over-Philosophication," p. 42.
31) Rorty, "Two Cheers for the Cultural Left," p. 236.
32) *Ibid.*, p. 236.
33) *Ibid.*, p. 237.
34) Rorty, "Education, Socialization, and Individuation," p. 7.
35) *Ibid.*
36) Rorty, "Two Cheers for the Cultural Left," p. 237.
37) Rorty, "The Dangers of Over-Philosophication," p. 43.
38) *Ibid.*, pp. 42-43.
39) Rorty, "Education, Socialization, and Individuation," p. 7.
40) Rorty, "The Dangers of Over-Philosophication," p. 42.
41) *Ibid.*, p. 43.
42) Rorty, "Education, Socialization, and Individuation," p. 7.
43) Rorty, *Contingency, Irony, and Solidarity*, p. 94.（邦訳、193頁）
44) *Ibid.*, p. 141.（邦訳、290頁）
45) Rorty, "Two Cheers for the Cultural Left," p. 239.
46)「ストーンウォール暴動」とは、1969年6月にニューヨークのゲイバー「ストーンウォール・イン」が家宅捜索を受けた際、同性愛者らが警察に抗議して起こした暴動であり、その後の一連の抵抗運動の端緒となった事件である。

47) Rorty, "The Dangers of Over-Philosophication," p. 42.
48) *Ibid*.
49) *Ibid*., p. 43.

第2節　高等教育における個性化

1　個性化としての教育

　ローティの教育論は、前述したように、まず初等・中等教育において基礎知識や伝統文化を習得させることによって子どもの社会化を十分に達成し、その後の高等教育においてソクラテス的対話を通じた啓発によって批判的精神を形成し、学生の個性化を図ることを骨子としている。つまり、初等・中等教育を修了して高等教育の段階に至って、学生は大学教授との対話を通して本格的に啓発されることになるのである。そこで本節では、この個性化としての高等教育について詳しく検討していきたい。

　ローティは、まず、高等教育を専門職系（たとえば法科や医科などの高等専門教育）と非職業系（リベラル・アーツや一般教養教育）に分けた上で、後者の高等教育に焦点を当てて次のように述べている。「非職業系の高等教育の要諦は、学生が自分自身を再形成できるということを自覚する手助けをすることである。つまり、学生が自分たちの過去に押しつけられた自己像、自分たちを有能な市民にしてくれた自己像を、新しい自己像に、学生が自分自身を創り変えられるような自己像に再形成できるように支援すべきなのである。」[1]。

　このように高等教育において学生は、すでに初等・中等教育において基礎・基本の習得を済ませて十分に社会化を終えているため、今度は逆にそれまでの社会化の過程で自分自身の形作ってきた価値観、つまり現在広く受け入れられている社会的な価値観や多数意見についてアイロニックに懐疑を抱くような教育を受けることが肝要になる。そして学生が現実における社会的な疎外や矛盾を見抜いた上で、協働探究を通じて理想的な社会のあり方や現実社

会の具体的な改革について考え、自分自身を創り変えられるように、高等教育では適切な支援をすべきなのである。

　こうしたローティの見解は、従来の進歩主義教育とは異なり、初等・中等教育の段階から積極的に子どもの個性化を促すことは慎重に避け、高等教育においてようやく個性化を促すところに特徴がある。ローティによれば、個性化とは、常識的な言説を前提としつつ、それを乗り越えるところに見出されるのである。こうした個性化とは、過去に内面化した因習的な語彙を捨て去って、社会化の過程で形成された受動的な自己像を新しい語彙によって記述し直し、新しく能動的な自己像を再創造することなのである。それゆえ、もし初等・中等教育の段階において共同体の因習的な語彙や物語によって形成された自己像が十分に確立されていなければ、そもそも高等教育の段階において創造し直されるべき自己像そのものがないことになり、真の個性化を図ることができなくなるのである。

　こうしたローティの高等教育論は、第1章第3節3で述べた彼の政治論とも関連している。ローティは公共的領域と私的領域とを区分した上で、リベラル・ユートピアを志向して現実の社会をどのように変革していくかについて公共的領域で構想することが、実は私的領域における自己創造にも繋がってくると考える。こうした見地から、高等教育において学生は、まず、自らが受容してきた現実社会に流布している諸々の観念や世界観を吟味し、その過程で一般的な常識や世界観に対する様々な例外や反例をも探し求めて、新奇な語彙を用いて各種の観念や社会的実践を記述し直していく[2]。こうした探究の中で、自分に与えられた社会化そのものが、実は自分に不適切な語彙を与え、そのことによって自分を誤った種類の人間に形成したのではなかったのかという懐疑を抱くようになり、やがては自らの自己像を規定してきた語彙や文化を他の語彙や文化と比較検討することによって、これまでの自己とは別様な自己のあり方を探り始めるのである。それと同時に、社会的実践の基本的前提を規定している語彙の歴史的偶発性や可謬性を見出し、社会的事象の成立根拠について思慮深く考察し、社会変革のための多様な選択肢の

中から建設的で希望あるアプローチを探究することにもなる。こうした探究の過程で、学生は公共的領域における社会の物語を再構築するのであるが、それはとりもなおさず私的領域における自己を構成している信念のネットワークを再構成することにほかならず、これによって新たな自己創造が実現されることになるのである。

2 啓発と問題解決学習

　個性化や啓発を教育目的として構想されたローティの高等教育論は、デューイの教育理論に基づく問題解決学習の延長線に位置づけることができる。そこで、以下ではローティが論文「教育、社会化、個性化」で示した教授法[3]を問題解決学習と関連づけながら、次の5つの過程に分けて再構成して提示してみたい。

　まず、学生は教授とのソクラテス的対話を通して、それまでの自らの社会化に含まれている特権的な合意事項や権力側の言説を取り出して、その正当性を根本から疑い、現行の社会体制が多分に不寛容で不完全な暫定的システムであることを認識する。

　次に、学生は現行の社会システムを改良していく自由と希望があることを理解し、慣習的な発想や制度に替わる新しいものを創造することによって新たな理想社会を構想し、次の世代のためにより良い社会を用意しうることを自覚する。

　第3に、学生は教師や他の学生と対話する中で、新たな理想社会を目指して具体的なビジョンや計画を構想していく。この段階には、あらゆる形態の人間的協力、生活様式、統治様式の長所や短所の研究が含まれる。ここで学生は様々な選択肢を比較検討し、現状に対する代案を練り上げる。こうした過程において重要なのは、学生自らが新しい観察や実験を行い、例外や反例について追究し、一見したところ逆説的な主張にも耳を傾け、新奇な語彙をもちいて政治や社会の理念と実践を新たに記述することである[4]。そこでは、現状より望ましい社会を思い描く想像力、創造力、企画力が総合的に働くこ

とになる。

　アルシラは、こうしたローティの高等教育論における啓発の意義を以下の5つの見地から評価している[5]。第1に、啓発は、アイロニー、アナロジー（類推）、メタファー（暗喩）のような間接的形態の言語を用いることで、因習的な言語では適切に語りえない「究極的なもの（the ultimate）」を省察することができるようになる。第2に、啓発は、個人の偶発的な人生過程に関する一貫した解釈を可能にする。なぜなら、啓発はアイロニーに基づく「詩化能力」によって、個人が自分の物語を再記述し再編成することを可能にするからである。第3に、啓発は、人間に多大な影響を及ぼす共同体の語彙や伝統的なエートスへと個人の関心を向けさせる。個人はリベラルな民主主義を発展させてきた「共同体の物語」を1つのメタファーとして自覚することで、個人と共同体との関係に類似した構造をもつ物語を自己の中に創造できるようになる。第4に、啓発は、社会的な弱者への「想像的な共感」を呼び起こすことに寄与する。そして第5に、啓発は、ソクラテス的対話を通した、学生と教師との協働探究であるため、学生と教師の相互成長を促す。

　以上のように、ローティは、学生が教授との対話を通じて、現行の社会システムの正当性を疑い、新しい社会のあり方を構想し社会的に活動していく中で、一層自由で素晴らしい社会を創造できるという確信を抱くようになると考える。まさにこうした協働探究の過程において学生は、初等・中等教育の段階で形成された受動的な自己像から脱却し、新たに能動的な自己像を獲得して、まさに真の個性化を遂げていくのである。

3　大学教授との出会い

　以上から、ローティの高等教育論は、左派の立場から展開されており、右派の立場とは対立していることがわかるだろう。もし右派の立場であれば、大学といえども、初等・中等教育から続く社会化の過程の延長とみなすため、社会的目的や教育制度上の計画で統制された場となり、既存の知識や社会体制を疑うような指導などは決してしないだろう。右派のいうように、大学が

社会化の一過程にすぎないなら、そこは単に職業上の専門知識を習得したり卒業資格を取得したりするための場となり、学生はただ月並みな教科書や型通りの講義を聴き、コンピューターの端末や講義ノートのコピーを使って単位を取ることだけに専念することになるだろう。また、こうした大学における社会化の効率を高めるためなら、高等教育の授業内容やカリキュラムを国家規模で標準化して統制しようとする右派の主張も正当化されてしまうことになるだろう。

それに対してローティは、高等教育とは社会的目的や教育制度上の計画で統制された場ではなく、そうした拘束から解き放たれて自由に思考し行動できる場であることを強調している[6]。前述したように、ローティにとって高等教育の目的は、もとより社会化ではなくて個性化なのであり、この目的を実現するためには、学生自身が創造的で批判的な思考を働かせなければならない。それによって学生は初めて既存の社会に挑戦し、民主主義社会を発展させるために新しい構想を練り、他者に対する共感能力や実際の社会実践的な能力を高めながら新たな自己を再創造していくのである。

ローティは、学生にそうしたことを自覚させるためには、本物の生きた大学教授に出会う必要があると考える。この点についてローティは次のように述べている。「大学が本物の生きた教授たちを有することの唯一の要点は、学生たちが自分の目の前で、実際の人間によって自由を生じさせてもらう必要があるためである。それゆえ、テニュア（終身在職権）と学問の自由は、組合の要求以上のものなのである」[7]。大学は社会化の過程から独立しているからこそ、教授は自主的に学問上の研究に取り組むことができるのであり、たとえある種の国家的目的に反したところで容易に大学を解雇されない身分保障をもつのである（もちろん周知のように、アメリカの大学でテニュアを取得することは困難であり、かりにその身分保障を得たとしても、それにかこつけた職務怠慢は許されないだろうが……）。

こうした経緯から、大学において学生は、高校教師よりもはるかに左派寄りの大学教授に出会うことになる。ローティによれば、こうした教授たちは、

次々に進学してくる学生たちをほんの少し左寄りに動かし、ソクラテス的な懐疑主義の立場から現行の社会を批判的に考察させ、現在の制度に組み込まれている残忍さに気づかせ、変革の必要性を感じ取らせ、「現存する見解の一致に対して懐疑的になる必要性」を意識させることになる[8]。ただし、ここでローティが取り上げている社会批判や社会変革とは、現行の社会システムを全面的に拒絶して社会構造を一挙に変えてしまおうとする革命活動に類するようなものでは決してない。ローティは次のように語る。「われわれが革命家ではなく改良主義者であるとすれば、われわれ教師は学生に希望のメッセージと良識ある市民性をもたらすべきである」[9]。

もちろん、昨今の大学の多くは、リベラル・アーツや一般教養教育といえども、将来の職業を訓練するための機関となり果て、教授が学生一人ひとりの個性化をじっくり図ることは難しいかもしれない。しかし、いやしくも大学が職業訓練校以上の場であることを自認するのであれば、ローティがいうように学生の自己創造を促して個性化する役割を決して放棄してはいけないと思われる。

4 学生と大学教授のエロス的関係

こうした高等教育における個性化を促す教授法として、ローティが提示するのは、ソクラテス的対話である。ローティにとって、高等教育に最適な教授法とは、初等・中等教育のように教師が既存の学説や技術を一方的に説明して大勢の生徒たちに知識を注入するスタイルではなく、歴史的・社会的・政治的な諸問題について学生一人ひとりを相手にソクラテス的対話を続けるスタイルである。こうした見地から、ローティは、高等教育では教授と学生が心から信頼し合う「エロス的関係 (erotic relationships)」[10]を築く必要があると考える。ローティによれば、大学において学生は真に尊敬し敬愛できる本物の生きた教授と出会い、その教授とのエロス的関係において対話を続け、心的な交流を深めながら議論することで、自由や希望が具現化 (enact) されることを経験することができるのである[11]。このように学生は教授とのエロ

ス的関係を介してソクラテス的対話を続ける中で啓発され、自由や希望が具現化されるのを体験する中で知的にスパークし、新たな自己を創造して個性化を遂げていくのである。

　こうした教授と学生のエロス的関係は、高等教育においてきわめて重要であるため、人間性の理論や一般教養教育のカリキュラム論の中にしっかり組み込みたいところだが、当然ながらこうしたエロス的関係を理論化したり技術化したりすることなど容易にできるものではない。ローティによれば、このようなエロス的関係は、学生が成長する上できわめて貴重な機会ではあるが、そのような関係を必然的に成立させることは、学生の成長それ自体と同様に、不可能である。しかし、このエロス的関係がなければ、高等教育において重要な啓発は起こらないこともまた確かなのである。こうしたエロス的関係は、学生たちと大学の課題図書の著者との間で観念的に築かれることもあるが、やはり本物の生きた教授との間で築かれるに越したことはない。ローティによれば、こうした教授と学生とのエロス的関係の間で飛び散る火花は、もはや学生の社会化に関係するものなどではなく、まさに学生の自己創造に影響を与えるものなのであり、リベラルな社会制度を改革する上での主要な手段なのである[12]。

　最後に、こうした学生と教授とのエロス的関係においてソクラテス的対話を続けることの意義を確認しておきたい。まず、学生は新しい形の人間の自由が創造されるのを自覚することができると共に、以前はなかった自由を手に入れるために民主的な諸制度がなぜ良いものなのかを認識することもできるようになる。次に、学生は教授の導きによってひどくニヒリストになったり無政府主義者になったりすることなく、アメリカの伝統を深く理解すると共に、その伝統の正統性に根本から疑念を抱くこともできるようになる。さらに、学生は様々な政治的理念や社会的実践がどのような基本的前提に支えられているかということについて考える過程において、社会的諸事象を思慮深く考察し、より望ましい社会を実現するための、より建設的で創造的な批判的アプローチを見出すことができるようにもなるのである。

5 リベラル左派としての大学教授

ローティは、前項で述べたように、左派的な立場から高等教育を再検討しているのだが、第1章第3節5で述べたように、「革命主義的ラディカル左派」ではなく「改良主義的リベラル左派」を支持しているため、教授のあり方についても独特の意味合いを付与している。ローティにとって、教授が学生に対して行う最も重要な社会的刺激とは、ラディカル左派の立場から学生を革命活動に駆り立てることではなく、あくまでもリベラル左派の立場から啓発することである。ローティによれば、「アメリカが自ら知っている理想の姿にまだなりきれていない」[13]ということを鮮明かつ具体的に示すことで、学生にアメリカ社会の未完成な状態に気づかせ、その理想にかなう社会に改良することができるという希望を抱かせることこそが大事なのである。

ただ、こうしたリベラル左派としての教授の役割は、かりに制度的に明示して取り組もうとしても、その正当性をめぐって左右両派から反論が出され、とても大学の教授会や学会で合意事項になることなどないだろうし、政府当局や教育関係諸機関に説明しようとしても容易にできないものだろう。そのため、こうした役割は、学生や社会に対して責任を感じて実行しようとする個々の教授に任せられるべき問題となるのである。ローティによれば、大学が「学問の自由」を守る砦であるためには、せめてそのような責任を果たそうとする教授の試みに対して、政府や大学当局が不当な妨害や干渉をしないようにすべきなのである[14]。

このリベラル左派としての教授は、ラディカル左派のように現行社会システムの欠陥や矛盾を一方的に非難するのではなく、現在が過去の偉業によってもたらされた進歩の恩恵を受けていることに感謝しつつも、「良いもの (the good) がより良いもの (the better) の敵になってきた」[15]と考えるところに特徴がある。言い換えると、ラディカル左派のように伝統的な制度やシステムを非難して学生を革命的な政治活動に導こうとするのではなく、リベラル左派としての教授は、伝統的な制度やシステムを「良いもの」として条件つき

で評価しつつも、現在に適したより良い制度やシステムに改良して現行社会を再構築するために学生たちと協働探究を続けるのである。

　こうしたリベラル左派としての教授は、アメリカ社会の国家的物語を好意的に解釈することになる。もちろん、アメリカの国家的物語は、一方では、自由や民主主義を促進して国家が繁栄していく輝かしい歴史物語であったが、他方では、人種・階級・ジェンダーに関わる差別や疎外が引き起こされ、一部の富裕階層を優遇する社会システムが再生産され、大国の独善主義で戦争が行われるなど多くの問題を起こしてきた。ローティは、こうした国家的物語の光と影のうち、まず初等・中等教育では光の部分に焦点を当てて、国家や祖先への愛着と敬意を育み、その後、高等教育では影の部分を扱って、アイロニーに根ざした批判的な精神を育成しようとするのである。ここで重要なのは、アメリカの国家的物語が、決して閉鎖的な性格をもつ絶対的なものではなく、開放された性格をもつ民主的なものであるということを自覚する点である。それゆえ、かりにアメリカ社会の過去や現在に残酷で不合理な影の側面があるとしても、それらを反省して社会正義を達成すべく社会を改良していけばよいと考えるのである。ローティによれば、このように考えることで「学生たちはホイットマンやデューイがそうであったように、社会正義のための闘争を自国の道徳的アイデンティティの中心としてみることができるようになる」[16]。

　以上、ローティの考えるリベラル左派としての教授は、ラディカル左派のように現存の社会システムをただ非難しその廃絶を求めるのではなく、現行の社会システムの長所と短所を十分吟味した上で、アメリカの「自由と希望の物語」に依拠しつつ、社会正義や民主主義の発展を目指して、より良い代替案を具体的に構想し、現行の社会を漸次改良することを目指すのである。

6　リベラル・アイロニストとしての大学教授

　前項でローティが提示したリベラル左派としての教授は、詩的な想像力を用いたアイロニーを重視する。そもそもローティの理想とする人物像とは、

私的な語彙や詩的な想像力を豊かにもつ自己創造的で自律的なアイロニストであり、またローティの理想とする社会とは、残酷さを排したより正義にかなった自由でリベラルな社会である[17]。そこで、私的領域では個人の自己創造を目指す一方で、公共的領域では共同体のための連帯や社会正義の実現のために活動する人物を、ローティは「リベラル・アイロニスト」と呼んでいる。このリベラル・アイロニストは、まず「根拠づけられない願望ではあっても、人が受ける苦しみが減少し、人が他の人から被る屈辱は終わるという希望を抱く人々」[18]である。また同時に、リベラル・アイロニストは、私的な自己創造と公共的な社会的連帯をいずれも価値あるものとして肯定し、いつどのような場面で自分の時間を自らの私的な目的の追求に捧げ、いつどのような場面で公共的な正義に貢献することに従事するかを自分自身で決定する人々である。こうしたリベラル・アイロニストという人物像は、当然ながら、ローティの思い描く教授像にも色濃く反映している。

このリベラル・アイロニストとしての教授は、旧来の形而上学者としての謹厳実直な教授とはまったく対照的である。そこで、以下では旧来の形而上学者としての教授像との対比において、ローティの思い描くリベラル・アイロニストとしての教授像を特徴づけてみたい。

旧来の形而上学者としての教授は、真理の宝庫たる古典の権威をふりかざし、真・善・美に関する絶対的で普遍的な知識を学生に伝授する。こうして伝授される権威づけられた知識は、客観的実在を正確かつ純粋に表象したものとして疑われることがない。学生は教授が一方的に与える知識をただ従順に受け入れ、それに合わせて型通りの自己形成をすればよいことになる。それに対して、リベラル・アイロニストとしての教授は、学生と対話しながら、自己をとりまく社会の問題状況について検討し合い、知性だけではなく情緒や想像力をも駆使して、より良い将来の民主主義社会のビジョンを構想する。こうした教授の教育活動について以下で詳しくみていくことにしたい。

まず、リベラル・アイロニストとしての教授が取り組むべき課題は、人々が世界の意味を構築するために払ってきた努力の拠りどころである基本的な

前提や様々な方法に慣れ親しむことである。この課題に取り組むことが重要であるのは、世の人々が世界を実際にどう理解し、どのような信念に基づいて常日頃社会的にコミットしているかを知るためである。ローティによれば、ここでの眼目は、「われわれが創り出してきた様々な語り (talking) の長所や短所を比較研究すること」[19]であり、それによって過去から受け継がれてきた信念や語彙が将来の社会への希望を阻んでいるという問題状況を見抜くのである。そして、こうした今日の問題状況を打開するために、古い信念や語彙を新しい信念や語彙とつき合わせ、単にそれらを互いに否定したり排斥したりするのではなく、将来の社会への希望に向けて相補的で協調するものに再編成するのである。ここで教授の果たすべき役割は、新旧の語り方や新旧の行為様式を比較検討して、人々が世界を理解し意味づける際の様々な観念や世界観が相互にどう適合しうるかを学生の前で明らかにしてみせることである。

次に、リベラル・アイロニストとしての教授が取り組むべき課題は、人間文化の断片を手がかりに様々な「小さな物語」を取り上げ、既成の大理論や「大きな物語」には還元されない個々の人間文化に見出される差異性や特異性に関心を向け、新たな物語の可能性を探究するように学生を促すことである[20]。この点では、旧来の形而上学者としての教授が、もっぱら普遍的かつ超歴史的な大きな理論や国家的な規模の大きな物語を取り上げてきたこととまさに対照的である。リベラル・アイロニストとしての教授は、学生の読むべき課題図書を、神学や哲学や社会理論などの権威ある理論書や古典（グレートブックス）に限定することはなく、広くエスノグラフィ、ジャーナリストによるレポート、漫画、政治プログラム、ドキュメンタリードラマ、映画、小説にまで大幅に拡大することになる[21]。こうした多様な小さな物語を学生たちに触れさせることで、「われわれ」と同じ言語を話さない「彼ら」の苦痛に対する想像力や感受性を高め、「彼ら」を「われわれの一員」として見られるようにするのである。

第3に、リベラル・アイロニストとしての教授は、同胞である人間に対す

る責任から道徳論を展開することになる[22]。旧来の形而上学者としての教授が、普遍的実在である自然との対応関係を基準として、絶対的な正と不正あるいは善と悪を設定する道徳論を展開するのに対して、リベラル・アイロニストとしての教授は、現実の生活や社会においては絶対的な正と不正あるいは善と悪を具体的な文脈から独立して区別することはできないと考える。いかなる道徳原理も特定の具体的な歴史的文化的な文脈のもとで生ずるのであり、どの道徳原理もある特定の社会の歴史的発展の産物である限りにおいてのみ有効なのである。それゆえ、ある道徳原理が正しいかどうかは、当事者の属する社会の慣行と照合し、他の道徳原理にまさる利点について具体的にいろいろな例を挙げて検討することによって決定されることになる。

こうした見地から、ローティは、前述したように、哲学よりも文学や歴史を重視するため、リベラル・アイロニストとしての教授を、従来のような聖職者や哲学者ではなく、詩人や小説家になぞらえることになる。ローティの見るところでは、20世紀以降のアメリカでは「詩人や小説家が、説教師や哲学者の代わりに若者の道徳的教師となってきた」[23]のである。詩人や小説家が道徳的教師の役割を果たすのは、道徳的な善や正しさに関する絶対的真理に特権的に近づくことができるからではなく、他の人々と比べて様々なジャンルの書物を読み、社会的な交流の幅が広く、特定の語彙に拘束されないからである。それに対応して道徳上の変化と進歩を伝達する手段も、説教や論文から小説、映画、テレビ番組へと徐々に移り変わることになる。小説家や詩人は、こうした多様なメディアを用いて、われわれがこれまで気づいていなかった領域で残酷な行為がまかり通っているということに気づかせ、われわれの内にも残酷さの源が見出されることに注意を向けさせるのである。

このようにリベラル・アイロニストとしての教授は、理性といった人間性の普遍的な要因に訴えるのではなく、詩的な想像力を用いたアイロニーに訴えるのであり、それに連なるアフォリズムやパロディも重視することになる[24]。学生はこうした教授と対話することを通して、他者の苦しみに共感し他者に同一化して、現行の価値観や多数意見に懐疑を抱くようになり、理想

的な社会を実現するための具体的な改革案を構想することに努力を傾けるようになるのである。

　このようにして、リベラル・アイロニストとしての教授は、学生と共により有益で実り豊かな語彙や語りを探究し、想像力を駆使して新しいユートピア像を探りつつ、現実社会に対する具体的な代案を求めることになる。この協働探究は、世界における多様な生活様式を視野に収めつつ、新しいよりよい生活様式や他者とのこれまでとは違った形での交流様式を希求することであり、人々の現実的な要望に応じた民主的なユートピアに向けて社会を構築するための具体的な解決策を構想することである。このような事柄は、従来は、一般の人々を排除するかのように難解な用語をもてあそぶ学識ある専門家によって議論され、その探究は一部の知識人やテクノクラートに独占されてきた。しかし、これからの民主主義社会の構築においては、リベラル・アイロニストとしての教授と対話しながら、学生一人ひとりが社会的問題に取り組むべきなのである。

　最後に、リベラル・アイロニストとしての教授にとって重要なことは、学生と共に構想した社会的ビジョンを実現するために、実際の社会的問題の解決にコミットすることである。旧来の形而上学者としての教授が、絶対的な真理の世界において観想することで満足していたのとは異なり、リベラル・アイロニストとしての教授は、社会的共感や社会的責任感に根ざして実際の社会的問題の解決にコミットすることを重視する。プラグマティズムの見地は、想像力や反省によって構想されたビジョンや解決策は、実際の行為を離れては何も修正しないし何も改善しないことを強調する。それゆえに、教授と学生は、問題解決を完全に阻んでしまうような障害などないという希望を抱きつつ、民主主義的なリベラル・ユートピアの実現を目指して社会的プロジェクトにコミットすることが重視されているのである。

註
1) Richard Rorty, "Education, Socialization, and Individuation," *Liberal Educa-*

tion, Vol. 75, No. 4, 1989, p. 5.
2) Richard Rorty, *Rorty & Pragmatism*, Herman J. Saatkamp, Jr.(ed), Vanderbilt University Press, 1995, p. 93.
3) Rorty, "Education, Socialization, and Individuation," p. 6.
4) この点は以下のローティの論考も参照のこと。Richard Rorty, *Rorty & Pragmatism*, p. 93.
5) René V. Arcilla, "Edification, Conversation, and Narrative: Rortyan Motifs for Philosophy of Education," *Educational Theory*, Vol. 40, No. 1, 1990. René V. Arcilla, *For the Love of Perfection: Richard Rorty and Liberal Education*, Routledge, 1995.
6) Rorty, "Education, Socialization, and Individuation," p. 9.
7) *Ibid*.
8) *Ibid*., p. 4.
9) Richard Rorty, "Richard Rorty Replies," *Liberal Education*, Vol. 75, No. 4, 1989, p. 30.
10) Rorty, "Education, Socialization, and Individuation," p. 9. ローティは、A. ブルームからの影響でこの「エロス的関係」に着目したと思われる。Allan Bloom, *The Closing of the American Mind*, Simon and Schuster, 1987, p. 344. (菅野盾樹訳『アメリカン・マインドの終焉』みすず書房、1988年、423頁)
11) Rorty, "Education, Socialization, and Individuation," p. 9.
12) *Ibid*.
13) *Ibid*., p. 8.
14) *Ibid*.
15) Rorty, "Richard Rorty Replies," p. 30.
16) Richard Rorty, *Achieving Our Country Leftist Thought in Twentieth-Century America*, Harvard University Press, 1998, p. 51. (小澤照彦訳『アメリカ 未完のプロジェクト―20世紀アメリカにおける左翼思想―』晃洋書房、2000年、55頁)
17) Richard Rorty, *Contingency, Irony, and Solidarity*, Cambridge University Press, 1989, p. xiv. (齋藤純一・山岡龍一・大川正彦訳『偶然性・アイロニー・連帯―リベラル・ユートピアの可能性―』岩波書店、2000年、2頁)
18) *Ibid*., p. xv. (邦訳、5頁)
19) Richard Rorty, *Consequences of Pragmatism: Essays: 1972-1980*, University of Minnesota Press, 1982, p. xl. (室井尚他訳『哲学の脱構築―プラグマティズムの帰結』御茶の水書房、1985年、57頁)
20) 問題解決学習と物語論を結びつける考察としては次の論考を参照のこと。拙稿「生きる力を育む経験とは何か―問題解決学習の新たな可能性を求めて―」、

市村尚久他編『経験の意味世界をひらく―教育にとって経験とは何か―』東信堂、2003年。
21) Rorty, *Contingency, Irony, and Solidarity*, p. xvi.（邦訳、7頁）
22) Richard Rorty, *Philosophy and Social Hope*, Penguin Books, 1999, p. xxxi.（須藤訓任・渡辺啓真訳『リベラル・ユートピアという希望』岩波書店、2002年、37頁）道徳教育に関しては、次の書に所収されているローティの講義録も参照のこと。ジョン・ロールズ、スティーブン・シュート、スーザン・ハリー編、中島吉弘・松田まゆみ共訳『人権について』みすず書房。
23) Richard Rorty, *Philosophy and the Mirror of Nature*, Princeton University Press, 1979, p. 5.（野家啓一監訳『哲学と自然の鏡』産業図書、1993年、序論23頁）
24) *Ibid.*, p. 369.（邦訳、428-429頁）

第3節　ローティの教育論に対する批判とその検討

　ローティの教育論に対しては、教育関係者だけでなく哲学者、社会学者、政治学者、フェミニストなどからも広く関心が寄せられ、学際的な議論が盛んに行われてきた。すでに進歩派や文化的左派から寄せられた批判についてはテーマごとに随時取り上げてきたが、本節ではこれまで十分に検討してこなかった批判や反論を取り上げ、それらに対するローティからの反駁をふまえて全般的に再検討することにしたい。

1　社会化と個性化をめぐる問題

　まず、ローティが教育における社会化の過程と個性化の過程とを画然と区分している点に、左右両派から批判が寄せられた[1]。右派にとっては、教育の目的が社会化であるため、高等教育といえども伝統的な基礎知識・技能や既存の社会規範を批判的に考察して学生の個性化を図ることには否定的なのである。それに対して左派は、右派のいう「社会化」に一貫して反対するため、初等・中等教育から徹底して個性化を図るべきだと主張するのである。左派にすれば、かりに初等・中等教育だけでも基礎・基本の知識や価値規範

を教え込んで社会化することを容認してしまえば、たとえ後の高等教育で個性化を図るといっても遅きに失して、結局は子どもの疎外的状況を見過ごすことになり、旧来の教育政策を擁護する結果になると思えるのである。こうした左右両派からの反論は、ローティのいう「社会化」や「個性化」の概念を十分理解していないために生じた誤解であるともいえる。そこで、まずローティにおける「社会化」と「個性化」の概念内容を再検討することから始めたい。

　ローティのいう「社会化」とは、身の回りの者が馴れ親しむ「終極の語彙」を用いて伝統的な「常識 (common sense)」を習得し、それに依拠して自らの信念や生活や行為を記述し判断し、既存の社会集団に適格なメンバーとして参加できるようにすることである。この社会化の過程で子どもが習得すべき「常識」とは、様々な事柄に関して特定の記述を使用する習慣の産物であり、自分の社会集団に所属している人々が馴れ親しんでいる語彙を常識として用いることで、そのつど熟慮を行う手間を省くことができ、重要な事柄に関する決定でもスムーズに行うことができる重宝な道具でもある。

　こうした社会化における「常識」の習得とは、まさに個性化における「アイロニー」の獲得とは対極にある。もちろん、ローティのようなアイロニストであれば、社会の「常識」などは容易に信じないだろうし、社会化の過程に付随した人間性の変容を迫るような残酷な側面を決して容認しないため、学校教育においても自己創造や個性化の教育を最大限に重視するであろう。しかし、ローティによれば、個性化を促すアイロニーは、社会化に対する反作用として起こるため、個性化の前には社会化が来る必要があるのである[2]。

　こうした見地から、ローティは、そもそも子どもに自らの社会化の過程について絶えず疑念を抱かせるような仕方で社会化を行うことなどできないと考える。それゆえ、子どもはまず既存の共同体への参加を可能にする社会化を経なければならず、かりに初等・中等教育において自分を形作ってきた社会化の過程が合理主義に拘束されて、実は残酷な負の側面をもつことに気づいたならば、後の高等教育においてその問題点を批判的に考察し、その克服

を目指して将来のより良い社会のあり方を構想するべきであり、その過程で自己を創り直し個性化していくべきであると考えるのである3)。こうした点から見ると、ローティは、ニーチェ哲学の流れを汲むハイデガーやフーコーやデリダとは違って、社会化を人間の内部にある「何か深遠なもの」と根本的に対立するものとしては捉えず、むしろ個性化に不可欠な前段階として捉えていることがわかる。

次に、ローティのいう「個性化 (individuation)」とは、公共的な社会化の過程の後に、それに対抗するアイロニーの作用によって生じてくるため、あくまで「私的なもの」であることに留意しておきたい。前述したように、ローティは、公共的領域における人間の連帯と私的領域における自己創造とを区別し、その区分に即して公共的領域にある社会化と私的領域にある個性化とを区別し、学校教育においては公共的な社会化の後に私的な個性化を行うことで、より高度かつ豊かに自己創造できるとみるのである。

こうしたローティのいう「個性化」は、彼の哲学でしばしば言及される「自律」の概念とも関連しているといえる。ローティによれば、「自律とは、すべての人間存在がその内部にもっていて、社会が人間存在を抑圧することを止めれば、ただちに解放することができるような何かではない。自律とは、ある特定の人間存在が自己創造によって手に入れたいと希求するものであり、実際に手に入れるものはわずかなのだ」4)。このようにローティのいう「自律」は、万人に共通する普遍的な人間性などではなく、自己創造によって意識的に獲得するべきものなのである。それゆえ、自律は決して初等・中等教育が掲げるべき教育目的ではなく、高等教育における個性化によって学生が高度に自己創造を達成したときにようやく獲得されうるものなのである。こうした自律と関連した「個性化」とは、「社会化」の過程で十分に常識的な価値観や基礎知識を習得した上で、その内容に反発することによって初めて生起しうる過程であり、年齢的にいえば18歳以上の者が高等教育において取り組むのがふさわしい事柄である、とローティは考えるのである。

このように見てくると、ローティのいう「初等・中等教育における社会化」

と「高等教育における個性化」の区分は、あくまで便宜的な措置であり、別に二元論や二項対立的な分断を意図しているわけではない。むしろローティは、近代の教育思想における論争が陥りやすい「社会化か個性化か」という不毛な二項対立の図式を解消するために、あえて「社会化の後に個性化が来る」とプラグマティックに捉え直すことで、両方の利点を十分活かし合った総合的な教育システムのあり方を提示してみせたのである。

実際、ローティは、教育における社会化と個性化を哲学上の二項対立の図式で捉えるのではなく、もっと政治的かつ現実的な視点から論じ直している。ローティによれば、現代の自由民主主義を標榜するアメリカ社会においては、教育における社会化と個性化の問題は、相当に単純で満足のいく妥協によって解消されてきている。というのは、右派は初等・中等教育を相当に支配し、左派は非職業系の高等教育を徐々に支配するようになったからである[5]。実際のところ、地方の教育委員会を有するアメリカの学校教育システムでは、初等・中等教育の教師は、地元の賛同が得られない限り、教室内においてあまり独自の教育内容や教授法を採用できない。それに対して、アメリカ大学教員連盟（AAUP）が「学問の自由」を獲得することに成功したために、多くの教授たちは自ら講義の内容を自由に決めることができる。こうした実際の社会的・政治的な現象をもふまえて、ローティの教育論における基本的立場は、初等・中等教育においては子どもに伝統的な基礎知識や価値規範を教えて社会化し、後の高等教育においては学生に現在の知識体系や価値規範や社会体制を批判的に考察させることを通じて学生を啓発し個性化を図ることに結論づけられたのである。

2　ローティ VS ジルー

ローティが初等・中等教育において社会化を強調することには、第2章第1節3・4でも述べたように、特に左派勢力から多くの批判が寄せられているのだが、その中でも有力な反論を展開している文化的左派の論者として、本項ではジルーを取り上げてみたい。

ジルーは批判理論やネオ・マルクス主義の見地から、階級、人種、ジェンダーによって強制されたアイデンティティのあり方を批判的に検討して、カルチュラル・スタディーズの成果を政治教育に取り込む形でラディカルな教育論を展開している[6]。特にカルチュラル・スタディーズを教材として中等教育に導入しようとする点で、ジルーは画期的な主張をしている。ローティも、現行の社会体制を批判的に考察するこうしたジルーの教育論を高く評価しており、特に異なる共同体の間でさらには異文化間で自由な交流が促進され、協働探究が推進されることの重要性は認めている[7]。

　しかし、ローティとジルーでは中等教育の教授法について決定的に相容れないところがある。ジルーは現行の社会体制をラディカルに否定し、中等教育において生徒の批判的思考力を育成し、根本的な社会変革を志向させるような働きかけを行い、政治的なコミットメントを促すことを重視している。それに対して、ローティは現行の社会体制を肯定的に捉え、かりに欠点があれば漸次改良しながら自由と平等を拡大していけばよいと考えるため、中等教育ではまだリベラルな文化や価値規範を教えて生徒を社会化することに重点を置いた方がよいと考えるのである[8]。

　もちろん、高等教育であれば、ローティとジルーは教育目的について、学生の批判的思考を育成し個性化を図ろうとするという点で合意できるだろう。しかし、ジルーにとっての批判的思考とは、様々な文化の多様な見地を取り入れた上で、現行のリベラルな社会制度を批判し、より公平で自由な民主主義社会の構築を目指してラディカルに協働探究することである。それに対して、ローティにとっての批判的思考とは、実験的、想像的、創造的な営みではあるが、決してラディカルな社会変革を意図するものではない。ローティは、ジルーとは違って、ラディカルな批判的思考を探究方法として確立しようとする意図を退け、またラディカルな批判的思考を探究方法として学生に教えるべきでもないと考える[9]。というのも、ローティの教育論が重視するのは、探究方法としてのラディカルなジルー流の批判的思考ではなく、個々人が共同体の文化的、言語的、歴史的な制約を自覚した上で、多様な意見を

ダイナミックにやり取りする「偶発性の会話」だからである[10]。ここでローティのいう「偶発性の会話」とは、もとより多様な見解を一極に集中させることを目的とするのではなく、多様なアイデアや価値をむしろ拡散させて相互に容認し合い、リベラルな社会の再構築を目的とするものなのである。

3　ローティ VS ポストモダニスト

　ローティの教育論は、ポストモダニストの教育論者からも批判を受けることがある。たとえば、ニコルソン（Carol Nicholson）は、ローティが「教育内容と同様に、教育のシステムにおける主要な構造的変化の必要性を考慮していない」と批判している[11]。たしかに、ポストモダニストがいうように、ローティは教育システムの構造的変化にまで踏み込まずに社会化を正当化してしまうため、伝統的な講義や試験方法をそのまま温存することにもなりかねない。ニコルソンから見れば、伝統的な講義や試験の方法は、指導者の単一で権威的な観点を重視するため、各問に対して1つの答えがあるという強迫観念を有するものである。この点では、反表象主義を標榜するローティも当然ながら同意するはずである。しかし、ローティは、こうした講義や試験方法が過去の数十年で大きく変化しており、指導者の権威と「1つの正しい答え」という観念をかつてほど強めることはないとも考えている。

　ローティは、ポストモダニストが指摘するように、現在使われている教授法や試験方法よりももっと有効なものがあるかもしれないことを認めつつも、もしそうした方法があれば具体的な提案をいくつか示してほしいと要望する。このようにローティはネオ・プラグマティズムの立場から、「われわれは個々の利点に基づいて一つひとつそのような構造的変化のための具体的な提案を検討する必要がある」[12]という。ローティも、ポストモダニストがいうように、協働的な問題解決学習、チーム・ティーチング、学際的研究、そしてジェンダー・人種・階級に関する新たな学問研究を教育課程に組み込むことが、大きな効果をもたらすということには同意している。しかし、ローティから見ると、この効果は理論を超えてポストモダニズムのプロジェクトを実践する

ことにあるとは考えられないのである。ローティによれば、「ポストモダニズムのプロジェクトは、因習の殻を破り、それによって強者に対抗して弱者を助けることに関する、古い考え方に対する新しい名称にすぎない」のである[13]。

たしかにポストモダンの教育理論では、新たな教育の理論や実践に向けて具体的かつ代替可能な案が積極的に提示されてきたわけではない。たとえば、グリーン（A. Green）が指摘するように、フーコー流のディスコース分析は、権力関係を解読し批判するためにはきわめて有効であるとしても、今日の学校教育に対する建設的で具体的な代替案を提示することには有効ではない[14]。フーコーは、『監獄の誕生』で規律権力を分析し、『知への意志』では生権力までも分析することで、人間がいくら抵抗してもこうした権力関係の外には出られないことを突き止めてしまい、そこで権力のネットワークのアポリアにはまり込んでしまったといえる。そこでは、体制側に取り込まれたり現存秩序の再生産に加担したりしてしまうことを警戒するあまり、具体的な代替案を提示することもできないのである。こうしたポストモダン的なラディカル左派の見地から、ジジェク（Slavoj Žižek）のように、資本主義的リベラル・デモクラシーに対して真のラディカルな変革を遂行するためには、行動への衝動から撤退することを正当化し、「何もしないこと」を唯一の戦略とすべきであると主張することも可能だろう[15]。しかし、当然ながら「何もしないこと」は、結果的に現状秩序の再生産に力を貸してしまったり、さらなる現状悪化を黙認したりすることにもなりかねないのである。

こうした意味で行き詰まった感のある状況を脱出するためには、ローティが示唆するように、ポストモダニストといえども既存の教育理論や教育制度を批判して脱構築するだけでなく、プラグマティズムの見地を取り込むことによってオルタナティブの教育理論や教育制度を再構築する必要があるように思われる。初等・中等教育では規定の教育課程を履修して社会化をした上で高等教育では個性化を図るべきだというローティの提言は、こうした再構築の課題意識から立ち上げられたのである。

4 高等教育における個性化の問題

　高等教育における教育目的を個性化とするローティの考えは、左派からは歓迎されるが、右派からは反対されることになる。右派にとっては高等教育といえども、専門的な知識・技能を真理として学生に伝達して社会化することを主目的とすべきなのである。それに対して、ローティは、そもそも教育とは「真理の伝達」になど関係がないと断言した上で、以下のように主張する。「非職業訓練系の高等教育は真理を教え込んだり引き出したりすることとは異なり、むしろ疑問を喚起させたり想像力を刺激したりして、現在もっとも一般的な社会通念を疑問視することが重要なのである。高等教育以前の教育がリテラシーのある市民を生み、大学教育は自己創造する個人を生み出す場だとすれば、学生は真理を教えられているかどうかという問題など安心して忘れることができるようになる」16)。

　こうした見地から、ローティは高等教育の主要な目的を啓発とみなすようになるのである。この啓発は、単に教授が学生に知識を伝達することに主眼を置くのではなく、対話によって自分たちが置かれている暗い状況を省察するように促すのである。ローティによれば、教授はせいぜいのところ、自らが感動するものと同じものに学生たちも感激するように促す役割を果たすことくらいしかできず、その内容が社会や専門分野で真理と考えられているものに関係あるかどうかなどはどうでもよいことなのである17)。

　このようにローティは、リベラル左派の立場から高等教育における個性化を重視するのであるが、これに対してラディカル左派は、大学へ進学しない者や進学できない者が社会化のプロセスを経ただけで学校教育を終えてしまうとすると、大学進学者だけが特権を付与され、経済的・文化的資本を優先的に所有することになってしまうと批判している。また、そのような特権を手にした大学進学者が、アイロニーに媒介された個性化や自己創造を目指して常識的な社会規範や現状の社会システムを打破するために率先して行動しようとは考えず、むしろ自分たちに利益をもたらす特権構造を再生産し続け

ようと企てる可能性も多分にあると指摘している。したがって、ローティがいうように高等教育の段階で個性化の教育を十分に行うとしても、初等・中等教育の段階を社会化の機能に限定してしまうことは正当化できないとラディカル左派は批判するのである。

たしかに、高等教育における個性化や自己創造の機会を与えられない人々の多くは、初等・中等教育において基礎知識や伝統的価値観を内面化し、単に社会化されただけで学校教育を終えてしまいかねない。その結果として、そうした人々は共同体の因習にすぎない常識の語彙を無批判に受け入れ、それらの語彙によってしか自身や社会を記述することができない凡庸な常識主義者にとどまるしかないだろう。ローティがこうした常識主義者をアイロニストとの対比において否定的に捉えている以上[18]、これはローティの教育論における看過できない問題点であるといえよう。

これに対してローティは、すでにアメリカでは大学が大衆化し情報化したために、国民の50％以上が高等教育へ進学しており、高望みをしなければ大学進学を希望する生徒のほとんどが入学できるため、彼の教育論が決して一部のエリートだけを念頭においたものにはなっていないと反論している[19]。たしかに、現在のアメリカにおける高等教育は広く開放されているため、初等・中等教育における社会化と高等教育における個性化とを一貫した教育体系として捉えることも可能だろう。

ただ、アメリカでは高等教育への進学率がきわめて高いことは確かだとしても、それだけではアイロニーに媒介された個性化や自己創造の機会が万人に平等に保証されたことにはならないだろう。ローティも認めているように、「18歳から19歳の年頃では親が裕福であるアメリカの学生だけしか相応の学費がかかる立派な大学へは通えない」[20]からである。もしローティがリベラル・ユートピアにおいて初等・中等教育は社会化を中心に行い、高等教育ではもっぱら個性化を行うという方針を維持するならば、すべての人がアイロニーに媒介された個性化や自己創造の平等な機会を享受できるとは限らず、やはり一部の人間を除いてはリベラル・アイロニストの高みに到達すること

はないだろう。こうしてリベラル・ユートピアでは、因習的な常識主義者は大勢いるが、リベラル・アイロニストは少数しかいないことになってしまう。実際、ローティ自身も、アイロニズムを獲得するのはほんの少数の選ばれた人だけであり、「理想的なリベラルの社会では、知識人はアイロニストになるだろうが、知識人でない者はそうはならないだろう」[21]ことを認めている。しかし、それでもローティは今後さらに多くの人々に高等教育の機会を開放することで、個性化と自己創造の機会を与えられる人々はますます多くなるだろうと考える。ローティの是とする社会的組織の要諦が、「万人に自分の能力を最大限に発揮できる自己創造の機会を与えること」[22]にあるという点は揺るがないのである。その意味でローティは、徹底して民主主義の理念を支持しており、A.ブルームのようなシュトラウス的エリート主義には断固として反対している。

　また、ローティは、大学のような高等教育機関だけがアイロニーに媒介された個性化や自己創造の機会を提供しうる唯一の場であると考えているわけではない。たとえば、各種の社会活動や人的交流、書籍、テレビ、映画など、実に様々なチャネルがリベラリズムとアイロニーを実現する上で重要な役割を果たしうると考えている。今後、真の民主主義社会を築き上げていくためには、万人が社会化と個性化の過程を経て最大限の自己創造をなしうるように、総合的な学校教育システムを柔軟に構築していく必要があるだろう。そのためには、生涯学習に対応する開放的な学習環境を整備して、高等教育の機会均等をより広範囲に保障すると共に、多様なメディアを活用した個性化や自己創造のあり方を開発することが望まれるだろう。

5　国家的物語と教育の関連性

　ローティは、第2章第1節5で示したように、アメリカの歴史を国家的物語として尊重した上で、中等教育において生徒がその物語を理解することで自己創造することを重視している。こうしたローティの見解について、ラディカル左派からは自文化中心主義の右派的な教育論であり、生徒を愛国主義者

に育てようとしていると批判されることがある。

これに対して、ローティは自らがリベラル左派に属することを主張しつつ、それにもかかわらず左派だからといって「愛国主義」という概念を早計に放棄すべきではないと主張している[23]。たしかに、ジョージ・H・W・ブッシュ政権当時において「愛国主義」という言葉があまりに喧伝されたため、現在では「愛国主義」が何か悪いもので右派的に見えるようになっている。それゆえ、ラディカル左派は、国家の輝かしい伝統を断ち切って、単に機能的な民主主義を構想しようとするのだが、ローティは国家の輝かしい伝統と一体化する感覚こそが真の民主主義を成り立たせるものであると考えている。そこで、教育では国家の伝統に繋がり、過去の人類の奮闘と熱望の物語を通して世界の意味を理解することが大切であると考えるのである。

こうした過去の国家の伝統との繋がりを実感する有効な教材の一例としてローティが取り上げているのは、19世紀のアメリカの学校でよく使用されたバニヤン（John Bunyan）の『天路歴程』や『マクガフィー読本』である。こうした教材を通して、英雄的人物たちが過去において民主的な自由を拡大するためにいかに奮闘してきたかについて学ぶことで、子どもたちは心を大きく揺さぶられ奮起する経験に恵まれるのである。ローティによれば、この領域での戦術的な同盟を組めるのは、「愛国主義を忌避することをやめた左派であり、われわれの最も偉大な愛国者たちの幾人かは、平和を乱す人々であったということを喜んで認める右派である」[24]。こうしたローティの教育方法は、よく検討すれば左右両派から一定の支持を得られるものであるといえるだろう。

ローティは、こうした国家的物語のための教材として、従来の権威ある古典（グレートブックス）だけでなく、学生たちの好きな小説、ドキュメンタリー、ドラマ、映画、漫画、エスノグラフィ、テレビ番組なども含めている。ただし、こうした幅広い教材を活用して学校で国家的物語を子どもたちに教えることに関しては異論も出ている。たとえば、グルメットは、ローティの主張するような小説やドキュメンタリーなどから得られる物語は、子どもたちが

図書館や自宅のテレビ、新聞、雑誌、インターネットなどのメディアを通していくらでも容易に入手できるものだから、わざわざ学校でそれらを教えたり暗記させたりしなくてもよいのではないかと批判している[25]。

これに対して、ローティは、そうしたメディアによって民主的な市民となるための物語を用いた教育方法を具体的に提示してほしいと反論している[26]。つまり、どのメディアがどの物語をいつどこでどのように教えたのか、その具体的な事例を提示してほしいと要望するのである。このように抽象的な理想論を語る教育論者に対して、ローティはあくまでもプラグマティズムの立場から、具体的かつ効果的な事案を提示するよう求めるのである。たしかに、多様なメディアを含めた社会全体が子どもを民主的な市民として育てるべきだと脱学校論的な理想を主張するのは容易なことだが、そうした教育に対する責任の所在はひどく曖昧になるのである。また、テレビやインターネットが害悪の多い情報や根拠のない知識を提供することもあるし、そもそもそうしたテレビやパソコン等を自宅に所有しない子どももいるだろう。それよりもローティが主張するように、学校を拠点として具体的な教育内容や文化的リテラシーを体系的に教示することの方が現実的で賢明であるといえるだろう。もちろん、ホワイト（S. K. White）が指摘するように、ローティが好ましいと思うような物語を提供する小説やドキュメンタリーなどは、現代の商業主義的な社会では稀少になってきている[27]。多種多様な作品の中から教育的価値のある物語を適切に選び出すとともに、しかるべき素材を用いて物語教材を自主的に作り出す努力は、今後、国家だけでなく教師一人ひとりにも求められることになるだろう。

6　基礎・基本の習得と想像力の育成

ローティは、第2章第1節2で示したように、初等・中等教育において基礎・基本となる知識を暗記することを重視するのだが、それに対して進歩派やラディカル左派は、想像力や感受性を生かして自由に考察することが重要であると反論する。たとえば、教育学者のスローン（D. M. Sloan）は、高等

教育を改善するためにも、生徒がより早い段階から想像力や感受性そして社会的感覚の能力を養うように配慮されるべきであると主張している[28]。

それに対して、ローティは、スローンの主張するように、子どもたちが想像力や感受性をもって生き生きと学習することの正当性を認めながらも、それはハーシュのいう暗記リストを習得したおかげで可能になると反論している[29]。たしかにアメリカの学校教育では、デューイの教育理論をはじめ進歩主義教育が広く浸透しているため、こうした想像力や感受性を育成するための教育（たとえば、問題解決学習やプロジェクト学習）には随分と力を入れてきた。しかし、あまりに想像力や感受性の育成に配慮しすぎて、情報や知識をきちんと覚えることを軽視するようになり、その結果として子どもたちの無知や学力低下を招く結果になったことも考慮しなければならないのである。

また、ローティはこのような想像力や感受性の教育だけで許されてしまうのは、裕福な中流階級の親が自らの子どものために基礎・基本の学力を補足してくれるからであるとも指摘する[30]。たしかに、中流階級の親をもつ子どもであれば、学校以外でも家庭や塾（予備校）などで基礎・基本を補習できるだろうが、しかし、実際の学校では、親がいない子どもや親が勉強の面倒をみてくれない子どもも少なくない。それゆえ、そうした恵まれない子どもたちは、中流階級の親が子どもに提供する基礎・基本のすべてを公立学校の教師から手に入れなければならないことになる。もし公立学校の教師がそうした恵まれない子どもたちに基礎・基本をきちんと与えなければ、他に誰も与える者はいないことになる。こうした公立学校が増えて学力低下が進めば、恵まれない子どもたちは社会からますます疎外されて絶望してしまうことになるだろう。こうした惨状をなくすためにも、ローティは、たとえ子どもの生活経験には直接関係しないような情報や知識であっても、公立学校で基礎・基本をしっかり教えていくことが大切になると考える。こうした点をローティは次のように語っている。「恵まれない多くの子どもたちが必要としているものは、子どもに押しつけられ、子どもの経験に関係がないように思われるコード（情報や知識）を習得することである。これらの恵まれない子どもたち

にとっては、どこかに世界があり、希望があるという感覚をもつことこそが必要なのである。その世界や希望は、子どもたちがそれまであまり馴染みがなかったコードや物語からインスピレーションを受け、それに基づいて行動した人々（英雄）によって実現されてきたということを学ばなければならないのである。われわれは、恵まれない子どもたちがすでに心の奥深くでは必要にして正しいものをすべて所有しており、ただそれを発達させる必要があるだけだなどという素振りをすべきではないのである」[31]。

　こうした見地から、ローティは教師が社会的に重要な人物の名前や過去の出来事に関する暗記リストを子どもたちに教えるべきであると強調するのである。たしかに、子どもたちはそのような暗記リストを見ても、初めは自分たちには無縁のものと感じるかもしれないが、そのようなリストによって描写される社会を理解することで、疎外された社会の外部から内部へと移行する希望を得ることができるようになる。ローティによれば、教師は恵まれない子どもたちが中流階級を主とした社会の内部者になれるように援助をし続け、その子どもたちが疎外感をもって絶望してしまわないように最善を尽くすべきなのである。

　これに対して、ラディカル左派は、こうした恵まれない子どもたちが現実の社会で疎外されているのは、もはや古きよき時代の共同体や共通のリベラルな文化など存在せず、アメリカ社会の政府や中流階級が貪欲で身勝手だからであると痛烈に批判する。それに対して、ローティは、こうした過酷な現実を認めながらも、それがアメリカ社会のすべてではないし、人類が歴史上で経験した他の多くの残酷な権力構造に比べれば、アメリカの政府や中流階級はそれほど悪質ではないと見る。現行の政府や中流階級をただ非難するよりも、生徒たちに「もし中流階級になりたければ、この暗記リストが君たちの知らなくてはならない用語であり、理解しなくてはならない暗示的な言及なのだ」とストレートに伝えた方がよいとローティは考えるのである。また同時に、アメリカの中流階級はたしかに貪欲で身勝手な面をもつが、決して恵まれない子どもたちに対する無慈悲な陰謀をもつだけではないということ

も伝えるのである。ローティは、政府や中流階級の欠陥を認識しつつも、「希望のメッセージと市民であるという感覚を伝えていかなくてはならない」[32]と主張するのである。このようにローティは、中流階級の子どもたちだけでなく社会的に恵まれない子どもたちにも基礎・基本の知識を習得させることで、想像力や感受性を刺激する物語に触れさせる機会を増やし、決してアメリカ社会に絶望してしまわないように配慮しているのである。こうした点は、第1章第3節2、第2章第1節5、および第2章第2節2でも指摘したように、ローティが中等教育における物語の教育や高等教育論における個性化の過程では、想像力や感受性の育成を重視していることと重ね合わせて理解しておく必要がある。

7　学生中心か学科中心か

　ローティは、第2章第2節4で示したように、大学教授が学生とエロス的な信頼関係を築いて対話を行い、アイロニーを用いた啓発によって学生の自己創造を促すことを重視しているが、そこでの教授はソクラテス的な対話形式を採りながらも、あくまで学生を啓発し教え導いているところに特徴がある。それに対して、ローズのような進歩派の学者は、もっと学生中心主義の講義スタイルを採るべきであると批判している[33]。特に進歩主義教育の児童中心主義やロジャース（Carl Ransom Rogers）の来談者中心療法から影響を受けた教授たちの中には、学生に積極的に知識を教えることを控えて、学生たちの意見発表や議論を最大限に尊重する講義スタイルを是とする風潮がある。この場合、教授は学生にとって物わかりのよいセラピスト（治療者）のような役割を果たすことになる。

　ローティは、こうした学生中心主義の立場にたって、教授がセラピストのように振る舞い、学生の面倒を見るやり方には反対している。というのは、カウンセリングのような治癒の仕事と大学教育の仕事を混同して、教授が学生中心主義の立場をとって教育課程を編成してしまったら、個性化を図る高等教育などまったくできなくなってしまうからである。ローティによれば、

もし教授が学生に対して「擬似セラピスト（quasi-therapist）」として振る舞い、学生たちを「混乱し不安で何も理解できない人」として扱ったら、もはや大学としてまともに機能しなくなってしまう[34]。そもそもローティは大学教育がすべて対話形式でよいと考えているわけではない。むしろ、頭に蓄積された情報や知識なしに学生の想像力を刺激することはできないし、共通の伝統を伝達することなしに学生個人の才能を刺激することもできないと考え、大学における学生中心主義の風潮に異を唱える立場をとる。

　こうした意味で、ローティは大学における学生中心の教育を望んでいるわけではないが、それだからといって従来の教授中心の教育に戻ることを望んでいるわけでもない。むしろ、ローティが望んでいるのは、学科中心の教育であり、より正確にいえば、学生がテキストや学問分野へ専心する教育である[35]。ローティは、講義で話し合われるべきテキストやその著者や学問研究の対象こそが、教授や学生の双方に優先するものであると主張するのである。そうしたテキストや研究対象に専心することで、学生は自分自身から抜け出して、学生自身のみならず教授でさえ予想も規定もできないほどの形で拡大していき、大きく自己創造を遂げることができると考える。逆にいえば、もしその学生が自分自身を中心に学習したり、教授から伝えられた知識の枠内にとどまっていたりしたならば、適切な自己創造は期待できないことになるのである。

　このようにローティがテキストを正確に解釈し、主要な知識を習得することを重視する点は、明らかに従来の進歩主義教育と一線を画している。従来の進歩主義教育は、学生が自らの経験をふまえてテキストを自由かつ個性的に解釈することを推奨してきた。テキストは学生の日常的な生活経験に関連づけられることで、より生き生きとした知識を学生に提供できるのである。こうした学習スタイルでは、テキストは読み手のものであり、テキストを誤解しようと誤読しようとそれほど注意は払われないことになる。この思想的背景には、デューイの教育理論がある。デューイは、子どもが自らの生活経験に即してテキストを理解し能動的に解釈し実際の問題解決に役立てること

で、本当の知識（＝真理）を獲得できると考えていたのである。

　これに対して、ローティは、初等・中等教育段階までは、子どもが自らの生活経験に結びつけてテキストを自由に解釈することの教育的意義を認めながらも、高等教育からは、学生独自の個別な生活経験から離れて、書物の内容それ自体をきちん解釈する訓練が必要不可欠になると説くのである。ローティによれば、高等教育では、「中心が学生から学科へと移行しなくてはならない」[36]。当然ながら、学生たちはこうした教育方針の転換に戸惑うことになるだろうが、学生がある学科に専念する頃には「困惑しながらも、独力でその困惑を振り払わなくてはならない」[37]とローティは考える。学科に専念するためには、もはや学生が「この学科にはどんな意味があるのだろう」とか、「この学科が自分にとって何の役に立つだろう」とか、「この学科は自分の人生経験にどのような関連があるのだろう」などと疑問を投げかけるよりも、ある学科に自分の全身全霊を投げ込んで、まだ明確に形成できない目標に向かって研究する方が好ましいのである。

　こうした点は、明らかにローティが従来の進歩主義教育から脱して、新たに解釈学的なアプローチを取り入れている結果であると思われるが、これに関してはデューイとローティの比較検討（第3章第4節4参照）で詳述することにしたい。

8　ローティ、ブルーム、ハーシュ

　ローティの教育論は、第2章第1節4で示したように、文化的左派からしばしばハーシュの中等教育論およびA. ブルームの高等教育論と一括され、保守派の教育論として批判されることが多い。この点を詳しく吟味すると、ローティはハーシュの中等教育論とブルームの高等教育論を厳然と区分した上で、ハーシュの中等教育論には多くの部分で賛同しているが（第2章第1節2～4参照）、一方のブルームの高等教育論については条件つきで同意しており反論している点も多い。そこで、本項ではローティとブルームの高等教育論における比較考察を行い、その後でローティ、ブルーム、ハーシュの立場

をそれぞれ再検討していきたい。

　ローティは、そもそもブルームとはシカゴ大学時代の同期生であり、その後のアメリカ東部の哲学会においても長く親交があり、高等教育論でもしばしばブルームの代表的な著作『アメリカン・マインドの終焉』(1987年)から引用して議論を展開している。こうした点から、ローティが教育論を展開する1989年当時、全米で注目を集めていたブルームの高等教育論から強い影響や触発を受けたであろうことは容易に推測できる。そこでまず、両者の類似点から検討していこう。

　まず、ローティとブルームの類似点としては、大学教育において教授と学生がエロス的関係を築いてソクラテス的対話をしようとする点である。ローティは、教授が学生と親密な信頼関係のもとでリベラル・ユートピアの構築へ向けた対話を行い、学生たちの精神を啓発することで自己創造を促そうとしている(第2章第2節4参照)。同様に、ブルームも、少人数の演習形式で文献講読することで、教授が学生と対話しながら批判的精神を育成することを重視している[38]。昨今のマンモス化した大学では大教室で教授が多数の学生に一方的に知識を伝達しようとするのに対して、ローティやブルームは古き良き時代の大学教育を継承する形で、少人数制の対話的な講義スタイルを支持する点では、まったく同意しているといえる。

　次に、ローティとブルームでは文献講読のスタイルも類似している。ローティが大学教育の中心として考えるのは、教授でも学生でもなく、議論されるべき学科のテキストや研究内容の方である(第2章第3節7参照)。同様に、ブルームも一般教養教育においては、伝統的な古典的作品の内容を作者が望んだ通りに正確に読解することを推奨している[39]。このように作品や文献を正確に解釈しようとするローティとブルームの立場は、テキストよりも読み手の創造的な解釈を重視するフーコーやポール・ド・マンやバルト(Roland Barthes)に影響された脱構築派のスタイルとは対極にあるといえよう。

　以上の点をふまえて、ローズは、少人数制のソクラテス的対話を望むローティの立場が「ブルーム流のエリート主義」に陥り、学生の主体的な学びを

軽視していると批判している[40]。ローティ自身も、もしこうした教育方法が「ブルーム流のエリート主義」と呼ばれるのであれば、それを認めてもよいとさえ述べている[41]。しかし、ローティがこうした教授法や人間関係を支持するのは、前述したように、学生が自分自身から抜け出して新たな自己創造を遂げるためであることに留意する必要がある。

　一方、ローティとブルームで相違する点は、まず哲学的考察である。ブルームは認識論の衰退によって政治的・文化的・教育的な頽廃が副産物として現れたとみている。それに対して、ローティは政治や文化や教育がこれまで確固とした哲学的基盤の上に泰然と存在したことなどないため、認識論の衰退がそれほど大きな影響を与えたとはみていない。それゆえ、ローティは、ブルームの哲学的考察がアメリカの政治、文化、教育の危機に深く関わりがあるとは考えていない。

　こうした両者の哲学の違いは、民主主義に関する両者の見解の相違にも色濃く現れている。ブルームは『アメリカン・マインドの終焉』においてアメリカの民主主義を重視してはいるが、そうした民主主義社会における人間行動の是非は、〈自然〉と呼ばれる基準で判断されると考え、この〈自然〉についての知識を有するのは、「哲学者」と呼ばれる人物に限られると考えている[42]。こうした点から、ブルームは民主主義それ自体を支持しているわけではなく、暗黙的にではあるがプラトン流あるいはシュトラウス流に「民主主義に対する不信」を抱いていることがわかる。

　これに対して、ローティは、「人間同士の自由で開かれた議論」に基づく民主主義の可能性を最大限に尊重している[43]。ローティのいう「人間同士の自由で開かれた議論」は、ブルームのいう普遍的な〈自然〉とはまったく関係なく、たとえば「2 + 2は4であること」や「劣等人種は存在しないということ」の正当性を考える上での有効なテストなのである。ローティは、全能の神や〈自然〉などから切り離された「人間同士の自由で開かれた議論」こそが、民主主義の唯一の成立条件であると考えるのである[44]。

　以上のようなローティとブルームの相違点が高等教育論の要諦の違いにも

反映している。ブルームにとって高等教育の要諦とは、観想的人生を送る者（＝哲学者）のもつ〈自然〉の優越性を学生に理解させる手助けをすることである。前述したように、ブルームが文献講読を重視するのは、そこに観想的人生を送るための示唆が豊かに含まれているからであり、教授は学生と対話する中で〈自然〉を観想できるように教え導くべきなのである。それに対して、ローティにとって高等教育の要諦とは、学生が自分自身を再創造できるということを自覚する手助けをすることである。それゆえ、教授は学生と共にリベラル・ユートピアとして社会を構築・改良するために協働探究を続け、その中で学生が自己創造できるように啓発することになるのである。

　以上のように、ローティとブルームでは教授法などで見解の一致も見出されるが、民主主義や高等教育の要諦に関する考え方は根本的に異なっている。その点で政治的な左右両派がローティをブルームと同類であるかのように扱うのは確かに間違っている。

　一方、ブルームと同様に新保守派と目されるハーシュは、意外なほどローティと類似するところが多い。そこで、次にブルーム、ハーシュ、ローティを比較検討してみたい。

　まず、ブルームとハーシュは、教育を知識の伝達として捉え、自由とは関連しないことのように捉える点で、同じ保守派（右派）の哲学に立脚しているように思える。しかし、前述したようにブルームがシュトラウス流の立場から「民主主義に対する不信」をもつのに対して、ハーシュは「教育された民主的な選挙民への希望」をもち続ける点ではまったく異なる。ここで、ハーシュの見解は中等教育論に関するものであり、ブルームの見解は高等教育論に関するものであることを再認識する必要がある。ローティの基本的立場は、ブルームに見られる非民主的な高等教育論には反対し、ハーシュの民主的な中等教育論には賛同するというものである[45]。

　ローティがハーシュを支持してブルームに反対する主な理由は、哲学の教育に対する関わり方である。ローティによれば、「私がブルームの著作よりハーシュの著作を好む理由は、ハーシュの著作が哲学から離れて、代わりにどの

ような具体的な制度的要素が現在の文化的常識の欠落を生んでいるのかを問うためである」[46]。ローティは、今日の学校が多くの社会的・政治的問題を理解できる有権者を生み出していないというハーシュの見解に同意するが、哲学者としてそのような現状に対して何かいうべきことがあるとは考えておらず、むしろプラグマティックに具体的な制度的分析や対案の構想をするべきだと考えるのである。ローティによれば、「もし状況が改善するなら、その改善策は、哲学理論の間の議論よりも、全米教育協会（NEA）やアメリカ教師連盟（AFT）や州の教育委員会の内部または組織間での密かな権力闘争の過程で形成されるのではないかと思う」[47]。以上から、ローティは、哲学と教育についての深い内的連関を根本的に否定する点でブルームとは見解を異にし、現実的な教育制度や政治的過程にいて具体的な解決策を構想することに関心を寄せる点でハーシュと見解を同じくすることがわかる。

9　リベラル・ユートピアと教育の関連性

　ローティの教育論はリベラル・ユートピアの構築を志向しているわけだが、このリベラルを志向する点には当然ながらラディカル左派から批判を受けている。こうした批判の代表としてライヒ（R. Reich）の見解を次に紹介したい。
　ライヒによれば、ローティが提唱しているリベラル・ユートピアを構築するための教育は、個人の自己創造を保証しようとするのであるが、この個人の自己創造は公共性を害しかねない[48]。たとえば、ある個人がローティの是とするようなアイロニックな批判的精神を獲得して、共同社会の伝統的な語彙や物語を根本から疑うようになれば、その社会の語彙や物語をラディカルに批判するようになり、自己や社会に関する従来の記述や物語とはまったく別の新しい記述や物語を構築するようになる。しかし、場合によっては、そうした新しい記述や物語は、実のところ残酷な帰結を生ずるものになるかもしれず、もしそうなればローティのいうリベラル・ユートピアの否定に繋がることになる。たとえば、アイロニックな再記述は、まったく私的な領域に限定されたものであるかぎりでは、他者に苦痛をもたらすおそれはないだろ

うが、一度そうした再記述が純然たる私的領域を越えて公共的領域にまで及ぶようになれば、当然ながらそれは旧来の伝統的な記述や物語を自己のアイデンティティの拠りどころとしてきた人々に苦痛や屈辱をもたらす可能性がある。また、アイロニストがはじめから意識的に公共的な社会問題や政治問題を取り上げて、それに関する再記述を試みた場合、その再記述が従来の記述に代わって公的に採用されるべきだという主張に行きつくことは当然であり、したがってどうしても他者への強要といった弊害が生じざるをえないと批判するのである。

　以上のようなライヒの批判は、ローティのネオ・プラグマティズムの教育論を多分に誤解ないし曲解しているふしがある。まず、ライヒは、ローティが文字通り一切の苦しみがない理想的なユートピアの実現を構想しているかのように解釈しているが、実際のところローティは現状と比較して苦しみがより少ない社会の実現を構想しているというのが正確なところである。たしかにローティも、アイロニストが提示する新しい記述が、従来の伝統的価値観をかたくなに信奉する保守的な人々に苦痛や屈辱を与えうるという点は認めている[49]。しかし、アイロニストが従来の伝統的価値観を痛烈に批判することによって保守派が苦痛や屈辱を感じたとしても、そのアイロニストによる批判によってこれまでよりもさらに自由で民主的な社会が実現され、それまで抑圧されてきた社会的弱者の苦しみが大幅に減少していくのであれば、それは採るべき選択肢であるということになるのである。また、あるアイロニストが自分の独善的な価値観を公的な場で人々に押しつけてきたとしても、別のアイロニストが登場してきて、それに対抗する別の価値観を提示することによって健全な議論が展開されることが予想されるのであり、自由で開かれた議論を尊重するリベラルな民主主義社会においては、一人のアイロニストの考えだけが問答無用で採用され、誰かに強制されるなどということは決してないのである。

　以上のように、ライヒのローティ批判は明らかにローティの主張を曲解していると共に、そもそもローティの問題構制に即していないために有効な反

論にはなっていないといえるだろう。

10　リベラル・アイロニストをめぐる問題

　ローティの高等教育論は、学生が自己の再創造を繰り返し個性化していくことで、最終的にはリベラル・アイロニストのような人物になることを望んでいるように解釈することもできる。しかし、そもそも人間性の中にはリベラルやアイロニーの要因が生来的に含まれているわけではない以上、高等教育の場では意識的に学生を啓発してリベラルやアイロニーの性質を身につけさせなければならないことになる。そうすると、ウェインが指摘するように、ローティの高等教育論では学生を個性化しているつもりでも、実はリベラル・アイロニストとして「社会化」することになるのではないかという問題が浮上してくる[50]。

　ここでまず確認しておかなければならないことは、ローティはすべての学生がリベラル・アイロニストになる義務があるなどと主張しているわけではないことである。ローティの主張は、あくまで高等教育において啓発の機会を与えられた人々にはリベラル・アイロニストとして自己創造する可能性があるということである。

　ただ、こうなるとローティの教育論の枠組みにおいては、市民は因習的な知識や規範に取り込まれた常識主義者とそこから離脱したリベラル・アイロニストとに分断されてしまい、市民相互の間に重大な対立が引き起こされ、その場合には社会的公正が侵害されてしまうという批判も新たに生ずることになる。こうした見地からすれば、ローティのリベラル・ユートピアやリベラル・アイロニストは、学校教育を通して社会における平等や公正の実現を目指すといいながらも、実際のところは、逆にその学校教育が不平等や不公正を引き起こす装置になっているのではないかという批判を受けることになる。その結果、ラディカル左派がいうように、ローティは教養ある有閑エリート層のことしか気にかけていない知的スノッブにすぎないのではないかと批判されかねないのである。こうして点についてローティは明確な答えを出し

ているわけではなく、そもそも大学で学生すべてをリベラル・アイロニストとして養成するべきであると言明したわけでもないため、このテーマに関する議論は停滞したままの状態にある。

ただ、ローティが高等教育論で提示した教授像は、明らかにリベラル・アイロニストであることは確かである（第2章第2節6参照）。そこで、ローティの提示するリベラル・アイロニストとしての教授像に対する批判が左右両派から出されているので、この点を以下で検討してみたい。

まず、右派からの批判によれば、ローティが是としているリベラル・アイロニストとしての教授は、高等教育の場で伝統的な教養を伝達することもせずに、ただ学生との会話に戯れているだけであり、教育者としての真面目さや道徳的な真剣味に欠けている。これに対して右派が尊重するのは、伝統的な形而上学の信奉者というにふさわしい謹厳実直で真面目な教育者としての教授像である。こうした教授像にかなう人物は、普遍的妥当性を有する知識を尊重し、そうした知識を学生に伝達することで、歴史的・文化的な相対性を超越した次元における本質的な真・善・美に対して人間がとるべき正しい態度を、責任をもってきちんと教える教育者にほかならない。

これに対して、ローティのいうリベラル・アイロニストとしての教授は、そもそも超歴史的な次元において普遍的妥当性を有する絶対的知識を希求する形而上学の発想そのものを放棄して、人間にとって価値や可能性が生ずるのは、ただその時々の歴史的・文化的な状況に即した絶えざる会話からのみであると考える。こうしたアイロニストの性向は、当のアイロニストにさえ自己の偶然性と脆さを常に意識させるため、自分自身を生真面目に受け取ることができないのである。ローティは、こうしたリベラル・アイロニストとしての教授には右派が求めるような真剣さや真面目さが欠けていることを公然と認めた上で、「人間が人間的なのは、戯れているときだけである」といい、物事を多様な道徳的、審美的見地から見るためには、「シラー（J. C. F. Schiller）が〈遊び〉と呼ぶものに従事することで満足し、ニーチェが〈真面目な精神〉と呼ぶものを軽蔑する」[51]ことが重要であると断言する。つまり、ロー

ティが是とする教授像は、「軽妙な気質 (light-mindedness)」をもって会話を続け、問題を多様な道徳的、審美的見地から見ることができる人物なのである[52]。このようにローティのいうリベラル・アイロニストとしての教授は、道徳的に生真面目な堅物の説教師や聖職者のイメージからはほど遠く、「軽妙な気質」をもって多様な価値観を受け入れる文芸批評家や小説家のようなタイプなのである[53]。ローティは、自己や社会や文化（教養）が決して歴史的な偶然性を免れえず、それゆえ常に脆さを抱えていることを意識せざるをえないのであって、それらを愚直にも超歴史的な絶対性を帯びたものとして受け止めることは到底できないのである。したがって、ローティが理想的な教授に求めるものは、カント流の理性的な厳密さではなく、ソクラテス流の軽やかなアイロニーや軽妙なメタファーなのである。

　他方、左派は、ローティのいうリベラル・アイロニストとしての教授が、社会全体の抜本的変革（革命）を遂行する上ではまったく非力である点を批判している[54]。つまり、リベラル・アイロニストとしての教授には、学生を力強く説得して、社会変革に向けてラディカルな活動へと駆り立てることはできないと考えるのである。たしかに、ローティは、デューイと同様にリベラルな改良主義の政治的立場を堅持しており、それゆえラディカルな政治的革命を志向することはないし、急進的な社会変革に直接寄与することもない。また、左派の主張によれば、ローティのいうリベラル・アイロニストが従事する「軽妙な遊び」は、「他者の苦痛や苦悩を減少させる真剣な取り組み」と常に調和的に両立するとは到底考えられないし、場合によっては、両者に離齬が生じて意図せぬ残酷な結果がもたらされるおそれもある。それゆえ、ローティのいう「軽妙な遊び」は、たんに軽薄で心ない行為を招くだけで、現実の他者の苦しみから目をそむけ、社会の現状を無批判に肯定する態度に結びつきかねないのである[55]。たしかにリベラル・アイロニストの態度には、フレイレ (Paulo Freire) にみられるような「連帯の強い読解」によってラディカルな社会変革を志向する傾向が欠けているともいえるであろう[56]。同様の見地から、ジルーらは、ローティが権力関係への関心が不十分であるため、

周縁化された人々の苦痛や困難を見過ごし、権力者に奉仕する既存の社会体制の存続に手を貸すことになりかねないと批判するのである[57]。

こうしたラディカル左派の批判に反論するに当たって、まずローティは真摯な政治的関心の舞台である「公共的な生活」と審美が重きをなす「私的な生活」とを区別した上で、前者が後者に優先すると考えるべき根拠はないことを強調する。ローティはアイロニーに媒介された個性化や自己創造の機会が万人に保証されるべきだとは考えるが、真剣な社会変革にコミットすることが万人に等しく課せられた義務であるとは考えないのである。そもそもローティの企図は、「現代文化のラディカルな批判を目指したり、その再発見や動機づけのやり直しを目指したりするのではなく、諸々の示唆をまとめ上げ、何らかの興味深い可能性を提示する」[58]ことにおかれている。したがって、ローティによれば、教授に求められる役割とは、左派の論者が主張するように抜本的な社会変革を目指して学生を積極的に政治活動へ駆り立てることではなく、学生との自由なソクラテス的会話を通して、過去から引き継がれた社会的・政治的な諸条件を吟味し、現状の社会が抱えている様々な問題の具体的な解決策や将来の社会の可能性を構想し、リベラルな民主社会を実現する活動に従事することである。教育を通して人々をより自由にし社会をよりよく変革したいと願う点では、ラディカル左派とローティの考えるところは概ね同じ方向であるが、ラディカル左派があくまで社会変革を目指して、学生を現実の政治活動にコミットさせようとするのに対して、ローティは学生の個性化を目指して、教授が学生と自由な会話を行い自己創造を促すことで充足する点では、両者に大きな違いが生ずるのである。

この点について考察を深めるために、ラディカル左派に属するフレイレの教育論とローティの教育論を比較検討してみたい。フレイレはしばしばプラグマティストの言説の曖昧さや権力への迎合的態度を批判しており、その思想的影響を受けたジルーも同様の見地でローティのネオ・プラグマティズムとその教育論を批判している[59]。フレイレによれば、人々は自分が置かれた閉じた状況を批判的に解読し、その状況を一歩踏み越えることで「未然の可

能性」を見出すことができる[60]。その可能性に依拠する「人間化という使命」は、決して非歴史的な先験的所与などではなく、歴史の中で規定されるしかないものである。そうした「人間化」を実現する手段も、当然ながら時代と場所によって多様に変化する歴史的なものであって、それは将来のユートピアを具体的に構想する人間の想像力がなければ現実のものにはなりえないことになる[61]。このようにフレイレによれば、人間は想像力を働かせることによって自分を超えた視点から自分自身を捉え直し、自分の生や社会の歴史的可能性について何かを知ることができるようになるのであり、そこからユートピアの構想や希望が生まれてくるのである。こうしてフレイレの教育論は、人間の使命やユートピアの構想に対して歴史を超えた形而上学的な基礎づけを施すことを自覚的に拒否し、あくまでも歴史的に形成され実現される社会的存在として人間を捉えている点で、ローティの教育論とも通底しているといえる。

人間化の歴史的実現という教育目的を達成するために、フレイレが採用する教育方法は、教師がテーマとして問題を設定し、学生たちがその提示された問題に教師と一緒に取り組むという問題解決型の演習である[62]。こうしたフレイレの教育方法では、まず問題を簡略に提示することによって教師は学生たちに問題を投げかけ、学生たちは自問し、また教師に問いかけながら、問題への取り組みを深化し拡張していく。教師によって示されたアプローチに刺激され、教師における精神の運動に同伴する形で、学生たちは批判的な思考能力を育んでいくことができる。こうした対話による講義は、人間同士の対等な関係において他者の思考に即して思考し、他者に向かって自己を開く可能性を追求するものである[63]。

こうしたフレイレの教育方法が、デューイの提唱した問題解決学習やローティのいう啓発的教育と共通するものを多分に有していることは明らかである。いずれも従来の一方向的な詰め込み教育を否定して、当事者の人生に関わる社会的課題を設定した上で、教授と学生が双方向のコミュニケーションを行うことを重視しているのである。フレイレの「対話」の概念とローティ

の「会話」の概念は必ずしも一致しないが、その教育的な形態や作用は多分に重なり合っている。このようにみてくると、フレイレのラディカルな教育論とローティのリベラルな教育論とでは、ジルーが主張するほど哲学的な意味において対立するものではなく、両者の正味の対立はラディカルかリベラルかという政治的な姿勢の相違であることがわかる。この政治的な姿勢の相違がもつ意味合いについては、すでに第1章第3節で詳述したので、ここであらためて論ずるのは差し控えることにしたい。

註
1) Richard Rorty, "Richard Rorty Replies," *Liberal Education*, Vol. 75, No. 4, 1989, p. 31.
2) Richard Rorty, "Education, Socialization, and Individuation," *Liberal Education*, Vol. 75, No. 4, 1989, p. 5.
3) Richard Rorty, *Contingency, Irony, and Solidarity*, Cambridge University Press, 1989, p. 88.（齋藤純一・山岡龍一・大川正彦訳『偶然性・アイロニー・連帯―リベラル・ユートピアの可能性―』岩波書店、2000年、180頁）
4) *Ibid.*, p. 65.（邦訳、136頁）
5) Rorty, "Education, Socialization, and Individuation," p. 4.
6) Henry A. Giroux, *Schooling and the Struggle for Public Life: Critical Pedagogy in the Modern Age*, University of Minnesota Press, 1988.　Stanley Aronowitz and Henry A. Giroux, *Postmodern Education, Politics, Culture, and Social Criticism*, University of Minnesota Press, 1991.　Henry A. Giroux, *Border Crossings: Cultural Workers and the Politics of Education*, Routledge, 1992.　Henry A. Giroux with Patrick Shannon, *Education and Cultural Studies: Toward a Performative Practice*, Routledge, 1997.　同様の見地からラディカルなフェミニズムを教育理論に取り入れる論者としては、ナンシー・フレイザーを挙げることができる。Nancy Fraser, *Unruly Practices: Power, Discourse and Gender in Contemporary Social Theory*, University of Minnesota Press, 1989.
7) Richard Rorty, "Two Cheers for the Cultural Left," D. J. Gless & B. H. Smith (eds.), *The Politics of Liberal Education*, Duke University Press, 1992, p. 236.
8) *Ibid.*, pp. 236-237.　こうしたローティの教育論に対抗するジルーの教育論は、以下の論文で展開されている。Henry A. Giroux, "Liberal Arts Education and the Struggle for Public Life: Dreaming about Democracy," D. J. Gless and B.

H. Smith (eds.), *The Politics of Liberal Education*, Duke University Press, 1992, pp. 119-144.

9) Richard Rorty, *Rorty & Pragmatism*, Herman J. Saatkamp, Jr. (ed.), Vanderbilt University Press, 1995, p. 92.

10) Richard Rorty, *Objectivity, Relativism and Truth*, Philosophical Papers Vol. 1, Cambridge University Press, 1991, p. 27.

11) Carol Nicholson, "Postmodernism, Feminism, and Education: the Need for Solidarity," *Educational Theory*, Vol. 39, No. 3, 1989.

12) Richard Rorty, "The Dangers of Over-Philosophication," *Educational Theory*, Vol. 40, No. 1, 1990, p. 44.

13) *Ibid.*

14) A. グリーン著、大田直子訳『教育・グローバリゼーション・国民国家』東京都立大学出版会、2000年、36頁参照。D. Carlson, "Making Progress: Progressive Education in the Postmodern," *Educational Theory*, Vol. 45, No. 3, 1995.

15) S. ジジェク著、松本潤一郎・白井聡・比嘉徹徳訳『イラク～ユートピアへの葬送』河出書房新社、2004年、103頁。

16) Rorty, "Education, Socialization, and Individuation," p. 5.

17) Rorty, "The Dangers of Over-Philosophication," p. 42.

18) Rorty, *Contingency, Irony, and Solidarity*, p. 74.（邦訳、155頁）

19) Rorty, "The Dangers of Over-Philosophication," p. 42. Rorty, "Richard Rorty Replies," p. 28. 喜多村和之『現代アメリカ高等教育論—1960年代から1990年代へ—』東信堂、1994年、20頁参照。

20) Rorty, "Education, Socialization, and Individuation," p. 4.

21) Rorty, *Contingency, Irony, and Solidarity*, p. 87.（邦訳、178頁）

22) *Ibid.*, p. 85.（邦訳、175頁）

23) Rorty, "Richard Rorty Replies," pp. 29-30.

24) *Ibid.*, p. 30.

25) Madeleine R. Grumet, "Taking Issue, Nine Responses to Richard Rorty," *Liberal Education*, Vol. 75, No. 4, 1989, p. 17. こうした批判はカルチュラル・スタディーズや脱学校論の研究者から寄せられることもある。I. イリイチ著、小澤周三・東洋訳『脱学校の社会』東京創元社、1977年。

26) Rorty, "Richard Rorty Replies," p. 29.

27) S. K. ホワイト著、有賀誠・向山恭一訳『政治理論とポスト・モダニズム』昭和堂、1996年、121頁。

28) Douglas Sloan, "Taking Issue, Nine Responses to Richard Rorty," *Liberal Education*, Vol. 75, No. 4, 1989, pp. 24-25. スローンの教育論に関しては以下

の文献も参照。D. M. スローン著、市村尚久・早川操監訳『洞察＝想像力――知の解放とポストモダンの教育』、東信堂、2000年。D. M. スローン著、市村尚久監訳『知の扉を開く――教育における知性の質を問う――』玉川大学出版部、2002年。
29) Rorty, "Richard Rorty Replies," p. 30.
30) *Ibid.*
31) *Ibid.*
32) *Ibid.*
33) Mike Rose, "Taking Issue, Nine Responses to Richard Rorty," *Liberal Education*, Vol. 75, No. 4, 1989, pp. 21-23.
34) Rorty, "Richard Rorty Replies," p. 31.
35) *Ibid.*
36) *Ibid.*
37) *Ibid.*
38) Allan Bloom, *The Closing of the American Mind*, Simon and Schuster, 1987, pp. 133-134. (菅野盾樹訳『アメリカン・マインドの終焉』みすず書房、1988年、138-139頁参照)
39) *Ibid.*, p. 344. (邦訳、381頁)
40) Rorty, "Richard Rorty Replies," p. 31.
41) *Ibid.*
42) Bloom, *The Closing of the American Mind*, p. 38. (邦訳、30頁)
43) Rorty, "Richard Rorty Replies," p. 31.
44) これと類似した考え方で、理想的なコミュニケーション的状況から得られたものを真理とするパース＝ハーバーマス流の考え方もある。ローティはこうした理性による合意形成を重視した考え方とは見解を異にするが（第1章第3節1および第3章第2節4を参照）、自由な人間を超えた何ものに対しても信用を置かない民主的な提案という点では、ブルームのように〈自然〉と結びつけた考え方よりも、「民主主義に対する不信」が少ないとみて正当な提案であると認めている。
45) Rorty, "Education, Socialization, and Individuation," p. 5.
46) Rorty, "The Dangers of Over-Philosophication," p. 41.
47) *Ibid.*
48) Rob Reich, "The Paradoxes of Education in Rorty's Liberal Utopia," *Philosophy of Education*, 1996. 同様の見解は次の論考にも含まれている。René V. Arcilla, *For the Love of Perfection: Richard Rorty and Liberal Education*, Routledge, 1995, pp. 123-126. Ernesto Laclau, "Community and its Paradoxes: Richard Rorty's Liberal Utopia," The Miami Theory Collective (ed.), *Com-*

munity at Loose Ends, University of Minnesota Press, 1991.
49) Rorty, *Contingency, Irony, and Solidarity*, p. 90.（邦訳、184 頁）
50) Kenneth Wain, "Richard Rorty, Education, and Politics," *Educational Theory*, Vol. 45, No. 3, 1995, p. 397.　リベラル・アイロニストの問題については、次の論考も参照のこと。E. Rosenow, "Towards an Aesthetic Education? Rorty's Conception of Education," *Journal of Philosophy of Education*, Vol. 32, Issue 2, 1998, pp. 253-265.
51) Rorty, *Objectivity, Relativism and Truth*, p. 194.
52) *Ibid.*, pp. 193-194.
53) *Ibid.*, p. 194.
54) Richard J. Bernstein, *The New Constellation: The Ethical and Political Horizons of Modernity/Postmodernity*, The MIT Press, 1992, p. 235.　John Patrick Diggins, *The Promise of Pragmatism: Modernism and the Crisis of Authority*, The University of Chicago Press, 1994, p. 451.
55) Tony W. Johnson, *Discipleship or Pilgrimage? The Educator's Quest for Philosophy*, State University of New York Press, 1995, pp. 92-93.
56) パウロ・フレイレ著、小沢有作・楠原彰・柿沼秀雄・伊藤周訳『被抑圧者の教育学』亜紀書房、1979 年。パウロ・フレイレ著、里見実・楠原彰・桧垣良子訳『伝達か対話か―関係変革の教育学―』亜紀書房、1982 年。
57) Giroux, *Schooling and the Struggle for Public Life: Critical Pedagogy in the Modern Age.*
58) Richard Rorty, *Essays on Heidegger and Others*, Philosophical Papers Vol. 2, Cambridge University Press, 1991, p. 6.
59) フレイレとジルーの共通点に関しては、フレイレの『教育の政治学』(1985 年) にジルーが寄せた序文「可能性としての教育の地平」を参照のこと（ヘンリー・ジルー「可能性としての教育の地平」、市橋秀夫・能山文香訳『新日本文学』1985 年 1 月号)。
60) パウロ・フレイレ著、里美実訳『希望の教育学』太郎次郎社、2001 年、148 頁参照。
61) 同上書、139 頁。
62) 同上書、166 頁。
63) 同上書、167 頁。

第3章

デューイとローティ

　本章では、これまでの考察をふまえて、デューイとローティの考え方が共通している点と互いに相違・対立している点とをあらためて整理し直し、さらに今後の課題として残された問題について言及することにしたい。

　第1章第1節でも触れたことだが、ローティの自伝的論文「トロッキーと野生の蘭」に記された思想的遍歴は、アメリカの思想的土壌から強い影響を受けながら、個人的な嗜好や自己創造に関わる「私的なもの」と社会正義や公正に関わる「公共的なもの」との関係性に悩み、若い頃にはプラトン哲学やヘーゲル哲学などが説く普遍や絶対に傾倒し、その後プラグマティズムへたどり着いている。こうした点は、デューイの自伝的論文「絶対主義から実験主義へ」（1930年）に記された思想的遍歴とかなり類似していることがわかる。一見したところまったく肌合いが違うようにみえるデューイとローティの思想に次々と一致点が見出されてくるのは、1つには両者の思想的変遷にこうした共通性があるためであろう。しかし、ローティは、その思想的遍歴からもわかるように、デューイの思想以外にも言語哲学、解釈学、ポストモダニズムから少なからぬ影響を受けることで、デューイの思想から大きく逸脱する点も多分にある。

　そこで本章では、まず、デューイとローティとのプラグマティズムにおける共通点と相違点を取り上げ、次に、デューイとローティとの教育論におけ

る共通点と相違点を取り上げてそれぞれ検討してみたい。その上で、ローティの教育論の特徴を再検討し、今後の課題について述べることにしたい（なお、本章ではデューイの思想区分を前期、中期、後期として特徴づけているが、この点に関する詳しい説明は、前著『プラグマティズムと教育―デューイからローティヘ―』を参照していただきたい）。

第1節　プラグマティズムにおける共通点

本節では、デューイのプラグマティズムからローティのネオ・プラグマティズムに至る連続した点について検討したい。デューイとローティの共通点として、以下では進化論からの影響、可謬主義、歴史主義、科学と他の学芸との関係、改良主義的リベラリズムの5点を取り上げることにしたい。

1　進化論からの影響

まず第1の共通点は、生物学的進化論に対する両者の好意的なスタンスに見出される。デューイは、ダーウィンの進化論から大きな影響を受けて、有機体としての人間が自然的・文化的・社会的環境と相互作用する事実に注目し、様々な問題を解決していく経験の過程において人間が自己を実現して成長していくことを重視している。ローティも、デューイにならって、進化論に関連づけてプラグマティズムを次のように定義している。「プラグマティズムとは、人間の自己像を変更しようという試みであり、その変更の結果として、人間が他の動物と異なるのは、単純に行動の複雑さにおいてだけだというダーウィンの主張に、その自己像がうまく当てはまるようにする試みである」[1]。ローティはこうした進化論の見地から、人間とは環境に対処しようと最善をつくし、より多くの快を享受し、苦痛を減らすことを可能にしてくれるような道具を開発しようとする存在であると主張するに至っている。

また、デューイはプラグマティズムを進化論と関連させて、特に言語を重

視している（より詳細にデューイの思想の時期区分との関連でみてみると、前期デューイは新ヘーゲル主義の哲学に進化論を取り込んでいたのに対して、中期デューイは人間を生物学的有機体として捉える観点からプラグマティズムあるいは道具主義を構築し、さらに後期デューイは進化論を自然主義的形而上学の立場から捉え直していったということができよう）。デューイは進化論の見地から、人間の比類ない特徴として特に言語の使用を重視している。デューイにとって、言語とは、客観的な実在を正確に表象するための道具などではなく、人間が環境と相互作用する際に生ずる問題を適切に解決するための有用な道具なのである[2]。こうした言語観においても、ローティはデューイから影響を受けている。ローティによれば、言語とは、様々な事象や物事に関する従来の記述をその時々の文脈に応じて新しい記述に置き換えていくための道具なのであり[3]、この再記述の目指すところは、人間とその歴史的な社会的文化的環境との相互作用をより望ましく豊かなものにすることなのである。

　デューイからローティへと連続しているのは、言語から独立してそれ自体で存在する絶対的真理を見出そうとする形而上学の試みをきっぱりと放棄し、進化論の発想を取り入れて、ある時期のある状況において実際に問題を解決する上で最もよく働く言語を求めて、言語の内容を時代に合わせて絶えず修正することを重視する態度である。要するに、両者は人間がその環境に対処するために言語を使用していることに注目し、言語を道具主義的な枠組みにおいて捉え直すことで、人間と環境とを相互に結びつける因果的ネットワークにアプローチしようとするのである。

　この点との関連で特に注目されるのは、デューイが信念の正当化において言語の機能に着目していることである。デューイは、言語によって定式化された信念が、実在に関するものなのか、それとも現象に関するものなのかといった不毛な形而上学の問いを棄却して、その信念を保持することがどのような目的に役立つのかという問い、あるいはどのような信念がわれわれの欲求を満足させるのに最も適しているのかという問いに着目している。この点でも、ローティはデューイにならって、言語的に構成された信念を「事物の

性質を表象するもの」ではなく、「行為を成功させるルール」として考えるところにプラグマティズムの核心があると捉えている[4]。こうしてローティは、普遍的実在の正確な表象や絶対的真理の探究を退けた上で、「何をなすべきかについて人々の間で合意を獲得すること」、あるいは「達成されるべき目的とその目的の達成に用いられる手段に関して合意をもたらすこと」[5]をもっぱら求めるのである。こうして求められている合意が、言語に媒介された会話を継続することによってのみもたらされうることは、あらためていうまでもないだろう。このように言語によって構成されたわれわれの信念は、そうした信念相互の正当化によって保持されていると考えるローティは、まさにデューイのいう「保証された言明可能性」において合意に到達することにこそ、探究の意義を見出すのである。

　言語によって定式化された信念に対して上のような態度で臨むデューイは、精神を普遍的実在の一部として捉えようとする形而上学の発想を退け、進化論の発想にたって精神を信念や欲求から構成された多分に偶発的なものとして捉えるようになる。この精神の捉え方は、内容的にみてローティにおける「自己」概念に連続している。というのも、ローティは、人間の自己を「信念や欲求から成る、中心のないネットワーク」[6]として規定しているからである。このようにデューイとローティはいずれも、歴史的な偶然性を色濃くおびた精神あるいは自己が、様々な語彙や信念などの言語的構成物を比較対照し、その中から新たに優れた有益なものを選び出すことで、「保証された言明可能性」の新たな候補につながるものを探し出し、それを先行する「信念や欲求のネットワーク」に接合することによって、自らのあり方を変化させることができると考えるのである。ローティによれば、このような自己の再創造を繰り返すことによって、「われわれ自身にとって可能なかぎり最善の自己を創り出すという希望を抱く」[7]ことが可能となるのである。

　このようにデューイとローティが共に、人間の精神や人間の自己さえも言語的に構成された歴史的で偶発的なものなのであり、新しい言語や新しい語彙の使用を学ぶことによって信念や欲求のネットワークを再編成し、精神あ

るいは自己のあり方を繰り返し創造し直すことができると考えた背景には、進化論的発想という両者に共通の要因が見出されるのである。

2 可謬主義

　第2の共通点は、命題や理論の絶対的な真理性や無謬性を否定する態度に見出される。デューイとローティは共に、実質的な内容を備えたいかなる命題や理論であってもあくまで1つの仮説として捉え、それらを実験や行動によってテストし、必要に応じて漸次修正を施すという「可謬主義 (fallibilism)」の立場をとるのである。形而上学がそれ自体で存在する客観的な実在に関する普遍的・絶対的な真理の探究を目指したのに対して、デューイは実際の人間生活において生起する問題状況を分析し、その解決に役立つ命題や理論を実験的な方法によって探究することをもっぱら重視したのである。デューイによれば、命題や理論は絶えざる生成の過程にあるのであって、決して静態的なものでもなければ固定的なものでもなく、まさに暫定的な仮説にほかならないのであって、継続的に修正される必要があるのである[8]。こうした命題や理論は、既存の知識や伝統的な価値規範を保持するために用いるのではなく、現在の問題を解決するために役立てるべきなのである。このようにデューイは、プラグマティズムの立場から命題や理論を仮説としてみなし、それらの可塑性や可謬性をはっきりと認めた上で、それらに対するテストの結果が仮説を支持する限りにおいて暫定的な意味で真理を定めることもできるし、逆にテストの結果が仮説を支持しなければ単なる誤謬であるとみなすこともできると考えるのである。

　ローティは、こうしたデューイの可謬主義を継承し、命題や理論はそれ自体で価値を有するのではなく、人間が実際に直面する諸問題を解決する道具として価値を有すると考えるようになる。ローティによれば、絶対的に確実な真理といったものはもともと存在せず、あらゆる理論は実験によってテストされる必要があり、そのテストの結果次第では過去の理論は誤った不適切なものとして廃棄されるべきである。このようにローティは、デューイと軌

を一にして、伝統的な形而上学を退け、その上で様々な概念や命題が相互にどう適合するかという問題に考察の方向を向けていく。そうした考察を通じて、ローティは、人々が世界を実際どのように理解して意味づけているかを分析し、また新旧の語り方や行為様式を比較検討することに努力を傾けるのである。ローティによれば、デューイのプラグマティズムの要諦は、「諸原則とそれらを適用した諸結果の間を行きつ戻りつし続ける」[9]ところにある。デューイのプラグマティズムに従えば、常に探究者は自分が手にしている選択肢をあくまで暫定的な仮説として捉え、仮説をテストするための実験を続けることでさらによい仮説を定式化することができる。こうした実験主義的な立場にたてば、当然視されている考え方や道徳規範なども問題視することが可能になるだけでなく、それらを実際の行為の結果に即してより良いものに作り変えることができるようになる。以上から、デューイとローティにとって重要な哲学的課題とは、絶対的な基準を満足する普遍的真理の解明といったことではなく、人々が歴史的に営々と創り出してきた様々な命題や理論の長所や短所を比較検討し、より良いものに作り変えることであることがわかる[10]。

　こうした見地から、デューイやローティは、伝統的な形而上学が使用してきた一連の鍵概念、たとえば真理、自由、民主主義という諸概念に対して批判的な検討を加え、新たに概念定義をしていくのである。

　まず、形而上学が用いてきた「真理」は、理性によって〈自然〉と因習を区別した上で、〈自然〉という実在の正確な表象として照合されることで判断される。これに対して、デューイは〈自然〉と因習の区別を撤廃した上で、自由で開かれたコミュニケーションから生じた結論を「保証された言明可能性」としての真理と判断するのである。それと同様の趣旨で、ローティも真理を自由で開放的な意見のやり取りを通じて獲得された信念として捉えている。ローティは、デューイにならって、真理の概念を認識論の領域から政治理論の領域へと移行させ、また、哲学の役割を理性による真理に関する形而上学的な説明から、想像力による政治的自由に関する説明へと移行させてい

く。そこでは認識論見地から理性を働かせて「どのような行為が最も適切か」とか「何が真に普遍的で最善であるのか」といった問いかけは退けられ、人々が会話を通じた自由な討議の結果として到達しえた合意を「真」あるいは「よい」と考えるに至るのである[11]。

　次に、伝統的な形而上学が用いてきた「自由」の概念は、情念や因習から解放された状態であった。政治的立場に関連づけていえば、右派は、人間が理性によって本能や欲望を抑制して熱情や罪から解放された状態を自由とみなし、逆に左派はそうした理性や社会的制約（因習）あるいはフーコー流の「権力」から解放された状態を自由とみなしている。それに対して、デューイは、個人の諸能力が十全に発揮できて自己実現できる社会的・政治的な状態を自由と捉えている。それと多分に重なる形で、ローティは、他人に危害を加えない限り私的な生活や自己創造に干渉されない状態であり、リベラル・ユートピアの実現を目指して社会や経済のあり方を変えていける状態を自由と捉えている[12]。

　さらに、伝統的な形而上学が用いてきた「民主主義」の概念は、それ自体において本質的価値を有する普遍的な政治制度として捉えられてきた。ここでも政治論に関連づけていえば、右派は民主主義を理性的な議論によって現行の社会制度を正当化するものと考えるのに対して、左派は民主主義を人間疎外の減少に寄与するための手段と見ている。それに対して、デューイは、民主主義を自律的な個人同士が自由にコミュニケーションすることで結合し合う生活様式として捉えている。同様に、ローティも民主主義を人類が共同体のユートピア的希望を実現させるために自由で開かれた討議を保障する「有望な実験」[13]として捉えている。

　このようにデューイとローティは、伝統的な形而上学が使用してきた諸々の概念から絶対的な意味内容を取り除き、それらの諸概念が実際の生活において生ずる問題の解決や人間の幸福の増大に役立つ道具となりうるように、それらの概念に新たな内容を盛り込んで再定義したのである。以上のような見地から、デューイは、理論を根本的に基礎づける絶対的な基盤とか永遠の

本質などといったものは存在しないと考える。というのも、理論は絶えざる形成過程のうちにあり、常に新奇なものや将来の可変性に開かれていると見るからである[14]。ローティは、こうしたデューイの見解をポストモダン思想と関連づけ、近代の「大理論」や「大きな物語」が描き出す壮大なプロジェクトとその哲学的基礎づけを根本的に批判している。ローティの見るところでは、デューイのプラグマティズムは、理論の最終的な基礎づけや確実性の検証が不可能であることを認めながらも、人間はその行為を通じて世界に影響力を行使できるし、特定の道徳的なコミットメントの正当性を示すこともできると考える点で、ポストモダニストに特有の悲観的で懐疑的な姿勢を克服し、創造的な詩的想像力による建設的な社会改良の希望を高く掲げるものとして再評価すべきなのである。

3 歴史主義

　第3の共通点は、上述した可謬主義と表裏一体の関係にある。それは、デューイとローティが共に、現在使用されているどのような概念や理論も普遍性や絶対性を有するものではなく、歴史的な偶然性を免れえないという歴史主義の観点を採っている点である。

　伝統的な形而上学に従えば、信念はよりよく正当化されればされるほど、不変の真理である公算が高まることになる。つまり、形而上学は、不変の真理と正当化との間に緊密な繋がりを想定し、それによって時間的制約をもつ信念を永遠なる真理と結びつけたのである。これに対して、デューイは歴史主義の立場にたって、真理と正当化との間の形而上学的な繋がりを断ち切っている。より詳細にいえば、中期デューイは、パースにならって、真理と正当化との間にこうした形而上学的な繋がりを認めず、両者の論理学的な関連性に注目するようになり、後期デューイは、ジェイムズを再評価することで、真理について正面から論ずることは控え、正当化の手続きについて多くを語るようになる。つまり、中期デューイは、パースからの影響もあって信念が客観的に真理であるか否かを（可謬主義的な）科学的方法によって判断するこ

とに論理学的な観点から関心を向けていたのに対して、後期デューイは再びジェイムズへの傾斜を深め、一個人の内部において諸々の信念を相互に整合させると共に、その一個人の信念を他の同胞の信念と整合させるということを強調するようになったのである[15]。後期デューイは、科学的方法に即して真理にアプローチするのではなくて、民主的なコミュニケーションに根ざした正当化の手続きによって保証された言明可能性を追究していったといえるだろう。

　ローティも、デューイにならって、真理と正当化との間に形而上学的な繋がりを認めない方針を採る。ローティによれば、真理と正当化との間に関連があるとすれば、それは「たいていの信念が真であるのと同じ理由で、たいていの信念は正当化されている」からであり、一般の人間は自分のたいていの信念を共同体の欲求を満たすような形で正当化するからである[16]。こうした歴史主義の立場から、ローティは問題の所在を「真理と正当化との関係」から「可能な未来と現にある今現在との関係」に転換し、形而上学において取り上げられてきた「永続的構造と一過的内容との関係」から、「過去と未来との関係」へと置き換えていく。つまり、ローティは、過去の慣習や伝統を「永続的構造」と照合して正当化したり、現状を「永続的構造」へ近づけようとしたりする形而上学の試みを棄却して、歴史主義の見地から、不満足な現在をより満足できる未来に変えていくという新たな問題構成に変えたのである。ローティによれば、プラグマティズムにおける探究の目的とは、永続的構造や不変の真理に到達して「確実性を獲得すること」ではなく、協働探究によって「希望を創造すること」なのである[17]。

　このようにデューイからローティへと連続しているのは、形而上学における超歴史的な絶対的真理の追究や二元論的な区別を放棄して、歴史主義の観点から一元論的な発想において、歴史的文脈に即した暫定的真理の保証された言明可能性を志向していくということである。

4 科学と他の学芸との区別撤廃

　第4の共通点は、事実と価値の区別を曖昧にして、科学と他の学問さらには科学と芸術を対比的に捉える態度を大幅に緩和するところに見出される。ここでも詳細にいえば、中期デューイがパース流に科学的方法を様々な学問領域に導入することによって諸々の学問の間の方法論的差異を取り除こうとしたのに対して、後期デューイはことさらに科学的方法に執着はしないジェイムズ流の態度で、自然主義的形而上学の立場から科学と他の学問や芸術との区別を緩和していくのである。デューイによれば、プラグマティズムによって事実と価値の間の画然とした境界線を取り除くことで、科学、哲学、道徳、芸術、宗教などの間の境界線も乗り越えることが可能となるのである。

　ローティは、こうしたデューイの立場を継承して、学問分野の区別は単なる因習的なものにすぎず、「主題間の境界線は、想定上の存在論的状態ではなく、現行の実践的関心を参照して引かれている」[18]と考えるのである。ローティによれば、「文学と社会諸科学は、共同体の意味やこの共同体に開かれた諸可能性の意味を拡大し深化する上で同じ機能を果たしている」[19]。つまり、ローティは、科学から文学にまで至る学問や芸術等の文化全般を連続した継ぎ目のない活動として一体的に捉えた上で、それらを社会的問題の解決に向けた探究活動に活用すべきであると主張するのである[20]。こうして学問の細分化と結びついた活動や孤立したプロジェクトを退け、学際的に統合された多様なアプローチを用いて、科学、哲学、文学などを広範に動員し理想的な国家や国際社会の構想を編成しようとするのである。

　ローティがデューイから継承した以上のようなスタンスは、分析哲学の動向と関連づけることによって、その意義が一層明らかになる。論理実証主義の流れを汲む論理経験主義は、第二次世界大戦後も英米を中心に大きな影響力を保持し続け、プラグマティズムにおける論理的な曖昧さを厳しく批判して、事実と価値の間の鋭いカント的区別を維持しつつ、科学を形而上学やイデオロギーあるいは宗教などから峻別すべきことを強く主張したのであった。この論理経験主義がフレーゲ（F. L. G. Frege）とラッセル（B. A. W. Russell）の

第3章　デューイとローティ　159

哲学を援用することによって、カント以来の伝統的な一連の区別（事実と価値の区別、理性と感性の区別など）を言語論化したのである[21]。それに対して、クワイン（W. V. O. Quine）は「言語」を鍵概念としながらも、論理経験主義が言語論的に保守しようとしたカント的区別の解消を図ったのであった。このクワインに先導された分析哲学が、デューイのプラグマティズムを再評価することになったのは、前述したようにデューイがカント的区別を乗り越える立場を示していることと深く関わっている。ローティは、こうしたクワイン以後の分析哲学の動向に強い関心を寄せ、デューイがカント的区別を根本から曖昧にしている点を高く評価するのである。クワイン的な分析哲学が政治や歴史あるいは文学からは距離を置く態度を保持しようとしたのに対して、ローティは、デューイのプラグマティズムにならって、カルナップ流に設定された哲学の境界線を軽々と踏み越え、政治や社会制度についても積極的に発言するに至ったのである。

　こうしたデューイとローティに共通するスタンスは、現代において学問領域や文化領域の間の啓蒙主義的な区分に対する敬意が徐々に減少していると主張するポストモダニズムの見解とも共通している。ローティによれば、これらの区分を破壊する過程は、実はヘーゲルに始まりデューイにおいてきわめて適切に完遂したのであり、一般的にポストモダン的アプローチは、ヘーゲル以来、絶え間なく続いてきた「哲学の歴史化」に関する最新の動向以上のものではありえないのである[22]。ローティは、デューイの脱カント的なプラグマティズムを取り入れることで、論理経験主義的な伝統に根ざした分析哲学をはるかに踏み越え、ポストモダニズムとも合致するようになったのである。

　以上から、デューイとローティは、事実と価値の区別にこだわらず、また科学の論理と社会的実践の価値あるいは芸術における審美との間に方法論的な相違を設定せず、さらに科学と宗教との間、科学と文学との間、諸々の学問や芸術と社会変革との間を自由自在に行き来することを可能にする点で共通しているのである。

5 改良主義的リベラリズム

　第5の共通点は、リベラルな民主主義社会を構築するプロジェクトに賛同し、望ましい未来に向けて社会制度を漸進的に改良していこうとする立場である。デューイは、具体的な文化や社会を歴史の中で形作られてきた暫定的かつ可謬的なものであると捉え、将来の様々な可能性に開かれていることを見据えて、その社会制度を改良する可能性と必要性を強調している。ローティは、こうしたデューイの見解を支持し、「社会制度とは、普遍的・非歴史的秩序を具現化する試みではなく、協働で行う実験である」[23]と考えて改良主義の立場を支持する。ローティにとって、社会制度の構築とは、まさにデューイのいうように、人々が社会的・政治的領域における協働探究を通じて望ましいリベラルな民主的社会を築き上げていく実験的プロジェクトにほかならないのである。

　こうした見地から、ローティは、ポストモダンの哲学者たちが伝統的な通念や社会制度を脱構築したり社会的実践の内的矛盾を批判したりするにとどまって、それらを再構築しようと試みない点を批判している[24]。というのも、具体的な代替案や新たなユートピア像を構想できなければ、時代にそぐわない通念や社会制度を脱構築したり批判したりしてみても有益ではないからである。それゆえ、ローティはより望ましい社会を漸進的に改良し再構築することを志向し続けたデューイに賛同するのである。デューイのプラグマティズムは、絶対的な哲学的基盤の探究を放棄することで満足するのではなく、多種多様な生活様式や世界観を視野に取り込んだ上で、より自由で民主的なアメリカ社会を実現するためのビジョンを提供してくれるのである。こうしたデューイにならって、ローティは哲学をプラグマティズム化することで、アメリカを未来に依拠する希望の国にすることを提唱するのである。このようにデューイとローティは、アメリカの正統的な改良主義的リベラリズムの立場にたって、政治的、社会的、文化的な多様性を重視してリベラルな民主主義社会の構築を目指す点で軌を一にしているのである。

　こうしたデューイとローティに共通する改良主義的リベラリズムの立場は、

アメリカ社会の思想的背景にあるキリスト教文化と関連づけられることもある。たしかに前期デューイはキリスト教（ピューリタニズム）の教会活動に熱心に参加し、キリスト教を哲学的に擁護するために新ヘーゲル主義や生理学的心理学を活用していた面もあるし、中期のデューイもプラグマティスト（実験主義者）の立場でキリスト教的な隣人愛や寛容の精神を重視していたし、後期でも『誰でもの信仰』(1934年）でいう「宗教的なもの」[25]を尊重し続けたとみることができる。こうした点から、ローティも、デューイのプラグマティズムをキリスト教の隣人愛や寛容の精神と関連したリベラリズムの伝統と結びつけている[26]。ローティ自身は無信仰であるが、それでもキリスト教が歴史上において残虐や苦痛や屈辱を減少させるために寄与してきた功績を好意的に評価している。こうした点から見れば、デューイとローティに共通するリベラリズムは、たしかにキリスト教文化の伝統と関連しているともいえる。

　もちろん、デューイは、こうしたリベラルなキリスト教文化を楽観的に支持しているわけではなく、プラグマティズムの立場から歴史的・社会的・文化的・政治的・経済的な諸問題を総合的に見据えて、現実的な社会変革を漸進的に行おうとしているのである。同様に、ローティもキリスト教文化における隣人愛や寛容の精神を評価しつつも、それだけで社会変革が十分であるとは考えず、マルクス主義にみられるように歴史の根本的な規定要因を経済に見出す必要性も認めている[27]。こうしたローティの政治的立場は、デューイの場合と同様に、たしかにリベラルなキリスト教文化における隣人愛や寛容の精神とも連なるが、それと同時に、人間社会における非道な行為を糾弾して社会を変革しようとする希望を抱く点では、マルクス主義の願望にも連なるところもある。このように、ローティから見れば、キリスト教的な隣人愛とマルクス主義の革命思想は、苦痛や残酷を減少させ、社会的弱者を救済し、より自由で平等な民主主義社会を構築しようと志向している点では共通しているのである[28]。

　ただし、ローティはマルクス主義に一応の理解を示しながらも、実際の政

治の舞台においてはすでに社会主義や共産主義には見切りをつけ、デューイ流の社会民主主義を支持している。ローティはこの社会民主主義を「福祉国家的資本主義が望みうる最善のかたち」[29]と考え、自らの政治的立場を「典型的な民主党左派」[30]として位置づけている。この社会民主主義の立場では、テクノロジーと民主主義制度とが幸運にも歩調を合わせることで、平等を促進し苦痛や屈辱を減らしていけると考える[31]。このようにローティは、デューイにならって、現行のアメリカ社会の弊害や矛盾を認めながらも、それを解決するためには社会変革をマルクス主義者のように全体的な革命主義によって急進的に牽引するべきではなく、必要に応じて部分的な改良主義によって漸進的に推進するべきであると考えるのである。デューイとローティは、アメリカについては感傷的なまでに愛国者であり、アメリカを今でも改良可能な国と捉え、その将来についても慎重ながらもリベラルな希望を抱いているという点でも共通している。

　こうしたデューイとローティに共通する改良主義的リベラリズムの立場は、第1章第3節7でも指摘したように、全体的な社会変革にこだわるマルクス主義やフーコーやデリダに代表されるポストモダニズムのラディカルな立場とは決定的に異なることになる。デューイやローティに共通するリベラリズムは、実際に問題状況に陥ったときにその解決を可能にする言葉を用いて再記述を施して、わずかでも改良の歩みを進める方途を選択し、われわれの仲間である人間同士の自由な同意に達しようとする。こうした改良主義的リベラリズムの立場は、第1章第3節8で取り上げた分類でいえば、ニーチェやフーコーに代表される「私的哲学者」よりも、ロールズやハーバーマスに代表される「公共的哲学者」に近いといえよう。ローティは、社会的文化的制約が何もないところではニーチェのように私的な自己創造に没頭することなどできないと考え、デューイやロールズのように歴史的な社会的文化的背景をふまえてリベラルな社会を構築する中で人間の連帯を目指そうとするのである。

　こうした視点から、ローティはデューイの立場を後期ロールズに見られる

「歴史化したリベラリズム」[32]と関連づけている。ロールズは、形而上学によって基礎づけられた脱歴史化したリベラリズムを放棄して、イデオロギーを相対化した上で、相互の主張や立場を寛容に認め合う「政治的リベラリズム」を提唱している[33]。このリベラリズムは、「歴史主義的で反普遍主義的な啓蒙主義」を是とすることで、弱者救済や機会均等などの民主主義的理念を正当化し、寛容で民主的な社会を実現しようと試みるのであるが、その根底には「もはや未開の残酷で苦痛に満ちた社会には戻りたくない」という強い願望がある。こうしたリベラリズムを支持するローティは、苦痛の除去や残虐性の回避を志向して「われわれ」の枠を広げることに進歩を見出すのであり、逆にこの進歩こそが人間同士のより大きな連帯を可能にするとも考えるのである。

　ただ、こうしたデューイ、ロールズ、ローティに共通した「歴史化したリベラリズム」は、同じく公共的哲学者であるハーバーマスの見解とは一致しない。というのも、ハーバーマスによれば、啓蒙主義によって育てられた社会的希望は、哲学と文化の完全な歴史化を受け入れたならば消失してしまうと考えるからである。ハーバーマスは、フーコーの反普遍主義でさえ「強者に対抗して弱者を救済するプロジェクト」にとって危険なものと考えている。それに対して、ローティはこのハーバーマスの見解に対して反論し、「デューイ的なリベラリズムは、完全に歴史化された哲学がこのプロジェクトを助けることができる方法の一例である」[34]という。このようにデューイとローティに共通する「歴史化されたリベラリズム」は、狭義に哲学的な理由でいえばフーコーの反普遍主義とそれほど違いはないのだが、それでも双方に決定的な相違が生ずるのは、デューイとローティに共通するリベラリズムには社会的希望が含まれているのに対して、フーコーの反普遍主義にはそれが見出されないことにあるといえるだろう。

註

1) Richard Rorty, *Philosophy and Social Hope*, Penguin Books, 1999, p. 72.（須藤訓任・渡辺啓真訳『リベラル・ユートピアという希望』岩波書店、2002 年、154 頁）また、進化論に関しては次の箇所も参照のこと。*Ibid.*, p. xxiii.（邦訳、23 頁）
2) John Dewey, *Human Nature and Conduct, The Middle Works of John Dewey*, Jo Ann Boydston(ed.), Southern Illinois University Press, Vol. 14.　John Dewey with Arthur F. Bentley, *Knowing and the Known, The Later Works of John Dewey*, Jo Ann Boydston(ed.), Southern Illinois University Press, Vol. 16.
3) Rorty, *Philosophy and Social Hope*, p.65.（邦訳、143-144 頁）
4) Richard Rorty, *Objectivity, Relativism and Truth*, Philosophical Papers Vol. 1, Cambridge University Press, 1991, p. 65.
5) Rorty, *Philosophy and Social Hope*, p. xxv.（邦訳、27 頁）
6) Richard Rorty, *Contingency, Irony, and Solidarity*, Cambridge University Press, 1989, p. 10.（齋藤純一・山岡龍一・大川正彦訳『偶然性・アイロニー・連帯―リベラル・ユートピアの可能性―』岩波書店、2000 年、26 頁）Rorty, *Objectivity, Relativism and Truth*, p. 192.（冨田恭彦訳『連帯と自由の哲学』岩波書店、1988 年、192 頁）
7) Richard Rorty, *Contingency, Irony, and Solidarity*, p. 80.（邦訳、166 頁）
8) John Dewey, "Does Reality Possess Practical Character?," *The Middle Works of John Dewey*, Jo Ann Boydston(ed.), Southern Illinois University Press, Vol. 4, p. 142.
9) Rorty, *Objectivity, Relativism and Truth*, p. 68.
10) Richard Rorty, *Consequences of Pragmatism: Essays: 1972-1980*, University of Minnesota Press, 1982, p. xl.（室井尚他訳『哲学の脱構築―プラグマティズムの帰結』御茶の水書房、1985 年、57 頁）
11) Rorty, *Contingency, Irony, and Solidarity*, p. 84.（邦訳、173 頁）
12) Rorty, "Education, Socialization, and Individuation," *Liberal Education*, Vol. 75, No. 4, 1989, p. 5.
13) *Ibid.*
14) John Dewey, "The Development of American Pragmatism," *The Later Works of John Dewey*, Jo Ann Boydston(ed.), Southern Illinois University Press, Vol. 2, p. 19.
15) 魚津郁夫氏が指摘するように、後期デューイも論理学の分野ではパース流の真理対応説（問題解決を目指して探究するすべての人が究極的において同意するものを真理とみる説）を保持していたとみることもできる。魚津郁夫「現

代アメリカ思想をめぐって―リチャード・ローティー批判―」、『日本デューイ学会紀要』第44号、2003年、176-177頁。なお、パース、ジェイムズ、デューイの間では、それぞれ微妙に真理観が異なることを特に指摘しておきたい。たとえば、パースが真理を理想的な条件のもとで信じられることと考えたのに対して、ジェイムズは真理を「われわれにとって信じたほうが良いもの」であると考えたのは、その一例である。

16) Rorty, *Philosophy and Social Hope*, p. 37.（邦訳、100頁）
17) *Ibid.*, p. 32.（邦訳、91-92頁）
18) Rorty, *Consequences of Pragmatism*, p. 203.（邦訳、437頁）
19) *Ibid.*
20) Rorty, *Objectivity, Relativism and Truth*, p. 76.
21) デューイの継承者でもあるS.フックは、プラグマティズムにおける科学的方法を重視する立場から、プラグマティズムと論理経験主義の対立を調停しようとした。しかし、このフックの試みは事実と価値の境界線を曖昧にするというプラグマティズムの柔軟さをそいでしまうことにもなった。
22) Richard Rorty, "The Dangers of Over-Philosophication," *Educational Theory*, Vol. 40, No. 1, 1990, p. 43. この点に関しては以下の文献も参照のこと。Rorty, *Consequences of Pragmatism*, p. 165.（邦訳、365頁） R. ローティ「超越論的論証・自己関係・プラグマティズム」、竹市明弘編訳『超越論哲学と分析哲学』産業図書、1992年、35頁参照。Cf. Richard Rorty, "Introduction," *The Later Works of John Dewey*, Jo Ann Boydston (ed.), Southern Illinois University Press, Vol. 8, p. x.
23) Rorty, *Objectivity, Relativism and Truth*, p. 196.
24) *Ibid.*, p. 16.
25) John Dewey, *A Common Faith, The Later Works of John Dewey*, Jo Ann Boydston (ed.), Southern Illinois University Press, Vol. 9, p. 16.（岸本英夫訳『誰でもの信仰』春秋社、1951年、38頁）
26) R. ローティ著、須藤訓任訳「宗教と科学は敵対するものなのか？」、『思想』第909号、2000年、19頁参照。Cf. John Dewey, "Christianity and Democracy," *The Early Works of John Dewey*, Jo Ann Boydston (ed.), Southern Illinois University Press, Vol. 4, pp. 3-10. Dewey, *A Common Faith*, p. 9.
27) Rorty, *Philosophy and Social Hope*, p. 227.（邦訳、280頁） なお、ここでローティは the soul of history is economic と記しているが、特に soul という語を用いているのは意味深長であると思われる。
28) Rorty, *Contingency, Irony, and Solidarity*, p. 60.（邦訳、128頁）
29) Rorty, *Philosophy and Social Hope*, p. 17.（邦訳、69頁）
30) *Ibid.*, p. 17.（邦訳、68頁）

31) Richard Rorty, *Achieving Our Country Leftist Thought in Twentieth-Century America*, Harvard University Press, 1998, p. 43.（小澤照彦訳『アメリカ未完のプロジェクト—20世紀アメリカにおける左翼思想—』晃洋書房、2000年、45頁）

32) Richard Rorty, "The Priority of Democracy to Philosophy," in *Objectivity, Relativism and Truth*, Philosophical Papers Vol. 1, Cambridge University Press, 1991, p. 177.（冨田恭彦訳『連帯と自由の哲学』岩波書店、1988年、180頁）ロールズは『正義論』（1971年）等でカント哲学に基づいて、普遍的な正義を善に対して優先させた義務論的リベラリズムを提唱したが、後にヘーゲル流の歴史主義に接近して文化的相対性を重視した政治的リベラリズムを提唱している。ローティは、歴史主義を取り入れた後期ロールズの政治理論に賛同し、リベラルな民主主義社会を歴史的状況や民衆による暗黙の支持によって正統化することを重視している。*Cf.* John Rawls, "Justice as Fairness: Political not Metaphysical," *Philosophy and Public Affairs*, XIV, 1985, p. 225. John Rawls, *Political liberalism*, Columbia University Press, 1993.

33) John Rawls, "Kantian Constructivism in Moral Theory," *Journal of Philosophy*, LXXVII, 1980, p. 542.　*Cf.* Richard Rorty, "Solidarity or Objectivity?," J. Rajchman and C. West（eds.）, *Post-Analytic Philosophy*, Columbia University Press, 1985, p. 11.

34) Richard Rorty, "The Dangers of Over-Philosophication," *Educational Theory*, Vol. 40, No. 1, 1990, p. 44.

第2節　プラグマティズムにおける相違点

　ローティは、デューイのプラグマティズムを現代の社会状況や思想的文脈において解釈し直し再評価してその今日的意義を見出しているのだが、デューイのプラグマティズムを全面的に受け入れているわけではない。そのため、仔細に検討すると両者には相違する点も少なからず指摘できる。そこで本節では、これまでの検討をふまえて両者の思想的な相違点を整理し、両者の関係をあらためて検討してみたい。

　デューイとローティの思想的相違は、大別して以下の4点が認められる。第1は、デューイが経験主義に立脚して経験や意識に焦点を当てているのに

対して、ローティは言語論に立脚して言語に焦点を当てている点である。第2は、デューイが特に科学的方法を尊重するのに対して、ローティはもっぱら解釈学的手法や会話を重視する点である。第3は、デューイが私的なものと公共的なものとの連続性を説くのに対して、ローティは私的なものと公共的なものとの断絶を説く点である。第4は、デューイとローティでは感情、知性、想像力に関する重点の置き方が異なる点である。以下に、これら4つの相違点を順次取り上げることにしたい。

1　経験主義と言語哲学

まず第1の相違点は、デューイが独自の経験主義に沿って「経験」や「意識」を鍵概念としているのに対して、ローティは言語哲学との関わりが深かったこともあって「言語」を鍵概念として重視している点である[1]。デューイは初期からロック（J. Locke）以降のイギリス経験論における「経験」や「意識」の問題を追究しており、特に「経験」の概念を自らのプラグマティズムの中核部分に置いている。それに対して、ローティは言語哲学の立場から何よりも「言語」の問題を自らのネオ・プラグマティズムの中核部分に据えている。この点では、ローティは経験主義を否定しているというよりは、クワインと同様に、経験主義の適用領域を「観念」や「意識」から「言語」へと移行させたということもできるだろう。

デューイは生物学的進化論の見地から、人間を有機体として捉え、人間と環境との相互作用に即した経験の概念を提示し、それを核としてプラグマティズムを展開している。それに対して、ローティは言語的媒介を最大限に重視することでネオ・プラグマティズムを展開しようとするのである。もちろん第3章第1節1で指摘したように、デューイも言語を社会的相互作用の一様式と考え、探究によって「保証された言明可能性」を経験知として広く共有することを重視しているが、ローティはその路線を言語哲学の見地からさらに徹底することで、言語的行為に基づく社会的実践の発達に注目したのである。ローティが時折、「経験」や「意識」について言及することがあるとし

ても、それはこれらの概念が形而上学との結びつきが強すぎて、自らのネオ・プラグマティズムにはそぐわないことを明らかにするためである。

ローティがこうした言語的媒介を最大限に重視する観点から、後期デューイの自然主義的形而上学に対して批判的であるのは当然だろう。ローティによれば、後期デューイは、「認識よりも感情を強調する一般化や類推を行って認識論的問題を解決しようとした」[2]のであって、その結果として誕生した自然主義的形而上学は、前期に強い影響を受けたヘーゲルやT. H. グリーン（T. H. Green）の観念論を部分的に復活させたものであり[3]、「経験的自我と物質的世界との関係を解決するために、その両方を産出する超越論的自我を再び持ち出した」[4]ということになる。

このようにデューイがプラグマティズムの中でも経験主義的側面を一貫して支持するのに対して、ローティはプラグマティズムに言語論的転回を施すことで、両者の見解には大きな相違点が生ずることになる。この相違点が後述する方法論の違いや、私的なものと公共的なものとの捉え方の違いともなって繰り返し現れてくることになる。

2　科学的方法と解釈学

第2の相違点は、デューイが科学的方法あるいは科学的態度を重視するのに対して、ローティは科学的方法に特別な地位を一切認めないという点に見出される。より正確にいうと、20世紀初頭における中期デューイは実験主義の見地からジェイムズ流のプラグマティズムを再構築し、科学的方法を尊重した上で合理的で民主的な協働探究を推進して合意を形成しようとしているのに対して、ローティは解釈学的な見地から徹底的に探究方法へのこだわりを取り除き、会話に伴う制約以外には何ら制約を認めないネオ・プラグマティズムを提唱するのである。ここでは、デューイの実験主義的プラグマティズムとローティの解釈学的プラグマティズムに決定的な相違が生じているのである。

デューイは、哲学上の問題を扱うためのアプローチとして積極的に科学的

方法を尊重する発想にたって哲学の再構成を図っている。つまり、デューイは、不毛で抽象的な形而上学の探求方法を廃棄し、科学的方法を導入することによって哲学を実験主義の立場から再構築し、人間の日常的な社会的諸問題の実践的な解決手段として再構成しようとしたのである。デューイにとって、哲学の役割は、真・善・美の本質や普遍的真理を探究するといったことにではなく、実験主義の立場から実際の個人的問題や社会的問題に対する解決策を探究することにあるのである。

それに対して、ローティは、伝統的な形而上学に特有のモチーフである絶対的真理の探究に対して徹底した懐疑的な態度を貫くところまではデューイと共通しているが、そこからさらに解釈学的見地から科学的方法をも棄却するためにデューイとは異なってくる。解釈学の見地では、いかなる方法を用いたところで、絶対的真理という「虚無点 (foci imaginarii)」(たとえば、本有的特性、人間性、純粋芸術という虚無点)へ漸進的に近づくことは決してできないと考える。こうしたローティの解釈学的プラグマティズムにおいては、探究の唯一正しい方法などないのであり、探究によって真理にどれほど近づいたかを知る方法さえないのである5)。ローティは「方法」と「解釈学」を対立する概念とみているため、彼の「方法なきプラグマティズム」は「解釈学的プラグマティズム」を意味するとみてよいだろう。つまり、ローティは中期デューイとは対照的に、科学的方法を最善の探究方法とはみなさず、およそ探究方法というものを要請しない解釈学的プラグマティズムを新たに構想しているのである。

科学的方法を重視する中期デューイの思想的傾向は、パースのプラグマティズムと重なり合っていると見るべきだろう。中期デューイはパースの見解を取り入れて、協働探究が理想的条件のもとで到達するであろう結論を真理と同一視した。しかし、これに対して後期デューイはジェイムズを再評価するに及んで、科学的方法を特権化する方針を採らなくなり、むしろ信念の正当化に関して知性だけではなく想像力や情緒の働きにも注目するようになっていったのである6)。ローティは、こうした後期デューイと同様に、真理の探

究ではなくて、信念のよりよい正当化のあり方に関心を寄せている。ローティのネオ・プラグマティズムは、普遍的絶対的な真理の獲得を目指す形而上学の有効性を疑うだけでなく、クーン流に科学的方法に対しても懐疑的な態度を隠さず、およそ探究に関してはただ絶えざる会話のみを求めるのである。このようにローティのネオ・プラグマティズムは、形而上学や科学的方法を用いることで、多様な見解を収斂させて合意形成を図ろうとはせず、多様な見解をもつ個々人が自由に会話を続けることを通じて、強制のない寛容な連帯を実現しようとするのである。ローティによれば、「われわれ自身の仲間から文化を継承し、彼らと会話することが、われわれにとって唯一の導きの手がかりとなる」[7]のである。そこで求められるのは、仲間の探究者と共に具体的な選択肢がもつ相対的な魅力について語り合うことなのである。

このようにデューイとローティは、理性を重視した形而上学を棄却する点では共通しているが、中期デューイがその代わりに社会的知性を重視した科学的方法を取り入れたのに対して、ローティは解釈学的な見地から偶然性や多元性をはらんだ会話を重視するのである。方法崇拝の伝統と決別しようとするこうしたローティのスタンスは、パース流の方法論を部分的に保持しているデューイのプラグマティズムとは明らかに別物であり、新たに解釈学的プラグマティズムの構築を目指すものであるといえる。

3　私的領域と公共的領域

第3の相違点は、デューイが一貫して私的領域と公共的領域の連続性を重視しているのに対して、ローティは私的領域と公共的領域を画然と分けて、両者を相互に非連続的な別個のものとして取り扱っている点である。

デューイによれば、公共的領域における社会的な協働探究やコミュニケーションを通して私的領域における個人的な自己実現が促されるのであって、個人の情緒や利害に関わる私的な要因も、社会全体の公共的福祉に関わる要因と連続的に捉えられる。つまり、デューイは個人の自己実現に関して私的領域と公共的領域を明確に区別する考えを採らず、私的領域と公共的領域と

の二項対立の図式を退けるのである。

　それに対して、ローティは私的領域における自己創造と公共的領域における人間同士の連帯との間に必然的な連関を想定することを形而上学的な迷妄として退け、私的領域と公共的領域とを連続させようとする一切の試みに反対する。言い換えると、自己創造の言語が属する私的領域と社会的正義の言語が属する公共的領域を区別し、自己創造と社会的正義を統合する形而上学的試みを脱構築するのである。ローティによれば、人間は私的領域で生活する限りでは、自己創造を目標として行動する自由をもつのであり、他方、公共的領域で生活する限りでは、残酷さを避けたり他者の痛みを和らげたりすることで社会的正義を目指す義務を負うのであり[8]、その両者を繋ぐ必然的な連関はないのである。公共的領域において他者に害を及ぼしたり資源を不公正な形で独占したりしない限り、人間は私的領域ではまったく自由なのであり、自己中心的であることさえ許容されるとローティは結論づけるのである。このように私的領域と公共的領域を区別するローティの立場は、デューイの自然主義的形而上学を批判することにも繋がることになるのである。

　私的なものと公共的なものを画然と分離してしまうローティの立場は、私的なものと公共的なものを融合しようとするデューイの立場とは根本的に相容れないことは明らかである。こうしたローティの立場は、個人の意志や自己創造を重視するニーチェ哲学の流れを汲むハイデガーの実存哲学あるいはデリダやフーコーのポスト構造主義に連なるといえる[9]。ローティによれば、「私的なものと公共的なものとを結び付けようとする試みを諦める勇気をもつこと、私的自律性の探求と公共的な調和および利益の実現とを両立させようとする企てを止める勇気をもつこと」[10]が肝心なのである。

　このように言語哲学の見地を取り入れることでローティは、デューイが見出していた感性と知性を融合し、個人の自己実現と社会的連帯を統合する契機を失ってしまったかに見える。とはいえ、ローティは、私的領域における個人の自己創造を一方的に重視するあまり、公共的領域における社会的連帯を軽視する「プラグマティズムのニーチェ版」[11]を推奨しようとするわけで

はない。ローティは、私的なものと公共的なものとの統一を図ろうとする形而上学的な理論の構築を放棄し、個人の自己創造の欲求と社会的連帯の欲求とが永遠に共約不可能なものであると考えながらも、他者に対する共感的理解や文学的な直観的理解を重視することで、プライベートな自己創造の多様性や差異性に寛容になれるリベラルで民主的な連帯の契機を保持しているのである。

4　知性、情緒、想像力

　第4の相違点として、デューイのプラグマティズムとローティのネオ・プラグマティズムにおける知性、情緒、想像力の役割について触れることにしたい。この点についてはデューイとローティにおいて共通点と相違点とが相半ばしているため、その比較検討が複雑で困難になる。そこで、ここでも便宜的にデューイとローティの思想を時期的に区分してから両者の比較検討を行うことにしたい。

　まず前期デューイは、新ヘーゲル主義やジェイムズの経験主義から影響を受けて、知性、情緒、想像力を相互に厳密に区別しているわけではない。これに対して、中期デューイはパース流に科学的方法を尊重するため、知性と情緒や想像力とを区別した上で、もっぱら社会的知性による反省的思考を重視している。そして後期デューイは、再びジェイムズを再評価することで知性、情緒、想像力の区別を曖昧にして、「情熱的知性」や「創造的知性」のように相互の要素を融合する方針を採るに至った[12]。後期デューイが、人間と環境との間に統一的なまとまりをもつ状況が創り出されうるのは、知性、情緒、想像力の働きが総合的に働くからであると考えている点は注目に値する。このように知性、情緒、想像力を画然と区別しない後期デューイは、多様な意見交流による協働探究を通して「保証された言明可能性」を追求しようとするスタンスとも対応している[13]。

　一方、ローティの場合は、初期の『言語論的転回』(1967年)ではウィトゲンシュタインやデイヴィドソン (Donald Davidson) の影響を受けて哲学の言

語論的転回を重視し、プラグマティズムの言語論的側面を強調している。そこでは、まず言語使用者と非言語使用者を区別し、言語と非言語に対応させて認識と感情を峻別し、プラグマティズムの適用範囲を言語使用者の認識に限定している。その後、『哲学と自然の鏡』(1979年)や『プラグマティズムの帰結』(1982年)では哲学の解釈学的転回を重視してネオ・プラグマティズムを構築するに至る。さらに、晩年の『偶然性、アイロニー、連帯』(1989年)や『リベラル・ユートピアという希望』(1999年)においては、哲学のテーマを認識論の領域から政治論の領域へと移行させ、リベラルな連帯のためには知性による認識にも増して、情緒や想像力による他者への共感がきわめて重要な働きをすることを強調している。こうした点で晩年のローティは、知性、情緒、想像力の総合的かつ融合的な働きを重視する点で後期デューイに接近していったといえるだろう[14]。

　晩年のローティは、パース流に協働探究における知性の働きを重視した中期デューイの考えには同意していないが、ジェイムズ流に想像力や情緒の働きを重視して、相互の共感や社会的想像力によって人類の連帯の可能性を模索する後期デューイの考えには共鳴しているといえる。後期デューイが宗教論や芸術論において、知性よりも想像力を重視し、「想像力がよきものにとっての主要な道具」であり、特に「芸術は道徳性以上に道徳的である」と主張していることにローティは大いに賛同している[15]。つまり、晩年のローティのネオ・プラグマティズムは、パースや中期デューイのプラグマティズムが主張するように知性による合意形成によって議論を収束させるのではなく、歴史的社会的な文脈をふまえた会話の継続を望むのであり、ジェイムズや後期デューイのプラグマティズムにみられるように情緒や想像力の働きによって見解を多様に拡散させる中で、自己と社会の新たな物語を創造することを重視するのである。

　以上から、デューイとローティは共に生涯の後半以降において、リベラルな民主主義社会の実現を目指して、知性の働きだけでなく想像力や情緒の働きをも全般的に重視するようになったといえるだろう。哲学が抽象的観念の

世界に閉じこもらず、人々の社会的知性や想像力に働きかけて実践的なエンパワーメントと社会的ビジョンを提供すべきであるとデューイが考えたように、ローティもまた、詩的想像力が世界を変革するように人々を促し、他者と想像的に同一化する技量によって人間同士の連帯が可能になると考え、他者の苦痛や苦悩に対する想像力や感受性を高めることによって他者性や差異性を認め合う人間同士の連帯を目指そうとしたのであった。

　最後に、デューイとローティが想像力を重視する点について理解を深めるために、ハーバーマスのコミュニケーション的理性との比較検討も付け加えておきたい。ハーバーマスは、コミュニケーションのプロセスが収斂するものであり、そのような収斂こそコミュニケーションがもつ合理性を保証するものであると確信している。つまり、ハーバーマスは主観中心的理性をコミュニケーション的理性に転換するのである。こうした考え方は、普遍的な妥当性を追求することで、「虚無点」（たとえば、絶対的真理や本有的特性）へ漸進的に接近するという、パース流の「進歩の物語」を有している[16]。こうした見解を（中期のデューイはともかく）後期デューイやローティは賛同しない。なぜなら、ローティによれば、ハーバーマスのいう「コミュニケーション的理性」によって探究を行い、統一性、確実性、普遍性、公共性を追求し、合理的な合意形成を達成しようとする試みは、新たな認識論を創り出すことになり、間主観的な価値を基礎づけることで、結果的には従来の形而上学者と同様に、合理主義に基づく「力と強制」によって合意形成することを正当化してしまうおそれがあるからである[17]。この点でハーバーマスはまだ理性を重視した啓蒙思想に関連したモダニズム的特質を少なからず残しているのであり、デューイとローティは、こうしたコミュニケーション的理性によって多様な見解を収斂させ社会的希望を認識論的に基礎づけようとはせず、想像力の働きによって現実的かつ建設的な希望を抱きながら自由で開かれた議論を続け、協働して納得のいく政治のシナリオを物語ろうとするのである。

註

1) Richard Rorty, *Philosophy and Social Hope*, Penguin Books, 1999, p. 35.（須藤訓任・渡辺啓真訳『リベラル・ユートピアという希望』岩波書店、2002年、97-98頁）この論点に関しては、パースのプラグマティズムは論理学に徹しており経験主義には深く関連しないため除外されている。
2) Richard Rorty, *Consequences of Pragmatism: Essays: 1972-1980*, University of Minnesota Press, 1982, p. 214.（室井尚他訳『哲学の脱構築―プラグマティズムの帰結』御茶の水書房、1985年、455頁）
3) *Ibid.*, p. 79.（邦訳、210頁）
4) *Ibid.*, pp. 81-85.（邦訳、213-219頁）
5) *Ibid.*, p. 166.（邦訳、368頁）渡辺幹雄『リチャード・ローティ―ポストモダンの魔術師―』春秋社、1999年、174-181頁参照。松下良平氏は、こうしたローティ流の新しいプラグマティズムを「プラグマティズム的―解釈学的なアプローチ」として考察している。松下良平『道徳の伝達―モダンとポストモダンを超えて―』日本図書センター、2004年、37頁および506頁参照。
6) ジェイムズは、パースや中期デューイほど科学的方法に対して強いこだわりを見せないが、それでも「プラグマティックな方法」は重視している。ただ、ジェイムズにとっての「プラグマティックな方法」とは、「理論上の違いといわれているものが、実際に何らかの違いをもたらすか」という論点を強調するものであって、何か1つの方法を採用するというものではない。
7) Rorty, *Consequences of Pragmatism*, p. 165.（邦訳、368頁）
8) Richard Rorty, *Contingency, Irony, and Solidarity*, Cambridge University Press, 1989, p. xiv.（齋藤純一・山岡龍一・大川正彦訳『偶然性・アイロニー・連帯―リベラル・ユートピアの可能性―』岩波書店、2000年、3頁）
9) Rorty, *Philosophy and Social Hope*, p. 149.（邦訳、187頁）この点では、ジェイムズとローティの共通性を指摘することも可能である。G. Cotkin, "William James and Richard Rorty," R. Hollinger and D. Depew (eds.), *Pragmatism, From Progressivism to Postmodernism*, Praeger, 1995, p. 38.
10) Rorty, *Contingency, Irony, and Solidarity*, p. 125.（邦訳、256頁）
11) Richard Rorty, "Introduction: Pragmatism and Post-Nietzschean Philosophy," in *Essays on Heidegger and Others*, Philosophical Papers Vol. 2, Cambridge University Press, 1991, p. 2.
12) John Dewey, *A Common Faith, The Later Works of John Dewey*, Jo Ann Boydston (ed.), Southern Illinois University Press, Vol. 9, p. 52.（岸本英夫訳『誰でもの信仰』春秋社、1951年、122頁）なお、パースは、カントと同様に、知性と情緒、認知的なものと非認知的なもの、信念と欲求を峻別し、知性の認識能力に信頼を寄せて信念の明確化を一貫して重視する。それに対して、ジェ

イムズは、知性と感情の区別、さらには認知的なものと非認知的なもの、信念と欲求の区別を曖昧にすることで二元論を克服しようと試みた。
13) Richard Rorty, "Dewey between Hegel & Darwin," *Rorty & Pragmatism*, Herman J. Saatkamp (ed.), Vanderbilt University Press, 1995, p. 7.
14) Rorty, *Philosophy and Social Hope*, p.153.（邦訳、193頁）
15) Rorty, *Contingency, Irony, and Solidarity*, p.69.（邦訳、142頁）
16) *Ibid.*, p.67.（邦訳、140頁）
17) Richard Rorty, "The Dangers of Over-Philosophication," *Education Theory*, Vol. 40, No. 1, 1990, p. 44.

第3節　教育論における共通点

　ローティは、デューイのプラグマティズムだけではなく教育論をも高く評価し、「私は教育論に関しても自分自身をデューイの相当に忠実な信奉者であると考えている」1)と表明している。そこで本節ではまず、デューイとローティの教育論における共通点として、形而上学に基づく教育思想への批判的態度、子どもの成長や民主主義の発展を教育の目的に据えること、知性だけでなく感情や想像力の教育を重視すること、進歩の物語を継承することの4点に着目して検討を加えたい。

1　形而上学の教育論に対する批判

　第1の共通点は、伝統的な形而上学に基づく教育論を根本的に批判するところに見出される。形而上学に基づく教育論とは、第1章第2節3で指摘したように、既成の知識を永遠の普遍的真理として絶対視し、その知識によって構成された学問体系を一定の教科カリキュラムに沿って教え込み、子どもを効率的に社会化しようとするところに特徴がある。こうした形而上学に基づく教育論に対抗して、デューイは、子どもが自らの内発的な興味や関心から主体的に共同作業や協働探究に参加し、それを通して獲得する知識を重視しており、こうした知識を道具として用いて様々な問題解決に従事すること

で、現在の経験をできるだけ豊かで意義あるものにすることを強調している。ローティも、こうしたデューイの教育論を全面的に評価し、教育の目的が真理を教え込んだり引き出したりすることに関連づける形而上学的発想を退け、既存の知識や価値観を検討したり再記述したりすることと関連づけている[2]。このように習得された知識内容を子どもが自ら吟味し積極的に活用して、問題解決に役立てることが重要であるとみている点で、たしかにデューイとローティは共通しているといえよう。

　こうした旧来の教育論を批判することは、プラグマティズムに根ざした新たな道徳教育論を構想することに道を拓くことになる。デューイは、既存の道徳的価値の理性的理解を前提として子どもを道徳の型にはめ込もうとする教育方針を批判して、子どもが実際の生活において生じた道徳上の問題を自ら解決する学習に根ざした教育方法を提唱している。デューイの見地から見れば、道徳をめぐる問題でさえも、実際の生活経験における問題の延長線上にあるものであり、そこでは不正と無分別あるいは悪と不都合とが区別しがたく一体化しているため、正と不正あるいは善と悪といった道徳的価値を実際の生活から切り離して子どもに教え込んだところで意味がないのである。こうしたデューイの考え方にならって、ローティもまた、道徳教育に必要なことは、教師が子どもに道徳的価値を一方的に教え込むことではなく、現実の社会的問題に取り組み、社会的弱者の苦しみや屈辱を共感的に感取し、それらの苦しみや屈辱を減らすための方策を構想し、自由や平等や寛容を拡張するために実践することであると考える[3]。

　さらに、デューイの教育論は、旧来の教育論や社会制度を批判するだけでなく、より望ましい社会を求めて協働探究するところに特徴がある。こうしたデューイの教育論は、バーンシュタインが指摘するように、時代にそぐわない硬直化した伝統的な社会規範や学校教育を批判するだけにとどまらず、子どもの成長や民主主義社会の発展を志向する建設的な代替案を提示しており、決して将来への希望を見失うことがないのである[4]。この点では、ローティの教育論でも、個性化のプロセスにおいて学生が自ら様々な社会問題に

取り組んで、教授と学生がソクラテス的対話を通して望ましい生活様式や社会制度を構想することを重視している。このようにローティの教育論が、共同体を拡張してより多くの人々と連帯するための教育実践を重視しているのは、まさにデューイ的な「社会的希望の精神」を継承しているからにほかならない。ローティは、ポストモダン的なラディカル左派の多くが社会制度や学校教育の現状を批判するだけの非建設的な主張に終始しているのに対して、デューイの教育論が今後の教育改革を推進するに当たって希望と光明を依然としてもたらしてくれる点を評価するのである。

このようにデューイとローティは、形而上学的な枠組みにおいて権威的な教師が従順な子どもの理性に一方的に働きかけて、既存の人間性の型に子どもをはめ込もうとするような教育方針を根本的に否定し、子どもの生活経験に即した現実的な問題解決を協働探究する中で、より豊かな自己実現（自己創造）やリベラルな民主主義社会の創造を目指そうとする点で共通しているのである。

2 教育の目的

第2の共通点は、教育の目的に関する基本的な考え方や態度に見出される。デューイは進化論から影響を受けて、人間は環境条件を変化させることによって徐々にそれ自身の変化を支配することができるようになったと捉え、成長そのものが道徳の目的であり、子どもの成長を保護し維持し導くことこそ教育の主要な理想であると主張する[5]。こうした見地から、デューイは、伝統的な学校教育が成長の基準や方向を既存の社会規範によって画一的に設定する点を批判し、教育の目的を子どもの外的要因ではなく「子どもの成長それ自体」とみなすことで、子どもの本来の潜在能力の開化を十分に保障しようとするのである。

もちろん、こうしたデューイの教育目的論については、これまでも左右両派から様々な批判が寄せられてきた。たとえば、保守的な右派は、デューイが「成長」という用語を曖昧にしか定義していないため、成長の判断基準を

明確に与えることができず、教育の方向づけや社会的な制限も十分にできず、ナチズムやマルクス主義に対抗できなくなると批判した。右派からすれば、明確な伝統的文化やコミュニティの価値観や社会規範を子どもに確実に伝達して社会化することこそが教育の目的なのである。一方、ラディカル左派は、デューイのいう教育の目的が曖昧であるため、社会システムの弊害や矛盾を有効に批判できず、現行社会に対して憤慨するための十分な燃料や急激な革命的変化の望みを提供できず、結果的には抑圧的な現行の社会体制を維持し強化する機能を果たすことになると批判した。左派からすると、何らかの革命的変化を引き起こして人間の解放をラディカルに目指すことこそが教育の目的なのである。

　こうした従来の教育論争をふまえた上で、ローティはデューイの見解を全面的に擁護し、教育の目的とは、右派のいう「伝統文化」や「コミュニティ」とか、左派のいう「革命」や「人間の解放」とかの外在的な要因ではなく、デューイのいう「子どもの成長そのもの」であると強調する[6]。ローティによれば、もし左右両派のように明確に教育の目的やその判断基準を設定してしまえば、すべての未来を現在の寸法に切り落としてしまうからである。「そのようなことを求めるのは、恐竜に対してよき哺乳類になるためにはどうしたらよいかと尋ねたり、4世紀のアテネ人たちに20世紀の産業民主主義社会の市民のための生活様式はどうあるべきかと尋ねたりするようなものである」[7]。それよりも、デューイのように成長それ自体を教育の目的として重視した方が、判断基準は曖昧でも実り豊かな結果を得られるとローティは考えるのである。

　デューイは、こうした「判断基準のない希望」としての教育の目的をエマーソン（Ralph Waldo Emerson）から継承したと考えられる。市村尚久氏が指摘するように、「いま生きていることだけが有益であって、かつて生きていたことは無益である」とか、「能力というものは過去から新しい状態に移行する瞬間に存する」というエマーソンの言説から明確なプラグマティズムの要素を抽出することができる[8]。エマーソンにとって活動の目的とは、秩序を

形成することではなく、人間の自然性を刺激して挑発することである。それゆえ、エマーソンが教育において「子どもを尊重せよ」と主張するのは、既存の社会秩序に子どもを組み込むのではなく、子どもに内在する自然の素質を重視し、その内発的発展を促すように刺激するべきだということになる。こうしたエマーソンの教育論は、やがてデューイにおけるプラグマティズムの教育論に継承されていくことになる。エマーソンからデューイに継承された「判断基準のない希望」を教育の目的とすることで、子どもたちは、未来が過去とは異なり、より自由で素晴らしい世界を創造できるということを信じられるようになり、そうした条件のもとで健全な成長を遂げることができるのである。デューイはこうしたエマーソンの思想から影響を受けることで、子どもに真理ではなく希望を与えたのである[9]。ローティは、こうしたエマーソンからデューイへ至る教育目的論における「曖昧さ」こそが、いわゆる「アメリカの崇高なもの（the American Sublime）」を象徴するものであると指摘している[10]。この「崇高なもの」に子どもたちが触れることで魂が揺さぶられ、アメリカにある自由と希望を感得し、より豊かな成長を遂げるのである。

　デューイはこのように教育の目的について明確な判断基準を設定していないが、その代わりに、人々をインスパイアする物語や曖昧なユートピア像を提示している。こうした点でも、デューイに対するエマーソンの思想的影響を見出すことができる。エマーソンの思想家としての偉大さは、前述したプラグマティックな自己創造の精神をさらにアメリカという共同体との関連においても論じている点によく現れている。エマーソンはヨーロッパという旧世界からアメリカという新世界を切り離し、プラグマティックな自己創造の精神をアメリカの根本性格として位置づけるのである。自己創造する共同体としてアメリカを捉えるこのようなエマーソンの見方は、ジェイムズやデューイのプラグマティズムへと受け継がれていくことになる。エマーソンが旧世界とアメリカという新世界との差異を強調して、アメリカ独自の世界観を提唱したことを受けて、ジェイムズとデューイは特に反覇権主義の政治運動にも積極的に関与したのであるが、そうした政治運動はヨーロッパの悪しき伝

統的流儀に対抗し、新しいアメリカの流儀を打ちたてようとするものであった。

ここからデューイは教育の目的を民主主義の発展とも関連づけている。デューイが「民主主義はあらゆる世代で新しく生まれなければならず、教育はその助産婦である」11)と主張していることからもわかるように、教育は民主主義を維持し発展させる上で重要な役割を果たすのである。ボイスバート（Raymond D. Boisvert）は、デューイが子どもの民主的な精神を育み、人々を分断している障壁を打破して関心の対象を拡大し、平等と自由の増大に寄与することを教育の目的とする点で高く評価している12)。デューイは、民主主義の理念を実現する上で教育がいかに有用であるかを洞察した上で、諸個人が協働探究を通して自由に民主主義社会の構築に参加するプロセスにおいて公衆として自己実現を達成する教育のあり方を構想していったといえる。このようにデューイは、教育と社会変革との関係を重視し、リベラルな民主主義社会の発展を担える感性と知性を育成するという点から教育の目的を提示しているのである。

ローティも、エマーソンやデューイにならって、教育の目的をリベラルな民主主義社会への参加や民主主義社会の発展と関連づけている。特にローティが提唱する高等教育論は、党派的信条やイデオロギーを注入する教育ではなく、政治的・経済的・社会的な問題をテーマとする討論をソクラテス的対話によって行い、協働探究を通じて新しい政治や社会のあり方を構想する教育である。これは社会統制を目指す教育ではなく、会話によって媒介される共同体への個人の参加を目指す民主主義教育なのである。

このようにデューイとローティは、プラグマティズムの立場から、現代社会における価値観の多様性やパースペクティブの多元性を肯定的に捉え、子どもの成長や民主主義の発展という「判断基準のない希望」をリベラルな教育の目的として設定しているという点で共通しているのである。

3　想像力の育成

　第3の共通点は、教育において単に子どもの理性や知性を育成することに執着するのではなく、むしろ想像力を豊かに育成しようとする教育方針である。これに関しても、デューイの見解が時期的に変容していることを指摘しておきたい。新ヘーゲル主義に立脚していた前期デューイは、子どもの知性、感情、想像力に包括的に働きかける教育を提唱しているのに対して、中期デューイはパースのプラグマティズムから影響を受けた結果、科学的方法や科学的態度を重視することで、子どもが社会的知性を道具として十分に働かせる問題解決学習を強調するようになる。そしてジェイムズを再評価して自然主義的形而上学の構築を目指した後期デューイは、子どもの知性だけでなく想像力や情緒の機能をも再び重視して、宗教論や芸術論を教育理論と関連づけて展開するようになる。後期デューイは、想像力や共感能力を豊かに育むことによって人々のコミュニケーションの輪を広げていくことで人々の連帯が拡張し、より大きなコミュニティの形成が可能になると考えるのである。

　こうした想像力の尊重という点でも、デューイにはエマーソンからの思想的影響が感じられる。エマーソンは超越主義を信奉し、ピューリタニズムをロマン主義化して形而上学的な理想主義に高めることで宗教と科学を調停しようと試みたが、その超越主義の立場は、単に科学的な確実性を追求する理性だけではなく、人間のもつ直観や想像力をも重視するものであった。市村尚久氏が指摘するように、エマーソンは、理性と情緒の二項対立的考え方を取り除き、理性による形而上学的な基礎づけを通じて人間に究極的な拠りどころを与えようとする営みを拒絶し、理性、洞察、直観、想像力、情緒を総合的に駆使して自己信頼を鼓舞しようとしたのである[13]。

　デューイはこうしたエマーソンの哲学から影響を受けて、感性と理性の区別を超越したより高度な直観的な認識形式として詩人の洞察や想像力を重視したということができるだろう。デューイ自身も、エマーソンにならって、哲学者と詩人の間に堅固な境界など設けず、詩人の想像力によって超越的な「何か深いもの」を把握しようとしたのである[14]。デューイによれば、「想像

力が善きものの主要な道具であり、（中略）想像力の卓越性は直接的な人格的関係の範囲を遥かに超えた広がりをもっている。（中略）それゆえ、芸術は道徳性以上に道徳的なのである」[15]。

　ローティは、こうした想像力に関するデューイの見解に同意している。もちろん、ローティは初等・中等教育では子どもに基礎・基本を習得させて社会化することを重視するのだが、それでも子どもに国家的物語の知識を理解させ習得させる過程においては想像力に働きかけることの重要性を認めている。こうした物語的理解に基づく教育論において、ローティは、デューイと同様に、現実の道徳的・社会的問題を知性によって分析するだけでなく、感情の働きを駆使して社会的弱者の苦痛や屈辱を共感的に理解し、現状よりも望ましい生活様式や社会のあり方を想像力によって構想し、その実現を目指して協働することを重視している。ローティは、こうした教育こそが道徳的進歩をもたらすと共に、より広範な人間同士の連帯を可能にすると考える。ローティは、人々を結びつける共通の普遍的基盤としての人間の本質といったものは存在しないことを主張しながらも、他者の苦痛や苦悩を感取しうる共感能力に訴えることによって、苦悩する他者に想像的に同一化して共感的に理解することで人間の連帯を促進しようとするのである[16]。

　このようにデューイとローティは、形而上学に基づく教育論において特有な理性の育成を偏重する教育方針を退け、様々な他者の存在に広く深く共感してコミュニケーションの幅を広げ、人間の連帯に新たな可能性を切り拓くために想像力の育成を重視する点で、共通しているのである。

4　「進歩の物語」と歴史教育

　第4の共通点は、アメリカがより自由で民主的になってきたという「進歩の物語」を支持し、それを歴史教育に活用しようとするところである。もちろん、「進歩の物語」といえば、周知のように、リオタールに代表されるポストモダンの論者から「大きな物語」と呼ばれ、歴史的な偶然の産物として相対化され批判されてきた[17]。また、フーコー流に一切を歴史的に相対化し

ていく反普遍主義的なポストモダンの論者も、アメリカ社会がより民主化されて調和的に発展するとみるデューイ流のビジョンには強い不信感を示してきた。さらに、ネオ・マルクス主義者は、プラグマティズムが現行のリベラルな資本主義社会のシステムに迎合する傾向をもつため、社会的弱者を疎外から解放することができず、本当の意味で民主主義社会の進歩に寄与していないとラディカルに批判してきた。

たしかに、「進歩の物語」が単なる近代の啓蒙主義を継承するものにすぎず、現行のリベラルな資本主義社会システムの弊害や矛盾を隠蔽しているだけであれば、以上のラディカルな批判は妥当であるといえよう。ただし、ポストモダニストも、結局のところ、真理に関する議論や社会改良をめぐる議論ではアポリアに陥りがちであり、その行き着くところは絶望的な無抵抗であったり、基礎づけ主義への反動的回帰であったりする[18]。他方、ネオ・マルクス主義者も、現行の資本主義社会のシステムを根本から否定するあまり、ラディカルな革命論やヘゲモニー闘争の戦略に走ってしまいがちである。このようにポストモダニストもネオ・マルクス主義も、「進歩の物語」をラディカルに批判するまでは有意義だが、その代わりとなる実行可能で建設的な対案を提言することになると、なかなか有効性を発揮できないところに難がある。

ポストモダニストやネオ・マルクス主義者が反形而上学や反普遍主義に立脚して「進歩の物語」を徹底して批判する傾向があるのに対して、デューイやローティはプラグマティズムの立場から同じく反形而上学や反普遍主義の立場を採りながらも、子どもの成長や民主主義の発展を目指した「進歩の物語」を擁護する点で大きな違いがある。デューイは、「進歩の物語」における普遍性や絶対性を形而上学的に基礎づける企図には異を唱えているが、しかし「進歩の物語」に含まれているテーマ、たとえば、子どもの成長を促そうとする教育的企図、あるいは自由や寛容を発展させて社会正義を実現しようとする社会的企図については肯定的なのである。ローティも、こうしたデューイの見解を支持し、「進歩の物語」における中心的テーマを「真理の

探究」から「子どもの成長」「民主主義の進歩」「自由の獲得」へと移行させるべきだと考える[19]。つまり、デューイとローティは、反形而上学や反普遍主義という点ではリオタールやフーコーのようなポストモダニストと見解を同じくするが、「進歩の物語」に含まれる「子どもの成長」「民主主義の進歩」「自由の獲得」というテーマの正当性や有効性を認める点ではポストモダニストと対立するのである[20]。

　もちろん、こうしたデューイとローティが共に支持する「進歩の物語」は、ポストモダニストから見れば、欧米のキリスト教文化や功利主義の倫理を社会的想像力によって詩的に純化したリベラルなアメリカ社会に特有の国家的物語にすぎず、それをプラグマティズムの見地から正統化することは、第1章第3節3でも指摘したように、「自文化中心主義」ということになるだろう[21]。しかし、デューイは「進歩の物語」に含まれる局地性や歴史性を十分に認めた上でも、なおリベラルな希望を抱いて自由、平等、正義、民主主義をさらに一層推進しようとする社会的企図の正当性を主張するのである。同様に、ローティも、「進歩の物語」が自文化中心的に正統化された国家的物語であることを認めつつ、それでも多様性や寛容を尊重するリベラルで民主主義社会の拡大に寄与してきた功績を評価するのである。ローティによれば、「デューイは、プラトンからベーコン（F. Bacon）を経てミルへ至り、宗教から合理主義を経て実験主義に至り、専制政治から封建主義を経て民主主義に至るという発展過程について語るべき物語（stories）を数多くもっていた。こうした後方の段階において、デューイの物語は、エマーソンやホイットマンが描写した民主的な展望、つまり人間が想像もできないほど素晴らしく異なり、自由になる場所としてのアメリカの未来像と融合した」[22]。このようにローティはエマーソンやデューイ流の「進歩するアメリカ」という物語を擁護した上で、そうした伝統を持つリベラルなアメリカ社会だからこそ、苦痛や残酷さを減少させ、被統治者の同意に基づく民主的な統治体制を可能にし、支配から解放された自由なコミュニケーションを拡張し、社会的弊害や矛盾を漸進的に改良してきたと見るのである。こうした曖昧な国家的物語の

中核となるのは、パースのいう「進化論的な愛」、ジェイムズのいう「信じる意志」、デューイのいう「誰でもの信仰」、そしてローティのいう「リベラル・ユートピアという希望」に通底したプラグマティズムの精神であるように思われる[23]。

デューイはこうした精神によってアメリカの国家的物語を子どもたちに理解させ、自らをその国の一市民であることに誇りをもてるように教育すべきであると考えている。つまり、こうした物語を通して子どもたちが「自分にとっての開かれた未来」と「社会にとって開かれた未来」を重ね合わせて感じ取れるようになることを望んだのである。デューイは、自由、平等、民主主義を発展させてきたアメリカのリベラルな国家的物語を支持し、こうしたアメリカ社会の発展過程に子どもの発達過程を重ね合わせる歴史教育によって、社会化された自己実現を促そうと考えたのである。

ローティは、こうしたデューイの教育方針に同意し、個人の発達過程と社会の発展過程を重ね合わせる「進歩の物語」を学校教育で教えることで、歴史的事実を教えることと社会的希望を伝えることが矛盾なく行えると考える。ローティによれば、「デューイは、自由と希望に関するこの物語を教えることが社会化の過程の核心になることを望んでいたのである。（中略）デューイにとっての社会化は、増大する自由と湧き上がる希望という伝統の後継者として自己像を獲得することにある」[24]。このように子どもたちが初等・中等教育段階において自由と希望に関する国家的物語を習得することは、ローティのいう社会化になると同時に、高等教育における個性化の準備をすることにもなるのである。ローティによれば、「われわれデューイ派にとって、アメリカの大学のもつ社会的機能とは、自分たちの社会化が中心となる国家的物語がオープンエンドであるということを、学生たちが理解するのを手助けすることである」[25]。このようにローティの高等教育論では、学生が自らを社会化してきた国家的物語を再検討し、その物語に含まれる社会的な弊害や矛盾を批判的に考察するだけでなく、その弊害や矛盾を改善し克服していける自由や希望がその物語に含まれていることに気づくよう支援すべきなのであ

る。学生はこうした自由と希望に関する国家的物語を理解することで、単に悪しき社会化の過程をラディカルに批判するだけでなく、次世代のために現在よりよい社会化を用意できることに気づき、社会の再構築に希望をもつことで自己を再創造して個性化していくのである。

このようにデューイとローティは、リベラルなアメリカ社会の進歩という物語を歴史教育に取り入れることで、子どもたちに自由、平等、社会正義、民主主義を拡張してきた希望の物語を伝えて適切な社会化を可能にすると共に、過去や同時代の狭小な判断基準に拘束されない自由な想像力によって希望のあるリベラル・ユートピアを協働探究することで、個性的な自己実現・自己創造をも図ろうとするのである。この子どもの成長と民主主義社会の発展の双方に寄与する歴史教育を構想している点で、両者は共通しているのである。

註

1) Richard Rorty, "Education, Socialization, and Individuation," *Liberal Education*, Vol. 75, No. 4, 1989, p. 5.
2) *Ibid.*
3) Richard Rorty, *Philosophy and Social Hope*, Penguin Books, 1999, p. xxix.（須藤訓任・渡辺啓真訳『リベラル・ユートピアという希望』岩波書店、2002 年、33 頁）
4) Richard Bernstein, "The Resurgence of Pragmatism," *Social Research*, Vol. 59, No. 4, 1992.
5) John Dewey, *Reconstruction in Philosophy*, *The Middle Works of John Dewey*, Jo Ann Boydston (ed.), Southern Illinois University Press, Vol. 12, p. 180.（河村望訳『哲学の再構成』人間の科学社、1995 年、133 頁）
6) Rorty, "Education, Socialization, and Individuation," p. 6.
7) *Ibid.*
8) 市村尚久「エマーソン超越論プラグマティズムの現実性」、『理想』第 669 号、120 頁参照。
9) John Dewey, "Emerson—The Philosopher of Democracy," *The Middle Works of John Dewey*, Jo Ann Boydston (ed.), Southern Illinois University Press, Vol. 3, p. 184.

10) Rorty, "Education, Socialization, and Individuation," p. 9.
11) John Dewey, "The Need of an Industrial Education in an Industrial Democracy," *The Middle Works of John Dewey*, Jo Ann Boydston (ed.), Southern Illinois University Press, Vol. 10, p. 139.
12) Raymond D. Boisvert, "John Dewey: An Old-Fashioned Reformer," Jim Garrison (ed.), *The New Scholarship on Dewey*, Kluwer Academic Publishers, 1995, p. 157. 次の文献も参照のこと。Tony W. Johnson, *Discipleship or Pilgrimage? The Educator's Quest for Philosophy*, State University of New York Press, 1995, p. 105.
13) 市村尚久『エマーソンとその時代』玉川大学出版部、1994年、162頁。エマーソンは、カント流の体系的哲学を構築したり、あるいは自然科学に則った方法論を確立したりするのではなく、詩人の想像力によって「自然」を解明することを重視する。エマーソンのこうした脱二元論的な思想傾向に着目すると、ウェストが指摘するように、エマーソンこそがアメリカで初めてデカルト的問題構成を克服した思想家であったといえるだろう。Cornel West, *The American Evasion of Philosophy: A Genealogy of Pragmatism*, The University of Wisconsin Press, 1989, p. 36. こうしたエマーソンの考え方は、デカルトやカントに代表される近代ヨーロッパ哲学からの離脱であり、プラグマティズムを誕生させるアメリカ思想の原点でもある。
14) 市村尚久『エマーソンとその時代』162頁。
15) John Dewey, *Art as Experience*, in *The Later Works of John Dewey*, Jo Ann Boydston (ed.), Southern Illinois University Press, Vol. 10, p. 350.（河村望訳『経験としての芸術』人間の科学新社、2003年、462-463頁）
16) Richard Rorty, *Contingency, Irony, and Solidarity*, Cambridge University Press, 1989, p. 196.（齋藤純一・山岡龍一・大川正彦訳『偶然性・アイロニー・連帯―リベラル・ユートピアの可能性―』岩波書店、2000年、407頁）ローティによると、「私たちは自分たちが本能的に〈われわれ〉ではなく〈彼ら〉としてとらえる周縁化された人々に関心を寄せる試みをすべきである。われわれはそういう人々とわれわれとの類似性を見出そうとすべきである」。
17) ジャン＝フランソワ・リオタール著、小林康夫訳『ポストモダンの条件―知・社会・言語ゲーム―』水声社、1989年、8頁参照。
18) J. ハーバーマス著、三島憲一他訳『近代の哲学的ディスクルス』岩波書店、1990年、493頁。
19) Richard Rorty, *Contingency, Irony, and Solidarity*, p. xiii.（邦訳、2頁）
20) この点からフリッツマンは、リオタールとローティの思想の相違を指摘している。J. M. Fritzman, "Lyotard's Paralogy and Rorty's Pluralism: Their Differences and Pedagogical Implication," *Educational Theory*, Vol. 40, No. 3,

1990, p. 377.
21) Cf. M. Billig, "Nationalism and Richard Rorty," *New Left Review*, 1993.
22) Rorty, "Education, Socialization, and Individuation," p. 6.
23) C. S. Peirce, "Evolutionary Love," Chartes Hartshorne and Paul Weiss (eds.), *Collected Papers of Charles S. Peirce*, The Belknap Press of Harvard University Press, 1960, Vol. 6, p. 287.　William James, *The Will to Believe and Other Essays in Popular Philosophy*, Harvard University Press, 1979. John Dewey, *A Common Faith*, *The Later Works of John Dewey*, Jo Ann Boydston (ed.), Southern Illinois University Press, Vol. 9.
24) Rorty, "Education, Socialization, and Individuation," p. 7.
25) *Ibid.*, p. 8.

第4節　教育論における相違点

　ローティは、教育目的に関する考え方をはじめ、教育理念や教育方針に関わる考え方に関しては少なからぬ点においてデューイに賛意を表明しているが、具体的な教育方法や学校制度の問題を取り上げてみると、両者の考え方には様々な相違点が認められることもまた確かである。特に目につく教育論上の相違としては、社会化と個性化についての見解、初等中等教育と高等教育の関係についての見解、生徒の興味・関心と基礎学力に関する見解、テキストの読解スタイルが挙げられる。そこで次に、これら3つの相違点について検討を加えてみることにしたい。

1　社会化と個性化

　第1の相違点は、デューイが子どもの社会化と個性化は同時並行的に達成されると考えるのに対して、ローティは最初に子どもが社会化された後にアイロニーの作用によって個性化が達成されると考える点である。この相違点について検討を加えるためには、まずデューイとローティにおける社会化と個性化の概念を比較した上で、それぞれの概念の背景をなしている考え方の

違いを吟味しなければならないだろう。

　まず、デューイのいう「社会化」とは、子どもが社会的・文化的環境と相互作用する過程において実現されるものであり、その相互作用の中で子どもは自らの興味や関心に即して協働探究に従事し、仲間とコミュニケーションを行いつつ自己実現を達成していく[1]。デューイがこのような社会化の概念を用いているのは、彼の教育理論において私的なものと公共的なものとが調和的に融合しているためである。デューイの教育理論においては、社会化の概念と個性化（自己実現）の概念は相互に表裏一体の関係にあるのである[2]。それに対して、ローティのいう「社会化」とは、子どもが伝統的な価値観を内面化し、基礎知識を習得して、共同体の因習的な常識の語彙をまずはそのまま受け入れ、それらの語彙に即して自己像や社会像を形成することである[3]。ローティにとって、こうした社会化の概念は、あくまで個性化（自己創造）の概念の前提となるものであり、社会化が個性化と融合したり、社会化それ自体で完結した教育目的となったりすることは考えられないのである。

　次に、デューイのいう「個性化（individualization）」とは、子どもが協働探究のような社会化の過程を通して生じてくるため、それは「私的なもの」であると同時に「公共的なもの」でもありうる。それに対して、ローティのいう「個性化（individuation）」とは、子どもが十分に社会化されて自己を確立した後で、それまでの社会化の過程をアイロニーの作用によって相対化することで新たに創り出されるものである。また、デューイのいう「個性化」は、新ヘーゲル主義から影響を受けた「自己実現（self realization）」と関連しているのに対して、一方のローティのいう「個性化」は、言語哲学から影響を受けた「自己創造（self creation）」に関連していることも付言しておきたい。こうした意味合いから、デューイのいう個性化がやや観念的であり、初等・中等教育段階における協働探究の中でも原理的には達成可能であるのに対して、ローティのいう個性化は、基礎知識や常識的価値観の習得によって語彙的に社会化していることを前提とするため、多分に現実的で偶発的な形でもたらされるのである[4]。以上のように、デューイとローティとでは社会化と個性

化の概念規定がそもそも異なっているため、社会化と個性化をめぐる諸問題に関しても両者の教育論の差異として現れてくるといえるだろう。

さらに、デューイとローティの教育論にこうした相違が生じた背景には、第3章第2節1でも指摘したように、経験主義に対する両者の考え方の違いがあったことにも留意しなければならない。デューイのプラグマティズムは、一貫して経験の原理（人間と環境との相互作用の原理、および経験の連続性の原理）に根ざしており、経験の過程において子どもはその社会的・文化的環境と相互作用することによって社会化が達成されると同時に、個性化も実現されるのである。デューイの教育理論にそのプラグマティズムの発展過程を通じて変わることのなかったところがあるとすれば、それは常にこの経験の原理を太い柱として構築されていったということにほかならない。

それに対して、ローティのネオ・プラグマティズムは、経験主義よりも言語哲学を重視する傾向が顕著であり、デューイのプラグマティズムが一貫して重視し続けた経験の原理をそのまま踏襲することはなかった。というよりもむしろ、ローティのネオ・プラグマティズムは、経験の原理を意識的に退けているのであり、デューイ流に子どもの社会化と個性化を調和的に統合して表裏一体のものとして位置づけることがなかったのである。経験主義に対するこの非デューイ的なローティのスタンスが、私的領域と公共的領域を画然と区別することになり、教育においては社会化と個性化の機能を分離する考え方をもたらしたといえるだろう。

2 初等・中等教育と高等教育の機能

第2の相違点は、デューイが社会化と個性化の過程をそれぞれ学校教育の段階に対応させることなく一体的に捉えているのに対して、ローティは初等・中等教育に社会化の過程を対応させ、高等教育に個性化の過程を対応させている点である。

デューイによれば、教育の目的は子どもの成長それ自体であり、その成長は子どもが協働探究のような共有経験を通して社会化されることで豊かにも

たらされる。デューイの教育理論においては、子どもが学校での共同生活の中で協働的な探究活動に従事することで、リベラルで民主的な精神を養いながら個性的な成長を遂げるのである。こうした教育の過程では、学校教育の段階を問わず、社会化と個性化は調和的に統合されることになる。それゆえ、デューイの教育理論においては、初等教育の段階から高等教育の段階に至るまで一貫して社会化と個性化は同時進行していく事象にほかならないのである。

それに対して、ローティは、初等・中等教育に関しては社会化の機能を最大限に重視し、高等教育に関してはもっぱら個性化の機能を重視している。ローティのいう高等教育における個性化とは、初等・中等教育における社会化の後に位置づけられる事柄であって、それはアイロニーに媒介されて社会化に対する反作用として実現されるしかなく、すでに常識的で因習的なアイデンティティが形成されていることを前提とするものなのである[5]。そのため、ローティのいう個性化は、初等・中等教育における社会化を相対化して本格的な自己創造を目指す高等教育の段階に対応づけられることになるのである。こうしたローティの教育論にみられる論調は、成人教育を子どもの学校教育とは別個の次元に位置づけた上で、教育における子どもの社会化の必要性を強調している後期デューイのスタンス[6]に一脈通ずるところがあるとみることもできよう。また、高等教育の段階に限定すれば、デューイとローティは、学生が社会的問題を協働探究し、その中で健全な批判的精神を育成しながら個性化を図ろうとする点で共通しているとはいえる。

とはいえ、ローティの教育論は、私的なものと公共的なものとをデューイ流に融合することを拒絶するために、リベラル・ユートピアの実現を目指した協働探究を掲げるものの、それはソクラテス的対話の継続において「強制されない合意」を希求するにとどまるのであり[7]、他者の苦しみに対する想像的な共感を促して、社会を積極的に変革しようと力強く働きかける現実的な実行力には乏しいといわざるをえないだろう。こうした点から、ウェインが鋭く指摘するように、デューイは個人の成長を公共的な社会生活に即して

捉えているのに対して、ローティは個人の成長をもっぱら個人的な次元におけるアイロニーとの関連において捉えているため、両者を同類と見ることは原理的にできないのである[8]。以上から、ローティの教育論は、デューイと比べると、高等教育の段階においても社会的ビジョンを構想して政治的なコミットメントに誘う動機づけをするという点では不十分なところがあるといえる。

さらに、ローティの高等教育論では、教授と学生の対話が探究活動までで完結しているが、デューイの問題解決学習では学生がよりよき共同社会の構築を目指して具体的な社会活動に参加することになるという点で両者は異なっている。デューイの理論に即していえば、学生は自らが実際の社会活動に従事し、その活動について反省的に思考した上で、元のビジョンやプランにフィードバックしてその意味を検証し、必要があれば修正を加え、新たに構想を練ることになるのである。そうした社会活動の中には、たとえば、体験学習をはじめ、ボランティア活動、慈善活動、NGO・NPO活動などの多様な社会活動も含まれてくると思われる。このようにデューイはその協働探究の構想を実際の社会活動を通して内省し、その再吟味をすることで意味を見出そうとしているのに対して、ローティは解釈学の立場から大学の演習形式の探究活動のみで充足している点では、両者の相違は明確である。

3　基礎・基本か興味・関心か

第3の相違点は、デューイが初等・中等教育において子どもの興味や関心を重視すべきであると主張するのに対して、ローティはもっぱら社会化の機能を担う初等・中等教育においては、習得すべき基礎・基本の知識や共通文化を子どもの興味や関心よりも優先させるべきであると主張する点である。デューイは決して子どもに退屈な授業を強制しようとはしなかったが、ローティは「退屈でも無知であるよりはよい」[9]と主張して、基礎知識の習得を義務づけようとする点では、両者に決定的な相違がある。

社会化を達成するためには退屈で受動的な授業にも子どもは甘んじなけれ

ばならないというローティの考え方は、早川操氏が指摘するように、子どもの興味や関心と教育内容との連関性を重視するデューイのスタンスとは明らかに異なっているといえる[10]。この点でデューイを支持するカーダシーは、ローティの教育方針に反対して、子どもの興味や関心に即した創造的で反省的な学習方法を初等・中等教育にも取り入れた方が教育効果は高まり、その後の高等教育における自己創造や批判的精神の涵養にも好ましいと主張している[11]。同様に、デューイ派のハンプシャー（S. Hampshire）も、ローティのいう個性化のプロセスが想像力の覚醒に根ざしているとすれば、どの段階の学校教育でも実り豊かに含まれうるものであり、想像力の働きが柔軟な初等・中等教育の児童・生徒にこそ個性化のための教育を積極的に行ってよいはずであると主張している[12]。このように想像力の働きによって喚起される自己創造の作用として個性化を捉えると、デューイのように全教育課程において個性化は可能になり、ローティのように個性化を高等教育だけに限定する必要はなくなるだろう。ローティ自身もこの点に関しては、第2章第1節5で指摘したように、物語の教育を導入することで自説を部分的に修正している。

　さらに、ローティがハーシュに賛同して、偉大な古典的書物（グレートブックス）や学力試験（特に高校卒業試験）の教育的有用性を認め、文化的リテラシーのミニマム・エッセンスを確保するための教育政策を支持している点では、デューイの立場と対立するように思われる。こうしたローティの保守的な論調は、むしろデューイの論敵であるハッチンズのスタンスに近く、デューイのような経験カリキュラムではなくて系統的な教科カリキュラムを支持する立場に呼応している。

　そもそも保守派の論者は、デューイの教育方針に従うと、子どもが自分でその日のレッスンを民主的に選ぶことになり、また子どもたちが必要性を感じる限りで掛け算を学んだり警官に従ったりすることになるため、深刻な学力低下や道徳的混乱が生じてしまうと警告する。ローティはこうした保守派の見解すべてに同調しているわけではない。ローティによれば、「ハーシュがいうように、デューイが情報や知識の蓄積を拒否したのはあまりにも早す

ぎたというのは正しいが、その一方で、生徒たちがプラトン、シェークスピア (William Shakespeare)、ナポレオン (Napoléon Bonaparte)、リンカーン、ダグラス (Frederick Douglass)、あるいはキング牧師の中で誰が最初に存在したかを知ることなしに高校を卒業してしまうということまでデューイが想定していたかは疑問である。デューイは、学校で情報や知識を蓄積することを止めることはできないだろうと考えていたし、情報や知識を積み上げること以外にも生徒にさせるべきことがあると考えていたのである」13)。たしかに、デューイは、学校で子どもが情報や知識を習得することを否定していたわけではないし、また全国統一の教科カリキュラムや学力テストの用いられ方を問題視し、学力テストによって生徒を成績で序列化することには反対していたが、生徒の学力向上や教師の教育実践の改善に役立てるためには、学力テストの意義も認めている14)。また、デューイは学校でグレートブックスを読むことに反対していたわけではなく、それらを生徒の経験に関係なく強制的に読ませ、その内容を権威づけて絶対的真理として信じ込ませる保守的で頑迷な教育態度を批判しているのである。こうした点を考慮すると、デューイとローティの見解には再び共通点も浮かび上がってくる。

　それでもローティがあえて初等・中等教育において基礎・基本の習得にこだわり、デューイのように子どもの興味・関心に即した学習を全面的に支持できないのは、時代的・社会的認識の違いもあるのかもしれない。そもそも1859年生まれのデューイと1930年生まれのローティとでは生きた時代や社会がかなり違うため、時代認識や社会認識の相違から教育観が異なってくるのは当然であろう。そして後世に生きるローティは、デューイの認識が時代に拘束されていた点を容易に批評することができるだろう。たとえば、ローティは次のように述べている。「デューイには、ハーシュが立ち向かっているエスタブリッシュメントを予知できなかったし、初等・中等教育の教師たちが医者の5分の1の給与になることを予見できなかった。また、徐々に貪欲で薄情になってきているアメリカの中流階級が、子どもが受ける教育の質を親たちがもつ不動産の評価額に比例させるようになるということも予見で

きなかった。さらに、大部分の子どもたちが毎週30時間ほどテレビ化された空想を見ることに費やし、そのような空想を生み出す連中の皮肉な言動が、子どもたちの道徳的判断の語彙の中に持ち越されることを予見できなかった」[15]。こうした諸事情から深刻な学力低下や道徳的混乱が蔓延する今日のアメリカ社会を考慮した上で、ローティはあえてデューイに不満が残る点を指摘しているのであり、それゆえ初等・中等教育における社会化をデューイよりも一層強調しなければならなかったのだろう。

4　教材の指導方針

　最後に、デューイとローティでは、教材を子どもに指導する方針も異なる点を指摘しておきたい。具体的には、デューイは、子どもが自らの生活経験をもとに教材の内容を自由に解釈して経験の再組織化を図ることを推奨するのに対して、ローティは、子どもが教材本来の意味内容を忠実に読み解くことでその重要な語彙やその相互の連関を理解することを推奨する点で、両者は異なるのである。

　デューイの場合は、プラグマティズムの中でも経験主義的な見地から、教材の教科内容を子どもの内側に位置づけ、子どもの日常の生活経験と有機的に関連づけながら、子ども自身にとって意味のある解釈を自由かつ主体的に行うことで、経験の再組織化を図ろうとしている[16]。教育において子どもの興味・関心や個性を重視するデューイにとって、子どもの生活経験に即した自由で主体的な解釈を尊重するのは当然のことである。デューイが登場する19世紀末のアメリカにおいては、ヘルバルト主義に代表される教育方法が主流であり、表象主義の立場から教材を子ども（読み手）の外側に位置づけ、提示的・分析的・総合的な教授法で正確な表象や観念を獲得させようとした。それに対して、デューイは、進歩主義教育の立場から、子どもが自らの生活経験に即して教材を自由に解釈し、主体的に判断し、豊かな意味生成の場を保障することで子どもの経験を再構成して、より知的で道徳的な成長を促そうとしたのである。デューイによれば、子どもが教材に興味・関心をもって

主体的に問題解決に取り組むためには、事前に教師が子どもの日常生活と関連した具体的で率直な問題を教材として提示する必要がある。こうした生き生きした教材は、学校の内外における子どもの学習経験と連続するため、子どもの本能や衝動に働きかけ、自発的な興味と注意を喚起し、積極的な授業参加を促し、自発的に問題解決しようとする動機を供することができる。それゆえ、教材とは、直接経験の代理であるため、具体的かつ直接的な問題状況を提示して「想像力に訴える道具」[17]とするべきなのである。

それに対して、ローティは、第2章第3節7でも指摘したように、プラグマティズムに言語哲学や解釈学の意味合いを強めることで、教材の意味内容を子どもの日常的な生活経験に関連づけることよりも、先ずは教材の意味内容それ自体を理解するように指導するべきであると主張している。このように子どもが自分自身の狭小な生活経験から抜け出して、教材の提示する広大な意味内容を正確に理解して習得することで、自らの信念のネットワークを再組織化して自己を再創造することを、ローティは重視するのである。もちろん、ローティも、初等教育の導入段階では子どもが教材を自分の経験に基づいて自由に解釈することをある程度は容認しても仕方ないと考えているが、やはり学年が上がるにつれて社会化を図るための基礎・基本となる知識をしっかり習得すべきであり、また高等教育における古典的なグレートブックスの読解でも基本的には作品の意味内容を忠実に読み解くことから始めるべきであると考えている。

昨今の文芸批評でいえば、デューイの見解は、子ども（読み手）の経験に基づく解釈の自由を尊重する点で構造主義的なスタイル（たとえば、バルトの『零度のエクリチュール』、クリスティヴァ〔Julia Kristeva〕の『セメイオティケ』、ポール・ド・マンをはじめとするイェール学派の文芸批評）と符合しているといえる。それに対して、ローティの見解は、シュトラウスやA.ブルームと同様に、大学の一般教養教育で古典的なグレートブックスを講読するときによく使われているオーソドックスで解釈中心のスタイルに近いように思われる。

こうしたデューイとローティにおける教材の指導方針の違いは、前述した

両者の社会活動へのコミットメントの違いにも反映しているといえる。デューイによれば、子どもの日常生活における「第一次経験」に基づいて学習を始め、協働探究的活動の中で省察することで「第二次経験」を行い、そこでの結論を実践（実験）に移して再び「第一次経験」へ戻すことで、その解決策の有効性を検証すると共に、行為と結びついた観念を認識することができるのである[17]。こうして子どもは自ら構想した解決策を個人的または社会共同的に実行することで、観念と行為を関連づけ、この行為を持続させることで習慣を産み出し、「知的、社会的、道徳的、身体的に一体となった有機的全体としての人格」[18]を形成するのである。それに対して、ローティは解釈学的な意味合いの強いプラグマティズムの見地から、教師と子どもたちが教室内で行う言語行為（会話や議論）を重視するだけで、実際の体験的学習を軽視する傾向が強い。それゆえ、ローティの見解は、言語行為だけでなく実際の行動や習慣をも範疇に入れたデューイの教育論とは決定的な相違が生じているといえるだろう。

　もちろん、教材の指導方針に関しては、デューイが初等・中等教育を中心に語っているのに対して、ローティは社会化を重視した初等・中等教育と個性化を重視した高等教育とを別々に語っているため、安易な比較検討はできないのも確かである。しかしそれを考慮した上でも、デューイが、子どもの主体性や生活経験を重視して教材の自由な解釈を支持し社会活動へのコミットメントを推奨して、広い意味での経験の再組織化を図り子どもの自己実現に役立てようとしているのに対して、ローティが、あくまで教材の意味内容を忠実に解釈して知のネットワークを図ろうとし、言語的実践を通した自己創造に役立てようとする点では、やはり両者に看過しがたい相違点があるといえよう。

註
1) John Dewey, "My Pedagogic Creed," *The Earily Works of John Dewey*, Jo Ann Boydston (ed.), Southern Illinois University Press, Vol. 5, p. 84.

2) デューイのいう「個別化 (individualization)」も、社会化の過程において生起するものであり、ここでも私的なものが公共的なものと融合している。John Dewey, *Outlines of a Critical Theory of Ethics*, *The Early works of John Dewey*, Jo Ann Boydston (ed.), Southern Illinois University Press, Vol. 3, p. 322.
3) Richard Rorty, "Education, Socialization, and Individuation," *Liberal Education*, Vol. 75, No. 4, 1989, p. 5.　Richard Rorty, *Contingency, Irony, and Solidarity*, Cambridge University Press, 1989, p. 74.（齋藤純一・山岡龍一・大川正彦訳『偶然性・アイロニー・連帯―リベラル・ユートピアの可能性―』岩波書店、2000年、155頁）
4) Rorty, "Education, Socialization, and Individuation," p. 7.
5) *Ibid.*, p. 5.　Richard Rorty, "The Dangers of Over-Philosophication," *Educational Theory*, Vol. 40, No. 1, 1990, p. 43.
6) John Dewey, "President Hutchins' Proposals to Remake Higher Education," *The Later Works of John Dewey*, Jo Ann Boydston (ed.), Southern Illinois University Press, Vol. 11, pp. 397-401.　John Dewey, "The Higher Learning in America," *The Later Works of John Dewey*, Jo Ann Boydston (ed.), Southern Illinois University Press, Vol. 11, pp. 402-407.
7) Richard Rorty, *Objectivity, Relativism and Truth*, Philosophical Papers Vol. 1, Cambridge University Press, 1991, p. 38.
8) Kenneth Wain, "Richard Rorty, Education, and Politics," *Educational Theory*, Vol. 45, Summer 1995, p. 397.　同様の見解をバーンシュタインも指摘している。R. バーンシュタイン著、谷徹・谷優訳『手すりなき思考―現代思想の倫理‐政治的地平―』産業図書、1997年、445頁）
9) Richard Rorty, "Richard Rorty Replies," *Liberal Education*, Vol. 75, No. 4, 1989, p. 28.
10) 早川操「探究なきプラグマティズム再考―R・ローティは真のデューイアンか？―」、『日本デューイ学会紀要』第33号、1992年、39頁参照。早川操『デューイの探究教育哲学』名古屋大学出版会、1994年、168頁参照。
11) P. F. Cardaci, "Taking Issue, Nine Responses to Richard Rorty," *Liberal Education*, Vol. 75, No. 4, 1989, p. 10.
12) Stuart Hampshire, *Innocence and Experience*, Harvard University Press, 1989, p. 185.
13) Rorty, "Education, Socialization, and Individuation," p. 7.
14) John Dewey, "Psychology for Teachers," *The Later Works of John Dewey*, Jo Ann Boydston (ed.), Southern Illinois University Press, Vol. 17, p. 205.
15) Rorty, "Education, Socialization, and Individuation," p. 7.

16) John Dewey, *The School and Society, The Middle Works of John Dewey,* Jo Ann Boydston (ed.), Southern Illinois University Press, Vol. 1, p. 38.（市村尚久訳『学校と社会・子どもとカリキュラム』講談社学術文庫、1998 年、124 頁）*Ibid.*, p. 46.（邦訳、135 頁）

17) John Dewey, *Experience and Nature, The Later Works of John Dewey,* Jo Ann Boydston (ed.), Southern Illinois University Press, Vol. 1, p. 39.（河村望訳『経験と自然』人間の科学社、1997 年、54 頁）

18) この点に関して詳しくは、次の論考を参照のこと。拙稿「デューイとローティにおける教育論の比較検討」、『岐阜大学教育学部研究報告 人文科学』第 53 巻第 2 号、2005 年。

終 章
ネオ・プラグマティズムの可能性

1 ローティのデューイ像

　第3章で検討したデューイとローティにおける共通点と相違点を見比べると、ローティはたしかに折に触れてデューイの見解を引き合いに出しているが、ローティが提示しているデューイ像は、必ずしも実際のデューイと一致しているわけではないことがわかる。特に、ローティが私的領域と公共的領域とを画然と区別し、初等・中等教育の役割としての社会化と高等教育の役割としての個性化とを対照させている点では、様々な二項対立を融合的に解消しようとするデューイの立場と根本的に異なっている。また、ローティの提唱する社会的コミットメントの様式もデューイのものとは違って、非常に消極的なものであるように見受けられる。こうした点について、ローティがデューイのプラグマティズムや教育論を必ずしも継承していないという批判は、少なからず正当であるといえるだろう。

　こうした相違点に関しては、ローティ自身も明らかに自覚しているようである。そもそもデューイとローティでは生きた時代背景や社会状況が大きく異なる以上、両者の見解が異なるのは当然であり、後世に生きるローティの方がデューイの過去の功績を振り返りつつ現代の社会や教育を分析できる分だけ有利であることもまた確かである。ただ、ローティはデューイの思想に時代的・社会的制約があることを率直に認めながらも、それにもかかわらず、

デューイの哲学まで無効であると考えるべきではないし、アメリカの子どもたちが受けるべき教育に関するデューイの見解を軽視するべきではないと主張する[1]。ローティにとって重要なのは、デューイのプラグマティックな説明原理に基づく教育的主張なのであって、その意味ではローティはデューイ解釈において強い誤読を含みながらも、あえてポストモダン時代にふさわしい新たなデューイ像を提示してみせたともいえるだろう。ローティは、デューイの教育論が子どもを民主主義社会に参加できる健全な市民に育てるための教育を志向している点に関する限り、全面的にデューイを支持しようとする。また、ローティは、改良主義的リベラル左派の立場をとり、子どもとの対話的な教育実践を通じて新たな意味世界をひらき、民主的なユートピアの希望につながるような教育を構想した点でもデューイの立場を継承しているといえる[2]。ローティは、デューイから様々なインスピレーションを受けることで、ポストモダン的状況において伝統的な形而上学の二元論や二項対立の図式を根本的に拒否しながらも、決してニヒリズムや基礎づけ主義に陥らず、改良主義的リベラル左派の立場にたって、左右両派と実りある会話を続けながら、今日の教育改革に多くの示唆に富む提言を行っているのである。以上をふまえて考えれば、大小様々な相違点があるにもかかわらず、やはりローティにとってデューイこそが彼のヒーロー（英雄）なのであり、プラグマティズムや教育論においても第一に範を仰ぐべき人物であることは決して揺るがないであろう。

なお、デューイからローティへ至る思想の連続面および両者間の非連続面に関しては、デューイのプラグマティズムと教育理論を前期・中期・後期と時期的に区分した上でローティのネオ・プラグマティズムおよびその教育論と比較検討を行うことによって、初めて様々な論点が整理され事態の展望が拓けてくるといえる。それは本書の第3章だけでなく前著『プラグマティズムと教育―デューイからローティへ―』をも併せて検討することによって示すことができたと考えている。

2 新たなプラグマティズムと教育論の台頭

　一般的にプラグマティズムといえば、パース、ジェイムズ、デューイ、ミードらによって展開されたアメリカの哲学を指すが、昨今ではこれらを「初期プラグマティズム（early pragmatism）」あるいは「古典的プラグマティズム（classic pragmatism）」と呼ぶことが多い。その一方で1980年代以降、プラグマティズム再評価の動向において、プラグマティズムは様々な現代思想と結びつけられ再構築されるに至り、斯界ではこれらを先の古典的プラグマティズムと区別して、「新しいプラグマティズム（new pragmatism, neo pragmatism）」と呼んでいる。この新しいプラグマティズムの代表的な論者としては、ローティのほかに、クワイン、セラーズ（W. Sellars）、グッドマン（N. Goodman）、デイヴィドソン、パットナム（H. Putnam）などを挙げることができる。

　本書で検討したローティのネオ・プラグマティズムは、デューイのプラグマティズムを継承する一方で、言語論的転回と解釈学的転回を遂げることにより、デューイのプラグマティズムとは異なる性格ももつことになった。それに関連して、ローティはデューイと比べて方法論や教育論への関心が薄く、社会参加への意欲も不足している点で、様々な批判が寄せられてきた。こうしたローティのネオ・プラグマティズムとその教育論を批判し、デューイのプラグマティズムとその教育論の正統な継承者になろうとして、新たなプラグマティズムとその教育論も台頭してきた。その代表的なものは、プラグマティズムを批判理論やネオ・マルクス主義と結びつけた「批判的プラグマティズム（critical pragmatism）」、フェミニズムと結びつけた「フェミニスト・プラグマティズム（feminist pragmatism）」、キリスト教的社会思想と結びつけた「預言的プラグマティズム（prophetic pragmatism）」である。以下でそれぞれの新しいプラグマティズムとその教育論をみていきたい。

　まず、ジルーやフレイザー（Nancy Fraser）らは、デューイのプラグマティズムを批判理論やネオ・マルクス主義に関連づけ、教育的経験を解放やエンパワーメントの理論からラディカルに解釈し、より公正で平等な民主主義社会の人間関係を再構築しようと試みている[3]。この批判的プラグマティズム

の見地からみると、ローティは権力関係に対する関心が不足しているため、周縁化されて権力のない他者の苦痛や危機を見過ごしたり、権力者を優遇する既存の社会規範を保持したりすることになり、ラディカルに教育改革や社会変革の必要性を訴えていくことができないのである。この点で、新しいプラグマティズムがより実際的な問題発見能力を高めるためには、その遂行される改革が人種差・性差・階級差などにどのような影響を及ぼすか、そして社会的特権者や社会的弱者がこの結果からどのような利益または不利益を被るかまで十分に吟味する必要があると思われる。

次に、セイグフリード（C. H. Seigfried）、ミラー（M. Miller）らは、プラグマティズムとフェミニズムとの間に相互補完的な関係を築いて、ケアリング的な見地も取り入れながら新たな教育論を展開している[4]。このフェミニスト・プラグマティズムの立場では、どのような理論も必ず特定の関心や利益と結びついていると考えた上で、科学的方法論の実証的な解釈を批判し、個人の経験や社会的・文化的文脈に注目することで実践と理論を結びつけようとしている。また、フェミニスト・プラグマティズムは、デューイのプラグマティックな美学を取り入れて、伝統的な哲学の普遍的な観念に挑戦し、真理の判定には知性だけでなく感情や愛情をも考慮すべきであると考える。そこでの認識方法は、理性を特権化することを拒否し、代わりに感情、感覚、衝動、習慣を含めた知性を重視する。このようにフェミニスト・プラグマティズムは、伝統的な哲学の偏向した概念を再定義し、男女の日常的な問題解決に従事したり、抑圧された社会秩序を漸進的に再構築したりすることを目指している。こうした見解は、ローティのネオ・プラグマティズムにおける社会的実践や認識論に関する弱さを補い、現実問題としての家父長制や性差別を除去したり、抑圧された女性の権利を拡張したりするための教育実践に貢献すると思われる。

さらに、ロックフェラー（S. C. Rockefeller）、ウェスト（C. West）、ボイスバート、市村尚久氏は、デューイのプラグマティズムを根底で支える宗教的なエートスや民主的なヒューマニズムを再評価し、その教育的意義を強調している[5]。

特にウェストは、ローティのネオ・プラグマティズムに宗教的エートスが欠けている点を批判的に検討した上で、デューイのプラグマティズムに内在する宗教的エートスや社会的理想主義の意義を強調し、新たに独自の「預言的プラグマティズム」を提唱している点で注目に値する[6]。ウェストによれば、プラグマティズムの本質とは、将来の倫理的意義を強調し、人間の意志と行動が将来を変革する潜在能力をもつと主張するところにある。そこで、プラグマティズムとキリスト教的な社会思想を関連づけることで、あらゆる人々の根本的な平等を社会実践的に求めていこうとするのである。この預言的プラグマティズムは、エマーソンからジェイムズ、デューイに共通する預言者的エートスを継承し、より民主的で平等な社会制度を再建するために、具体的な社会的問題を協働探究し、公共的領域を活性化させることに貢献する。また、こうした動向は、より広範囲な社会運動のエネルギーを結集して力強い連帯や同盟を呼びかけると共に、現代文化の批判的反省から社会的指導者を養成することにも展開している。

　この他の注目すべきプラグマティズムとその教育論しては、ガリソンやシュスターマン (R. Shusterman) が主張するように、デューイのプラグマティズムと現代美学を結びつけ、芸術の本質的価値に着目した上で、人間性を根本的に変容する芸術の教育力を強調する立場もある[7]。また、ローゼンソール (S. B. Rosenthal) やブックホルツ (R. A. Buchholz) が主張するように、プラグマティズムを経営倫理学に応用し、ビジネス教育のプロセスを全人格教育に関わるものととらえ、個人が自由な実験的探究活動において問題解決をすることで経験的探究のスキルを発展させ、ダイナミックで継続的な自己管理能力の成長やコミュニティの発展に導こうとする立場も重視すべきだろう[8]。

3　今後の研究課題

　本書では、できるだけローティの教育論を詳しく説明し、彼のネオ・プラグマティズムと教育理論の関係構造を分析することに力点を置いてきたが、その分だけ残された課題も少なくない。次に、今後の研究課題を3つ指摘し

て、その展望について述べてみたい。

　第1の課題は、ローティの思想を時期的（歴史的）に再構成することでその思想史的意義を再検討することである。これは前著『プラグマティズムと教育―デューイからローティへ―』でデューイの思想分析に活用した研究方法でもある。本書では、できるだけローティの原著から引用しつつ合理的に再構成して論証するように努めたが、第1章で検討した彼の自伝的論文「トロツキーと野生の蘭」からもわかるように、彼の思想も時期的に少なからず変遷していることも確かである。たとえば、『哲学と自然の鏡』（1979年）や『プラグマティズムの帰結』（1982年）とその後の『偶発性、アイロニー、連帯』（1989年）や『哲学と社会的希望』（1999年）とでは、反形而上学やポスト哲学という点では変化していないが、後の著作群の方が明らかに政治論や教育論を重視する傾向は強まっている。特に、知性と情緒や想像力の関係性、あるいは自己創造と人類の連帯に関するローティの主張は、晩年になるほどデューイのプラグマティズムや教育論に共鳴する度合いを深めてきている。そうした変化は、ローティが哲学を言語論的転回から解釈学的転回へと移行させ、アイロニーによる自己創造の哲学だけでなくリベラルな民主主義社会を再構築するための政治論や教育論をも積極的に強調しようとした精神史を反映していると見ることもできよう。こうした見地から、ローティの思想を時期的に再構成することによって、時代の問題に果敢に取り組んだ彼の精神史を再解釈しなければならないと考えている。

　第2の課題は、ローティの教育論をプラグマティズムだけでなく言語哲学や解釈学とも関連づけてさらに深く読み解くことである。本書で紹介したウェイン、アルシラ、ネイマン、ピーターズ、ダン（Gary Dann）らはすでにローティの教育論における言語哲学や解釈学の影響を考察して優れた論考を発表しているのだが、本書ではそれらの研究成果を十分取り上げることができなかった。それは本書ではローティの学校教育論や教育方法論を具体的に取り上げて、彼の教育論の全体像を提示した上で、保守派やラディカル左派やポストモダニストとの論争を分析することに力点を置いたためである。この課

題も第1の課題と同様に、ローティの思想的変遷を追いながら、特にデイヴィドソンやウィトゲンシュタインの言語哲学と関連づけて丁寧に再検討する必要があるだろう。

　第3の課題は、ローティの教育論をポストモダンの教育論と比較検討しながら丁寧に吟味し直すことである。ポストモダンの教育論は、マクロの見地では、近代のリベラルな社会の教育システムを批判するためには有効だが、それに代わりうる有効な対策を積極的に提示しようとしない点で難がある。また、ミクロの見地ではポストモダンの教育論は、ポスト構造主義、カルチュラル・スタディーズ、エスノグラフィック研究、ジェンダー・セクシャリティ研究の成果を教授法や教材に反映させて、教育や社会の変容を目指そうとする点では画期的であるが、それによって初等・中等・高等教育の全段階を全面的に変革するまでには至らないため、やや行き詰まっている感がある。こうした原因の1つには、左傾化したポストモダニストが近代のリベラルな社会化を歴史化してラディカルに批判し脱構築するあまり、教育の根底を支える社会化の言語的基盤をも否定してしまい、その代わりとなる方法論的基準を提起できずに自縄自縛となる傾向をもつことが挙げられる。そこで、ポストモダンの教育論は、ローティが指摘するように、近代のリベラルな社会制度や教育論を一方的に批判するだけでなく、プラグマティズムの見地からリベラルな社会化の再評価も取り入れた上で、代替可能な教育論や社会制度を再構築していく必要があると思われる。

　このテーマに関する研究方法として現在構想しているのは、以下のミクロ的なアプローチとマクロ的なアプローチである。まず、ミクロ的なアプローチとは、テキストの読解スタイルに関する問題意識である。第3章第4節4でも指摘したように、デューイは子ども（読み手）が自らの生活経験に即してテキストを自由に解釈して創造的に読解することを推奨しているが、一方のローティは学生がテキストの内容に自己を没頭させてその意味を忠実に読解することを推奨している。この教育方法上における相違点は、デューイの立脚する経験主義とローティの立脚する解釈学における方法論上の違いにも

対応しているのだが、その相違が意味するところは実に大きいように思われる。当然ながら、ポストモダンの教育論に近いのは、デューイの教育方法論であり、クリスティヴァやアルチュセール (Louis Althusser) らの構造主義やフーコーやデリダやポール・ド・マンらのポスト構造主義的手法とも符合しているのだが、その場合、ローティの解釈学的手法をどう位置づけるかが問題として残ることになる。この点を実際の学校現場における道徳授業でのテキスト読解の指導方針と具体的に関連づけながら研究を進めたいと考えている[9]。

次に、マクロ的なアプローチとは、理想とする自己像や社会像に関する問題である。このテーマに関しては、本書で提示したデューイからローティへ継承された改良主義的リベラル左派の立場とポストモダンの左旋回した革命主義的ラディカル左派とを比較検討することから始めるのが有効であるだろう。そこからさらに、デューイやローティのプラグマティズムに関連したリベラルで改良主義的な「公衆 (the public)」の概念と、フーコーやドゥルーズ (Gilles Deleuze) のポストモダニズムから影響を受けたネグリ (Antonio Negri) とハート (Michael Hardt) が提示したラディカルで革命主義的な「マルチチュード」[10]の概念とを、多様性や公共性という観点から比較検討するべきである。このリベラルな「公衆」とラディカルな「マルチチュード」の思想的淵源を明らかにし、その差異の意味することを吟味することで、ポストモダン時代にふさわしい教育論の方向性を展望することができるかもしれないと今のところ考えている。

註

1) Richard Rorty, "Education, Socialization, and Individuation," *Liberal Education*, Vol. 75, No. 4, 1989, p. 7.
2) Richard Rorty, "Two Cheers for the Cultural Left," D. J. Gless and B. H. Smith (eds.), *The Politics of Liberal Education*, Duke University Press, 1992, p. 238.
3) Henry A. Giroux, *Schooling and the Struggle for Public Life: Critical Pedagogy in the Modern Age*, University of Minnesota Press, 1988.　Henry A. Gi-

roux, *Border Crossings: Cultural Workers and the Politics of Education*, Routledge, 1992. Nancy Fraser, *Unruly Practices: Power, Discourse and Gender in Contemporary Social Theory*, University of Minnesota Press, 1989. Michael W. Apple, *Education and Power*, Routledge & Kegan Paul Ltd., 1982. この点に関するローティの見解としては、次の箇所を参照のこと。Richard Rorty, *Essays on Heidegger and Others*, Philosophical Papers Vol. 2, Cambridge University Press, 1991, p. 6.
4) Charlene H. Seigfried, *Pragmatism and Feminism: Reweaving the Social Fabric*, The University of Chicago Press, 1996. Majorie C. Miller, "Feminism and Pragmatism," *The Monist*, Vol. 75, No. 4, 1992. Fraser, *Unruly Practices: Power, Discourse and Gender in Contemporary Social Theory*. N. フレイザー「もうひとつのプラグマティズム」、『思想』第931号、岩波書店、2001年。ローティのフェミニズム論に関しては、次の論文を参照のこと。Richard Rorty, "Feminism and Pragmatism," *Truth and Progress*, Philosophical Papers Vol. 3, Cambridge University Press, 1998.
5) Steven C. Rockefeller, *John Dewey: Religious Faith and Democratic Humanism*, Columbia University Press, 1991. Cornel West, *Prophetic Thought in Postmodern Times*, Common Courage, 1993. Raymond D. Boisvert, *John Dewey: Rethinking Our Time*, State University of New York Press, 1998. Takahisa Ichimura, "The Protestant Assumption in Progressive Educational Thought," *Teachers College Record*, Vol. 85, No. 3, Spring 1984. 市村尚久「未完の進歩主義教育の現代的意義―『子どもからの教育理論』再考―」、『教育学研究』第67巻第1号、2000年、37頁参照。
6) West, *Prophetic Thought in Postmodern Times*.
7) Jim Garrison (ed.), *The New Scholarship on Dewey*, Kluwer Academic Publisher, 1995. Richard Shusterman, *Pragmatist Aesthetics: Living Beauty, Rethinking Art*, B. Blackwell, 1992.（秋庭史典訳『ポピュラー芸術の美学―プラグマティズムの立場から』勁草書房、1999年）
8) Sandra B. Rosenthal and Rogene A. Buchholz, *Rethinking Business Ethics: A Pragmatic Approach*, Oxford University Press, 2000.（岩田浩・石田秀雄・藤井一弘訳『経営倫理学の新構想』文眞堂、2001年） Michèle Schmiegelow and Henrik Schmiegelow, *Strategic Pragmatism: Japanese Lessons in the Use of Economic Theory*, Praeger, 1989.（鳴澤宏英・新保博監訳『日本の教訓―戦略的プラグマティズムの成功』東洋経済新報社、1991年）丸山祐一『バーナードの組織理論と方法』日本経済評論社、2006年。
9) デューイのテキスト論を道徳授業論に関連づけた論考としては次の論文を参照のこと。柳沼良太「デューイの道徳教育論と道徳授業論―問題解決型の道

徳授業を求めて―」、『日本デューイ学会紀要』第 48 号、2007 年。
10) A. ネグリ、M. ハート著、水嶋一憲・酒井隆史・浜邦彦・吉田俊実訳『〈帝国〉グローバル化の世界秩序とマルチチュードの可能性』以文社、2003 年。

あとがき

　大学院時代にデューイの教育思想について研究を始め、その延長線上でローティの哲学研究にも着手するようになってから、はや十数年の歳月が経った。実際の教育現象を研究対象としていた私にとって、ローティの言語哲学的な専門書は当初ひどく難解に思えたが、ポストモダン的状況においてデューイの精神(スピリット)を受け継ぎながら、独自のネオ・プラグマティズムを提唱するローティの勇姿に感服して、今日まで地道に研究を継続することができた。ローティの見解の中で特に共鳴できたのは、従来の教育理論の根底にある形而上学的な土台を掘り崩し、政治的な左右両派に対しても超然と立ち向かい、教育に根強く関わる哲学的・政治的な二項対立の図式を脱構築し、現状の社会的・文化的分析をふまえた大胆かつ斬新な教育改革論を打ち出すスタンスであった。そうしたローティの提言に学ぶことで、現代の複雑に錯綜し混迷を極める教育問題に対しても、新たな見地から妥当な解決策や改革案をプラグマティックに打ち出すことができるのではないかと思えた。

　私はこうしたローティのネオ・プラグマティズムとその教育論をいくつかの学会紀要や著書で発表をしてきた。ここで本書のもとになる拙稿を以下にまとめて記しておきたい。

1. 「ネオ・プラグマティズムと教育—ローティによる教育哲学の解釈学的転回を中心に—」、『日本国際教育学会紀要』第5号、1999年。
2. 「ローティ教育論とポリティックス—ネオ・プラグマティック・アプローチ」、『情況』2000年4月号所収、2000年。
3. 「ローティ教育論とネオ・プラグマティズム」『教育の可能性を読む』所収、情況出版、2001年。
4. 『プラグマティズムと教育—デューイからローティへ—』八千代出版、2002年。

5.「新旧のプラグマティズム」、『理想』第669号所収、2002年。
6.「生きる力を育む経験とは何か―問題解決学習の新たな可能性を求めて―」、『経験の意味世界をひらく―教育にとって経験とは何か―』所収、東信堂、2003年。
7.「教養教育における哲学の教育―デューイ、ローティ、そして高等教育―」、『日本デューイ学会紀要』第44号、2003年。
8.「ローティと教育的理性批判―リベラル・アイロニズムの可能性―」、『教育の臨界―教育的理性批判』所収、情況出版、2005年。
9.「プラグマティズムの教育理論に関する研究」、早稲田大学大学院文学研究科、博士請求論文、2005年。
10.「デューイとローティにおける教育論の比較検討」、『岐阜大学教育学部研究報告 人文科学』第53巻第2号、2005年。

　これらの中でも、本書は刊行図書としては4番目に掲げた拙著『プラグマティズムと教育―デューイからローティへ―』の続編ということになる。前著では、デューイからローティへ至るプラグマティズムとその教育論の大枠を示したが、ローティのネオ・プラグマティズムやその教育論に関する思想的背景や問題点や諸論争を考察することが不十分であり、またデューイとローティのプラグマティズムと教育論を比較検討する点も不足していた。そこで、前著をもとにして新たに博士論文を執筆するのを機に、前著の該当部分を全面的に書き換え、本書の第1章第1節と第3章の部分を新たに書き足し、必要に応じて前著以降の諸論文5から10までを臨機応変に補充した上で、最後に全体を大幅に加筆・修正することで本書を完成させた。まだまだ検討が不十分で未熟なところも多々あるかと思われるが、ここを一応の区切りとして読者諸氏からご批判ご叱正を賜れれば幸甚である。
　私は早稲田大学で前著を書き上げた後、山形短期大学を経て、現在の岐阜大学教育学部へ転任したため、ここ数年間は職業柄、教育実践研究（たとえば、拙著『問題解決型の道徳授業―プラグマティック・アプローチ―』や『道徳教育の研究―

生きる力を育む道徳指導法―』など）に力を入れるようになり、本書のような理論研究をまとめることは随分と後回しになってしまった。そうした中で2005年に渡米した折、ローティご本人と初めてお会いして対談することができた。私がローティに「デューイからローティへ至る教育論の研究をしています」と申し上げると、いつもクールで飄々としている彼が破顔一笑して大いに喜び励ましてくださった。そして彼とネオ・プラグマティズムや教育について話をする中で、ローティが意外なほど教育論に思い入れが強く、特にデューイの教育哲学には深い造詣と愛着をもっていることが感じられた。私からの不躾な質問や批判的意見に対しても、ローティは常に寛容で柔和な態度で丁寧に応答され、フレンドリーでユーモアのある口調でゆったりと示唆に富む話をしてくださった。偉大な哲学者にしてジェントルマンらしいローティとの対話によって感銘を受け啓発される中で、彼の教育論をわが国にもっと紹介したいという熱意が私の中で再び燃え上がった。帰国後も、ローティとＥメールを通して意見交流させていただき、彼の教育論の趣旨や本意を確認しながら本書を書き進めることができたことは、誠に僥倖以外の何ものでもなかったといえよう……。

　さて、本書を執筆する上でも様々な方々から多大なご尽力を賜った。まず、早稲田大学の梅本洋先生には大学院時代の指導教授として懇切なご教導とご高配を賜ってきた。梅本先生のご指導のもとで数年間にわたり博士論文の作成に従事し、その研究成果を本書にも取り入れることができた。デューイとローティの双方に造詣の深い梅本先生から長期にわたりご指導を賜ったことは、何ものに変えがたいほどありがたく心より感謝の意を表したい。
　また、デューイとローティの哲学や教育論の解釈を深めるにあたっては、同じく早稲田大学の市村尚久先生からも様々なご教示をいただいた。私がローティに関心をもったのも、元はといえば、市村先生の講義でデューイとローティの関連性についてお話を伺ったからであった。どうしてもローティのネオ・プラグマティズムを言語哲学的に硬く解釈しがちだった私に対して、市

村先生はデューイからローティへ至る経験主義やリベラリズムの局面に気づかせてくださった。そうしたご指導いただくことで「問題解決学習の新たな可能性」（『経験の意味世界をひらく』所収）を構想することができ、そこからローティのネオ・プラグマティズムを教育実践研究へと関連づけて進展させることもできた。こうした市村先生からのご指導ご支援に心より深謝したい。

　このように両先生には並々ならぬご指導とお力添えをいただいたわけだが、本書を仕上げるに当たっては、私の独断で執筆を進めて過去の論考にも大幅な加筆・修正を全面的に施しているため、本書に誤りがあればすべて筆者の責任に帰せられることはいうまでもない。

　また、諸々の学会や岐阜大学教育学部の先生方からも、いろいろな議論を通じてご助言ご指導をいただいたおかげで、ローティの教育論とその可能性や問題点をより明確化することができたように思われる。この場をお借りして、皆々様に深く感謝の意を表したい。それから、いつも陰に日向に私の研究を支えてくれている妻の理子といつも元気一杯のパワーを発散してくれる息子の良樹にもありがとうといいたい。

　最後になったが、本書も前著に引き続き八千代出版の大野俊郎社長にご理解とご高配をいただき、前著の続編として刊行することができた。また、丁寧かつ的確な編集をご担当いただいた御堂真志さんをはじめ、関係各位の皆々様に心より御礼を申し上げたい。

　本書を上梓したら真っ先にローティに謹呈して最大限の謝辞を申し上げたいと思っていたところ、2007年6月8日（金）に彼は膵臓癌による合併症で急逝された。彼の病状を知りつつも、遅々として進まなかった自らの文筆活動を深く悔やみつつ、心より敬愛する故ローティに本書を捧げたい。

　　2007年9月15日　初秋に金華山を眺めつつ

　　　　　　　　　　　　　　　　　　　　　　　　　　柳沼　良太

参考文献

Abdel-Nour, Farid, "Liberalism and Ethnocentrism," *Journal of Political Philosophy*, Vol. 8, Issue 2, Jun. 2000.

Aguirre, Imanol, "Beyond the Understanding of Visual Culture: A Pragmatist Approach to Aesthetic Education," *International Journal of Art & Design Education*, Vol. 23, Issue 3, Oct. 2004.

Apple, Michael W., *Education and Power*, Routledge & Kegan Paul, 1982.

Arcilla, René V., "Edification, Conversation, and Narrative: Rortyan Motifs for Philosophy of Education," *Educational Theory*, Vol. 40, Issue 1, Mar. 1990.

Arcilla, René V., "The Association for Philosophy of Education Symposium: Must Private Selves be Ironists? A Response to Van Hook," *Metaphilosophy*, Vol. 24, Issue 1-2, Jan. 1993.

Arcilla, René V., *For the Love of Perfection: Richard Rorty and Liberal Education*, Routledge, 1995.

Bernstein, Richard J., *The New Constellation: The Ethical and Political Horizons of Modernity/Postmodernity*, The MIT Press, 1992.（谷徹・谷優訳『手すりなき思考―現代思想の倫理―政治的地平―』産業図書、1997年）

Billig, M., "Nationalism and Richard Rorty," *New Left Review*, 1993.

Bloom, Allan, *The Closing of the American Mind*, Simon and Schuster, 1987.（菅野盾樹訳『アメリカン・マインドの終焉』みすず書房、1988年）

Boisvert, Raymond D., *John Dewey: Rethinking Our Time*, State University of New York Press, 1998.

Bowles, S. & Gintis, H., *Schooling in Capitalist America: Educational Reform and the Contradictions of Economic Life*, Basic Books, 1976.（宇沢弘文訳『アメリカ資本主義と学校教育Ⅰ』岩波書店、1986年）

Cahoone, Lawrence E., "Recovering Pragmatism's Voice: The Classical Tradition, Rorty, and the Philosophy of Communication," *Metaphilosophy*, Vol. 26, Issue 4, Oct. 1995.

Cahoone, Lawrence E., *From Modernism to Postmodernism: An Anthology*, Blackwell, 1996.

Campbell, James, *Understanding John Dewey, Nature and Cooperative Intelligence*, Open Court, 1995.

Cardaci, P. F., "Taking Issue, Nine Responses to Richard Rorty," *Liberal Education*, Vol. 75, No. 4, 1989.

Carlson, D., "Making Progress: Progressive Education in the Postmodern," *Educational Theory*, Vol. 45, No. 3, Summer 1995.

Connor, Steven, *Postmodernist Culture, An Introduction to Theories of the Contemporary*, Second Edition, Blackwell, 1997.

Cutrofello, Andrew, "Young Hegelian Richard Rorty and the Foucauldian Left," *Metaphilosophy*, Vol. 24, Issue 1-2, Jan. 1993.

Dickens, David R. and Fontana, Andrea, (eds.), *Postmodernism & Social Inquiry*, The Guilford Press, 1994.

Diggins, John Patrick, *The Promise of Pragmatism: Modernism and the Crisis of Authority*, The University of Chicago Press, 1994.

Eldridge, Richard, "Philosophy and the Achievement of Community: Rorty, Cavell and Criticism," *Metaphilosophy*, Vol. 14, Issue 2, 1983.

Elliott, John, "Educational Research as a Form of Democratic Rationality," *Journal of Philosophy of Education*, Vol. 40, Issue 2, May 2006.

Feinberg, W., "Fundationalism and Recent Critiques of Education," *Educational Theory*, Vol. 39, No. 2, 1989.

Festenstein, Matthew, *Pragmatism & Political Theory, From Dewey to Rorty*, The University of Chicago Press, 1997.

Festenstein, Matthew and Thompson, Simon (eds.), *Richard Rorty: Critical Dialogues*, Polity, 2001.

Fesmire, Steven, *John Dewey and Moral Imagination, Pragmatism in Ethics*, Indiana University Press, 2003.

Fraser, Nancy, *Unruly Practices: Power, Discourse and Gender in Contemporary Social Theory*, University of Minnesota Press, 1989.

フレイザー, N.「もうひとつのプラグマティズム」、『思想』第931号、岩波書店、2001年。

Freire, Paulo, *Pedagogia do Oprimido*, Charles E. Tuttle Co., 1970.（小沢有作・楠

原彰・柿沼秀雄・伊藤周訳『被抑圧者の教育学』亜紀書房、1979 年)

Freire, Paulo, *Educação como prática da liberdade e Extensión o Comunicación, 1967.* (里見実・楠原彰・桧垣良子訳『伝達か対話か─関係変革の教育学─』亜紀書房、1982 年)

Freire, Paulo, *Pedagogia da esperança: Um reencomtro com a pedagogia do oprimido*, Paz e Terra, 1992. (里美実訳『希望の教育学』太郎次郎社、2001 年)

Fritzman, J. M., "Lyotard's Paralogy and Rorty's Pluralism: Their Differences and Pedagogical Implication," *Educational Theory*, Vol. 40, No. 3, Summer 1990.

Gadamer, Hans-Georg, *Wahrheit und Methode: Grundzüge einer philosophischen Hermeneutik*, 4. Auflage, Tübingen: J. C. B. Mohr Paul Siebeck, 1975. (轡田収他訳『真理と方法Ⅰ』法政大学出版局、1986 年)

Garrison, James W., "Does Metaphysics Really Matter for Practice?: It Depends on the Practitioner (Response to Alven Neiman)," *Educational Theory*, Vol. 41, Issue 2, Jun. 1991.

Garrison, James W. (ed.), *The Educational Conversation: Closing the Gap*, State University of New York Press, 1995.

Garrison, James W., *Dewey and Eros: Wisdom and Desire in the Art of Teaching*, Teachers College, 1997.

Garrison, Jim, "A strong poet's perspective on richard rorty," *Studies in Philosophy and Education*, Vol. 12, Nos. 2-4, 1993.

Garrison, Jim (ed.), *The New Scholarhip on Dewey*, Kluwer Academic Publisher, 1995.

Giroux, Henry, A., *Schooling and the Struggle for Public Life: Critical Pedagogy in the Modern Age*, University of Minnesota Press, 1988.

Giroux, Henry, A., *Border Crossings: Cultural Workers and the Politics of Education*, Routledge, 1992.

Giroux, Henry, A., with Shannon Patrick, *Education and Cultural Studies, Toward a Performative Practice*, Routledge, 1997.

Goodman, Russell B. (ed.), *Pragmatism: A Contemporary Reader*, Routledge, 1995.

Goulding, Jay, "New Ways toward Sino-Western Philosophical Dialogues," *Journal of Chinese Philosophy*, Vol. 34, Issue 1, Mar. 2007.

Green, Andy, *Education, Globalization, and the Nation State*, Macmillan Press,

1997.（大田直子訳『教育・グローバリゼーション・国民国家』東京都立大学出版会、2000年）

Guignon, Charles and R. Hiley, David, *Richard Rorty*, Cambridge University Press, 2003.

Gutmann, Amy, *Democratic Education*, Princeton University Press, 1987.

Habermas, Jürgen, *Theorie des Kommunikativen Handelns*, 2 Bde. Suhrkamp, 1981.(河上倫逸他訳『コミュニケーション的行為の理論』（上・中・下）未来社、1985-1987年）

Habermas, Jürgen, "Die Moderne-ein unvollendetes Projekt," in *Kleine Politische Schriften* I-IV, Suhrkamp, 1981.（三島憲一訳「近代—未完成のプロジェクト」、『思想』696号、1982年）

Hall, David L., *Richard Rorty, Prophet and Poet of the New Pragmatism*, State University of New York Press, 1994.

Halpin, David, *Hope and Education: The Role of the Utopian Imagination*, Routledge Falmer, 2003.

原聡介・森田尚人・宮寺晃夫・今井康雄編著『近代教育思想を読みなおす』新曜社、1999年。

Haskins, Casey and Seiple, David I. (eds.), *Dewey Reconfigured: Essays on Deweyan Pragmatism*, State University of New York Press, 1999.

早川操「探究なきプラグマティズム再考—R・ローティは真のデューイアンか？—」、『日本デューイ学会紀要』第33号、1992年、39頁参照。

早川操『デューイの探究教育哲学』名古屋大学出版会、1994年。

早川操「越境教授学の挑戦—H・ジルーによる公共的知識人育成の教育理論」、情況出版編集部編『教育の可能性を読む』情況出版、2001年。

Hendley, Brian, "The Association for Philosophy of Education Symposium: Rorty Revisited," *Metaphilosophy*, Vol. 24, Issue 1-2, Jan. 1993.

Heyting, Frieda, "Relativism and the Critical Potential of Philosophy of Education," *Journal of Philosophy of Education*, Vol. 38, Issue 3, Aug. 2004.

Hickman, Larry A. (ed.), *Reading Dewey, Interpretations for a Postmodern Generation*, Indiana University Press, 1998.

Hirsch, E. D. Jr., *Cultural Literacy*, Houghton Mifflin, 1987.（中村保男訳『教養が、国をつくる。』TBSブリタニカ、1989年）

Hook, Jay M. Van, "The Association for Philosophy of Education Symposium: Caves, Canons, and the Ironic Teacher in Richard Rorty's Philosophy of Education," *Metaphilosophy*, Vol. 24, Issue 1-2, Jan. 1993.

Hostetler, Karl, "Rorty and Collaborative Inquiry in Education: Consensus, Conflict, and Conversation," *Educational Theory*, Vol. 42, No. 3, 1992.

Hostetler, Karl, "Getting Serious about the Questions of Democracy," *Educational Theory*, Vol. 45, No. 1, Mar. 1995.

Hytten, Kathryn Ann, *Rethinking Pragmatism: Education and the Pragmatist Social Project*, UMI Dissertation Services, 1996.

Ichimura, Takahisa, "The Protestant Assumption in Progressive Educational Thought," *Teachers College Record*, Vol. 85, No. 3, Spring 1984.

市村尚久「未完の進歩主義教育の現代的意義―『子どもからの教育理論』再考―」、『教育学研究』第67巻第1号、2000年。

市村尚久「教育実践理論への『超越論』的視座」、『教育哲学研究』第84号、2001年。

市村尚久「エマソン超越論プラグマティズムの現実性―総合的学習への理論的基底―」、『理想』第669号、2002年。

市村尚久・早川操・松浦良充・広石英記編『経験の意味世界をひらく―教育にとって経験とは何か―』東信堂、2003年。

Jay, Martin (ed.), *Habermas and American Frankfurt School*, 1997. (竹内真澄監訳『アメリカ・フランクフルト』青木書店、1997年)

加賀裕郎「デューイ哲学における構築的なものと脱構築的なもの―R. ローティのデューイ解釈をめぐって―」、『デューイ学会紀要』第26号、1985年。

加賀裕郎「デューイとポストモダニズム」、杉浦宏編『日本の戦後教育とデューイ』世界思想社、1998年。

加賀裕郎「自然主義的プラグマティズムの展開」、『理想』第669号、2002年。

Kolenda, Konstantin, *Rorty's Humanistic Pragmatism: Philosophy Democratized*, University of South Florida Press, 1990.

Kwak, Duck-Joo, "Reconsideration of Rorty's View of the Liberal Ironist and its Implications for Postmodern Civic Education," *Educational Philosophy and Theory*, Vol. 36, Issue 4, Sep. 2004.

Ladwig, James G., *Academic Distinctions: Theory and Methodology in the Sociolo-

gy of School Knowledge, Routledge, 1996.

Lagemann, Ellen Condliffe, *An Elusive Science, The Troubling History of Education Research*, The University of Chicago Press, 2000.

Long, Jerome Bowman, *Dewey and Pragmatism: Towards a True Conception of Values in Process*, University Microfilms, 1977.

Lyotard, Jean-François, *The Postmodern Condition: A Report on Knowledge*, University of Minnesota Press, 1984.（小林康夫訳『ポスト・モダンの条件：知・社会・言語ゲーム』水声社、1989 年）

Marshall, James D., "On What We May Hope: Rorty on Dewey and Foucault," *Studies in Philosophy and Education*, Vol. 13, Nos. 3-4, 1994.

Malachowski, Alan (ed.), *Reading Rorty*, B. Blackwell, 1990.

Malachowski, Alan, *Richard Rorty.—Philosophy Now*, Acumen Publishing, 2002.

増渕幸男・森田尚人編『現代教育学の地平―ポストモダニズムを超えて―』南窓社、2001 年。

松下良平『道徳の伝達―モダンとポストモダンを超えて―』日本図書センター、2004 年。

Miller, Majorie C., "Feminism and Pragmatism," *The Monist*, Vol. 75 No. 4, 1992.

Mounce, H. O., *The Two Pragmatisms*, Routledge, 1997.

Mouffe, Chantal, *The Return of the Political*, Verso, 1993.（千葉眞他訳『政治的なるものの再興』日本経済評論社、1998 年）

シャンタル・ムフ編、青木隆嘉訳『脱構築とプラグマティズム―来たるべき民主主義―』法政大学出版局、2002 年。

仲正昌樹『ポスト・モダンの左旋回』情況出版、2002 年。

仲正昌樹「民主と愛国のプラグマティズム」、『理戦』第 74 号、実践社、2003 年。

Nathanson, Jerome, *John Dewey: The Reconstruction of the Democratic Life*, Scribner, 1951.

Neiman, Alven, "Comments of Garrison on Greene: Does Metaphysics Really Matter for Practice?," *Educational Theory*, Vol. 41, No. 2, Jun. 1991.

Neiman, Alven, "Ironic Schooling: Socrates, Pragmatism and the Higher Learning," *Educational Theory*, Vol. 41, No. 4, Fall 1991.

Neiman, Alven, "Rorty, Irony, Education," *Studies in Philosophy and Education*, Vol. 12, Nos. 2-4, 1993.

Neiman, Alven, "Rorty's Dewey: Pragmatism, education and the public sphere," *Studies in Philosophy and Education*, Vol. 15, Nos. 1-2, 1996.

Neiman, Alven, "Pragmatism, Thomism, and the Metaphysics of Desire: Two Rival Versions of Liberal Education," *Educational Theory*, Vol. 47, No. 1, Mar. 1997.

Nicholson, Carol, "Postmodernism, Feminism, and Education: the Need for Solidarity," *Educational Theory*, Vol. 39, No. 3, Summer 1989.

Nielsen, Kai, "Can There be Progress in Philosophy?," *Metaphilosophy*, Vol. 18, Issue 1, Jan. 1987.

野家啓一『無根拠からの出発』勁草書房、1993年。

大澤真幸「ローティ的連帯は行き詰っている」、『理戦』第75号、実践社、2003年。

岡本裕一朗『ポストモダンの思想的根拠―9・11と管理社会』ナカニシヤ出版、2005年。

Paris, David C., *Ideology & Educational Reform: Themes and Theories in Public Education*, Westview Press, 1995.

Parker, Owen and Brassett, James, "Contingent Borders, Ambiguous Ethics: Migrants in (International) Political Theory," *International Studies Quarterly*, Vol. 49, Issue 2, Jun. 2005.

Peters, Michael A., "Techno-Science, Rationality, and the University: Lyotard on the Postmodern Condition," *Educational Theory*, Vol. 39, No. 2, 1989.

Peters, Michael A. and Ghiraldelli, Paulo Jr., *Richard Rorty, Education, Philosophy, and Politics*, Rowman & Littlefield, 2001.

Pettegrew, John (ed.), *A Pragmatist's Progress? Richard Rorty and American Intellectual History*, Rowman & Littlefield, 2000.

Philipse, Herman, "Towards a Postmodern Conception of Metaphysics: On the Genealogy and Successor Disciplines of Modern Philosophy," *Metaphilosophy*, Vol. 25, Issue 1, Jan. 1994.

Podeschi, Ronald Lee, *John Dewey: Education, Educators, and Social Change*, UMI Dissertation Services, 1968.

Postman, Neil, *The End of Education: Redefining the Value of School*, Vintage Books, 1996.

Rajchman, John and West, Cornel, *Post-analytic Philosophy*, New York: Columbia

University Press, 1985.

Rawls, John, *A Theory of Justice*, Harvard University Press, 1971.（矢島釣次監訳『正義論』紀伊国屋書店、1979 年）

Rawls, John, "Justice as Fairness: Political not Metaphysical," *Philosophy and Public Affairs*, Vol. 14, 1985.

Rockefeller, Steven C., *John Dewey: Religious Faith and Democratic Humanism*, Columbia University Press, 1991.

Rorty, Richard (ed.), *The Linguistic Turn*, The University of Chicago Press, 1967.

Rorty, Richard, "Transcendental Arguments, Self-Reference and Pragmatism," P. Bieri, R.-P. Horstmann and L. Kruger (eds.), *Transcendental Arguments, and Science*, D. Reidel Publishing Company, 1979.（竹市明弘編『超越論哲学と分析哲学』産業図書、1992 年）

Rorty, Richard, *Philosophy and the Mirror of Nature*, Princeton University Press, 1979.（野家啓一監訳『哲学と自然の鏡』産業図書、1993 年）

Rorty, Richard, *Consequences of Pragmatism: Essays: 1972-1980*, University of Minnesota Press, 1982.（室井尚他訳『哲学の脱構築―プラグマティズムの帰結』御茶の水書房、1985 年）

Rorty, Richard, "The Historiography of Philosophy: Four Genres," Richard Rorty et al. (eds.), *Philosophy in History*, Cambridge University Press, 1984.（冨田恭彦訳「哲学史の記述法―四つのジャンル」、『連帯と自由の哲学』岩波書店、1999 年）

Rorty, Richard, Schneewind, J. B. and Skinner, Quentin (eds.), *Philosophy in History: Essays on the Historiography of Philosophy*, Cambridge University Press, 1984.

Rorty, Richard, "Post-Philosophical Politics?," *Philosophy & Social Criticism*, 1989.

Rorty, Richard, *Contingency, Irony, and Solidarity*, Cambridge University Press, 1989.（齋藤純一・山岡龍一・大川正彦訳『偶然性・アイロニー・連帯―リベラル・ユートピアの可能性―』岩波書店、2000 年）

Rorty, Richard, "Education, Socialization, and Individuation," *Liberal Education*, Vol. 75, No. 4, 1989.

Rorty, Richard, "Richard Rorty Replies," *Liberal Education*, Vol. 75, No. 4, 1989.

Rorty, Richard, "The Dangers of Over-Philosophication," *Educational Theory*, Vol.

40, No. 1, Winter 1990.

Rorty, Richard, *Objectivity, Relativism and Truth*, Philosophical Papers Vol. 1, Cambridge University Press, 1991.

Rorty, Richard, *Essays on Heidegger and Others*, Philosophical Papers Vol. 2, Cambridge University Press, 1991.

Rorty, Richard (ed.), *The Linguistic Turn: Essays in Philosophical Method*, The University of Chicago Press, 1992.

Rorty, Richard, "Two Cheers for the Cultural Left," D. J. Gless and B. H. Smith (eds.), *The Politics of Liberal Education*, Duke University Press, 1992.

Rorty, Richard, *Rorty & Pragmatism*, Herman, J. Saatkamp, Jr.(ed.), Vanderbilt University Press, 1995.

Rorty, Richard, *Achieving Our Country Leftist Thought in Twentieth-Century America*, Harvard University Press, 1998.（小澤照彦訳『アメリカ　未完のプロジェクト―20世紀アメリカにおける左翼思想―』晃洋書房、2000年）

Rorty, Richard, *Philosophy and Social Hope*, Penguin Books, 1999.（須藤訓任・渡辺啓真訳『リベラル・ユートピアという希望』岩波書店、2002年）

Rorty, Richard, "Is There a Conflict between Religion and Science?," 1999.（須藤訓任訳「宗教と科学は敵対するものなのか？」、『思想』第909号、2000年）

Rosenbaum, Stuart E., "Rortian Rationality," *Metaphilosophy*, Vol. 17, Issue 2-3, Apr. 1986.

Rosenow, E., "Towards an Aesthetic Education? Rorty's Conception of Education," *Journal of Philosophy of Education*, Vol. 32, Issue 2, Jul. 1998.

Rosenthal, Sandra B. and Buchholz, Rogene A., *Rethinking Business Ethics: A Pragmatic Approach*, Oxford University Press, 2000.（岩田浩・石田秀雄・藤井一弘訳『経営倫理学の新構想』文眞堂、2001年）。

Rud, Anthony G. (ed.), *Philosophy of Education 2000*, Philosophy of Education Society, 2001.

Rumana, Richard, *Richard Rorty: An Annotated Bibliography of Secondary Literature*, Rodopi, 2002.

Schmiegelow, Michèle and Schmiegelow, Henrik, *Strategic Pragmatism: Japanese Lessons in the Use of Economic Theory*, Praeger, 1989.（鳴澤宏英・新保博監訳『日本の教訓―戦略的プラグマティズムの成功』東洋経済新報社、1991年）

Seigfried, Charlene Haddock, *Reweaving the Social Fabric: Pragmatism and Feminism*, The University of Chicago Press, 1996.

Shook, John R., *Pragmatism: An Annotated Bibliography, 1898-1940*, Rodopi, 1998.

Shusterman, Richard, *Pragmatist Aesthetics: Living Beauty, Rethinking Art*, Blackwell, 1992.（秋庭史典訳『ポピュラー芸術の美学―プラグマティズムの立場から』勁草書房、1999 年）

Siegel, Harvey, "Philosophy of Education and the Deweyan Legacy," *Educational Theory*, Vol. 52, No. 3, Sep. 2002.

Sim, Stuart (ed.), *The Routledge Critical Dictionary of Postmodern Thought*, 1999.（杉野健太郎・下楠昌哉監訳『ポストモダン事典』松柏社、2001 年）

島田雅彦他『教育の可能性を読む』情況出版、2001 年。

Skinner, Quentin, "Meaning and Understanding in the History of Ideas," *History and Theory*, Vol. 8, 1969.

Sloan, Douglas, M., *Insight-Imagination: The Emancipation of Thought and the Modern World*, 1983.（市村尚久・早川操監訳『洞察＝想像力―知の解放とポストモダンの教育―』東信堂、2000 年）

Spring, Joel, *Wheels in the Head, Educational Philosophies of Authority, Freedom, and Culture from Socrates to Paulo Freire*, McGraw-Hill, 1994.（加賀裕郎・松浦良充訳『頭のなかの歯車―権威・自由・文化の教育思想史―』晃洋書房、1998 年）

Stables, Andrew and Scott, William, "Post-Humanist Liberal Pragmatism? Environmental Education out of Modernity," *Journal of Philosophy of Education*, Vol. 35, Issue 2, May 2001.

Steinnes, Jenny, "Paralyses or Battlefields: Pedagogy and a proposed parricide," *Educational Philosophy and Theory*, Vol. 38, Issue 2, Apr. 2006.

杉浦宏編『アメリカ教育哲学の動向』晃洋書房、1995 年。

杉浦宏編『日本の戦後教育とデューイ』世界思想社、1998 年。

杉浦宏編『現代デューイ思想の再評価』世界思想社、2003 年。

田中治男『西欧政治思想』岩波書店、1997 年。

Teehan, John, "What's a Philosopher to Do? A Deweyan Response," *Metaphilosophy*, Vol. 25, Issue 4, Oct. 1994.

Thayer, H. S., *Meaning and Action: A Critical History of Pragmatism*, Hackett, 1981.
千葉眞『ラディカル・デモクラシーの地平』新評論、1995年。
冨田恭彦『クワインと現代アメリカ哲学』世界思想社、1994年。
冨田恭彦『アメリカ言語哲学の視点』世界思想社、1996年。
Trend, David (ed.), *Radical Democracy: Identity, Citizenship, and the State*, Routledge, 1996.（佐藤正志他訳『ラディカル・デモクラシー——アイデンティティ、シティズンシップ、国家——』三嶺書房、1998年）
魚津郁夫『プラグマティズムと現代』放送大学教育振興会、1997年。
魚津郁夫「現代アメリカ思想をめぐって——リチャード・ローティー批判——」、『日本デューイ学会紀要』第44号、2003年。
Wain, Kenneth, "Strong Poets and Utopia: Rorty's Liberalism, Dewey and Democracy," *Political Studies*, Vol. 41, Issue 3, Sep. 1993.
Wain, Kenneth, "Competing Conceptions of the Educated Public," *Journal of Philosophy of Education*, Vol. 28, Issue 2, Dec. 1994.
Wain, Kenneth, "Richard Rorty, Education, and Politics," *Educational Theory*, Vol. 45, No. 3, Summer 1995.
Wain, Kenneth, "This Thing Called 'The Philosophy of Education'," *Journal of Philosophy of Education*, Vol. 40, Issue 3, Aug. 2006.
Waks, Leonard J., "Three Contexts of Philosophy of Education: Intellectual, Institutional, and Ideological," *Educational Theory*, Vol. 38, No. 2, Jun. 1988.
渡辺幹雄『リチャード・ローティ——ポスト・モダンの魔術師——』春秋社、1999年。
West, Cornel, *Prophetic Thought in Postmodern Times*, Common Courage Press, 1993.
West, Cornel, *The American Evasion of Philosophy: A Genealogy of Pragmatism*, The University of Wisconsin Press, 1989.
Westbrook, Robert B., *John Dewey and American Democracy*, Cornell University Press, 1991.
White, J., "Philosophers on Education," *Journal of Philosophy of Education*, Vol. 33, Issue 3, Nov. 1999.
White, Morton, *Pragmatism and the Politics of Epistemology*, Doshisha University Press, 1986.

Wolterstorff, Nicholas, "An Engagement with Rorty," *Journal of Religious Ethics*, Vol. 31, Issue 1, Mar. 2003.

人名索引

ア行

アダムズ（J. Adams）　　　　　　　59
アドラー（M. Adler）　　　　　　　14
アルシラ（R. V. Arcilla）　　　　3, 206
アルチュセール（L. Althusser）　　208
アンソニー（S. B. Anthony）　　　　98
イェーツ（W. B. Yeats）　　　　　　13
市村尚久　　　　　　　　179, 182, 204
ウィトゲンシュタイン（L. Wittgenstein）
　　　　　　　　　　　　18, 172, 207
ウィルソン（W. Wilson）　　　　55, 98
ウェイス（P Weiss）　　　　　　　　17
ウェイン（K. Wain）　　35, 140, 192, 206
ウェスト（C. West）　　　　　188, 204-5
魚津郁夫　　　　　　　　　　　　164
エマーソン（R. W. Emerson）
　　　　　　　179-80, 182, 185, 188, 205
エリオット（T. S. Eliot）　　　　　15

カ行

カーダシー（P. F. Cardaci）　　　　72
ガイ＝シェフトール（B. Guy-Sheftall）
　　　　　　　　　　　　　　　88, 90
加賀裕郎　　　　　　　　　　　　　9
ガリソン（J. W. Garrison）　　　3, 205
カルナップ（R. Carnap）　　　　17, 159
カント（I. Kant）
　　18, 22-3, 26-7, 47, 142, 158-9, 166, 175, 188
キルパトリック（W. H. Kilpatrick）　　1
キング（M. L. King, Jr.）　94, 98, 100, 195
クーン（T. S. Kuhn）　　　　　62, 170
グッドマン（N. Goodman）　　　　203
グラムシ（A. Gramsci）　　　　　　57
グリーン（A. Green）　　　　　　124
グリーン（T. H. Green）　　　　　168

クリスティヴァ（J. Kristeva）　197, 208
グルメット（M. R. Grumet）　　88, 128
クワイン（W. V. O. Quine）
　　　　　　　　　41, 159, 167, 203
コレンダ（K. Kolenda）　　　　　　11

サ行

サンデル（M. Sandel）　　　　　　75
ジェイムズ（W. James）　　11, 27, 30,
　156-8, 165, 168-9, 172-3, 175, 180, 182,
　186, 203, 205
シェークスピア（W. Shakespeare）　195
ジェイムソン（F. Jameson）　　　　64
ジェファーソン（T. Jefferson）　59, 98
ジジェク（S. Žižek）　　　　　　　124
シュクラー（J. Shklar）　　　　43, 75
シュスターマン（R. Shusterman）　205
シュトラウス（L. Strauss）
　　　　　　14, 60, 73, 127, 136-7, 197
ジョンソン（L. Johnson）　　　　　55
シラー（J. C. F. Schiller）　　　　141
ジルー（H. A. Giroux）
　　　　　50, 94, 121-2, 143-3, 145, 203
スローン（D. M. Sloan）　　　　　129
諏訪哲二　　　　　　　　　　　　　9
セイグフリード（C. H. Seigfried）　204
セラーズ（W. Sellars）　　　　　　203
ソクラテス（Socrates）
　　　　　　　　　15-6, 35, 42, 109, 142
ソロー（H. D. Thoreau）　　　　　98

タ行

ダーウィン（C. R. Darwin）　　18, 150
ダグラス（F. Douglass）　　　　　195
ダライ・ラマ（Dalai Lama）　　　　13
ダン（G. Dann）　　　　　　　　206

デイヴィドソン（D. Davidson）
　　　　　　　　41, 172, 203, 207
デカルト（R. Descartes）　18, 22, 188
デブス（E. V. Debs）　　　　　　98
デューイ（J. Dewey）　1, 5-6, 11-5, 18-20, 27, 30, 35, 41, 56, 61, 65, 67, 84, 86, 92, 96, 112, 129, 133-4, 142, 144, 149-51, 153, 155-7, 159-60, 162-6, 168-72, 174-82, 184-5, 189-98, 201-8
デリダ（J. Derrida）
　　　　2, 57, 61-2, 65, 67-8, 162, 171, 208
ドゥルーズ（G. Deleuze）　　　　208
トロツキー（L. Trotsky）　　　12, 59

ナ 行

ナポレオン・ボナパルト（Napoléon Bonaparte）　　　　　　　　　　　　195
ニーチェ（F. Nietzsche）　35, 56-7, 61, 64-5, 71, 73-4, 99, 120, 141, 162, 171
ニコルソン（C. Nicholson）　　　123
ネイマン（A. Neiman）　　　36, 206
ネグリ（A. Negri）　　　　　　208
野家啓一　　　　　　　　　　　　18

ハ 行

パークス（R. Parks）　　　　　　98
ハーシュ（E. D. Hirsch, Jr.）
　　83-6, 88, 90, 92-3, 95, 134, 137-8, 194-5
パース（C. S. Peirce）　11, 147, 156, 158, 164-5, 169-70, 172-5, 182, 186, 203
ハーツホーン（C. Hartshorne）　　17
ハート（M. Hardt）　　　　　　208
ハーバーマス（J. Harbermas）
　　　　　　　　　　65, 147, 162-3, 174
バーンシュタイン（R. Bernstein）
　　　　　　　　　　　　28, 50, 177
ハイデガー（M. Heidegger）
　　　　　　　　　　18, 65, 120, 171
ハイテン（K. A. Hytten）　　　　3

ハッチンズ（R. M. Hutchins）　14, 194
パットナム（H. Putnam）　　　　203
バニヤン（J. Bunyan）　　　　　128
早川操　　　　　　　　　　　9, 194
バルト（R. Barthes）　　　135, 197
ハンプシャー（S. Hampshire）　　194
ピーターズ（M. A. Peters）　　3, 206
ヒューム（D. Hume）　　　　　　27
フーコー（M. Foucault）　2, 35, 56-7, 59-66, 68, 71, 120, 124, 135, 155, 162-3, 171, 183, 185, 208
フック（S. Hook）　　　　　12, 165
ブックホルツ（R. A. Buchholz）　205
ブッシュ（G. H. W. Bush）　85, 127
ブッシュ（G. W. Bush）　　　　　17
プラトン（Plato）　15-8, 20, 22, 35, 42, 52, 61, 73, 136, 149, 185, 195
フリーダン（B. Friedan）　　　　94
フリッツマン（J. M. Fritzman）　188
プルースト（M. Proust）　　　　21
ブルーム（A. Bloom）　14, 64, 78, 92, 117, 127, 134, 135-8, 147, 197
フレイザー（N. Fraser）　　145, 203
フレイレ（P. Freire）　　　　142-4
フレーゲ（F. L. G. Frege）　　　158
ヘーゲル（G. W. F. Hegel）
　　　　16-8, 20, 63, 149, 159, 161, 166, 168
ベーコン（F. Bacon）　　　　　185
ペティグルー（J. Pettegrew）　　　3
ベネット（W. J. Bennett）　　　92
ベラー（R. N. Bellah）　　　　　75
ヘンペル（C. G. Hempel）　　　　17
ボイスバート（R. D. Boisvert）　181, 204
ホイットマン（W. Whitman）　55, 112, 185
ホール（D. L. Hall）　　　　　　11
ボールドウィン（J. Baldwin）　　98
ホフマン（A. Hoffman）　　　　　59
ホワイト（S. K. White）　　　　129
ホワイトヘッド（A. N. Whitehead）　17

マ 行

マイモン（E. P. Maimon）	88
マッキンタイアー（A. MacIntyre）	41, 75
マッケオン（R. McKeon）	14
松下良平	9, 175
マルクス（K. Marx）	56, 63, 65, 71
マン（P. de Man）	60, 135, 197, 208
ミード（G. H. Mead）	11, 203
ミラー（M. Miller）	204
ミル（J. S. Mill）	65, 185
ムフ（C. Mouffe）	49, 67
森田尚人	9

ラ 行

ライヒ（R. Reich）	138-9
ラッセル（B. A. W. Rassell）	158
ラッド（A. G. Rud）	3
リオタール（J.-F. Lyotard）	1, 62-4, 183, 185, 188
リンカーン（A. Lincoln）	98, 195
ルーズベルト（F. D. Roosevelt）	55, 98
ルソー（J.-J. Rousseau）	38, 71, 73
レーガン（R. Reagan）	84-5, 92
レーニン（V. Lenin）	59
ローズ（M. Rose）	90, 132, 135
ローゼンソール（S. B. Rosenthal）	205
ローティ, ウィニフレッド（W. Rorty）	12
ローティ, ジェイムズ（J. Rorty）	12
ロールズ（J. Rawls）	65, 162-3, 166
ロジャース（C. R. Rogers）	132
ロック（J. Locke）	167
ロックフェラー（S. C. Rockefeller）	204

ワ 行

ワイルド（O. Wilde）	94

事項索引

ア 行

愛(エロス) 47, 69
愛国 93
　――者 162
　――的リベラリズム 4
愛国主義 128
　――者 127
愛国心教育 1, 4
アイロニー 28, 35-6, 65, 107, 112, 115, 119-20, 125-7, 132, 140, 142-3, 189-90, 192-3, 206
アイロニスト 36, 66, 113, 119, 126, 139
アメリカ 1, 5, 20, 49, 56, 58-9, 64, 68, 84, 94, 97, 99-101, 111-2, 121, 127-8, 130-1, 149, 162, 180, 183, 185, 187, 196, 203
　――教師連盟(AFT) 138
アルチュセール主義者 57
暗記リスト 84, 88, 90, 131
一般教養教育 82-3, 90, 94, 104, 110, 135, 197
右派の思想家 85-6
英雄 131
英雄物語 98-9, 101-2
エスノグラフィ 114
エスノグラフィック研究 207
エリート教育 90
エリート主義 90, 127, 135-6
エロスの関係 109-10, 117, 135
親 86-8, 91

カ 行

解釈学 11, 134, 149, 168-9, 193, 197-8, 206-8
解釈学的転回 173, 203, 206
解釈学的プラグマティズム 168-70
改良主義 12, 142, 160
　――者 109
改良主義的リベラリズム 3, 160, 162
改良主義的リベラル左派 3, 6, 19, 55-7, 64, 111, 202, 208
会話 31-2, 34-5, 44-5, 50, 141, 145, 155, 168, 170, 173, 181
　――重視 33
科学 159
　――的方法 156, 168-70, 172, 175, 182
学術的左派(アカデミック・レフト) 57
学生中心主義 132-3
革命主義的ラディカル左派 55-7, 111, 208
学問の自由 108, 111, 121
学力試験 194
学力低下 1, 4, 88-9, 91, 130, 194, 196
学力テスト 1, 89, 195
学力の低下 82
学科中心 133
可謬主義 153, 156
カルチュラル・スタディーズ 122, 207
感受性 58, 114, 129-30, 132
寛容 161
基礎・基本 83-4, 89, 95, 104, 118, 129-30, 132, 193, 195, 197
希望 47, 54, 109, 116, 131, 152, 155, 157, 161, 163, 177-8, 186
教育格差 88, 91
教育目的論 178, 180
教科カリキュラム 69, 176, 194-5
共感 44-7, 51, 99, 101, 107, 183
　――能力 108, 183
共通善 75
協働探究 33, 35, 44, 51, 104, 107, 112, 122, 137, 157, 160, 169-70, 172-3, 176-7,

	181, 187, 190-2, 198	個性	196
共同体主義	75	個性化	4-5, 37, 39, 48, 69, 72, 74, 82-4, 86-7, 97, 102, 104-10, 118-21, 124-6, 127, 132, 140, 143, 177, 186-7, 189, 190-1, 194, 198, 201
興味・関心	196		
共約可能性	75		
共約不可能	53, 172		
共和党	87		
虚無点	169, 174	古典的プラグマティズム	11, 203
キリスト教	15, 52, 56-7, 161, 203, 205	コミュニケーション的理性	174
偶発性の会話	123		

サ 行

グレートブックス 82-3, 95, 114, 128, 194-5, 197	再構築 160, 187, 207
ケアリング 204	差異のポリティクス 56
経営倫理学 205	左派の思想家 85
経験カリキュラム 194	ジェンダー 64, 112
経験主義 167, 172, 175, 191, 196, 207	──・セクシャリティ 207
経験の原理 191	自己実現 170-1, 190, 198
経験の再組織化 196, 198	自己創造 4, 20, 35-7, 39, 46, 48, 50-4, 57, 65-8, 74, 96, 105-6, 109-10, 113, 119-20, 125-7, 132-3, 135-8, 140, 142, 149, 155, 162, 171-2, 180, 187, 190, 192, 194, 198, 206
形而上学 18, 22-31, 33-5, 37-8, 41, 43, 48-9, 51-6, 58, 61-2, 68, 70, 73, 75, 141, 144, 151-8, 163, 169-71, 174, 176, 177-8, 182-4, 202	
──者 113-6	
芸術 158, 205	自然（Nature） 23-4, 29, 37-8, 40, 72, 92, 136-7, 147, 154
──論 182	自然主義 19
啓発 33, 37-8, 42, 104, 106-7, 110-1, 121, 125, 132, 135, 144	──的形而上学 158, 168, 171, 182
	実験主義 154
啓発的哲学 6, 33-6	──的プラグマティズム 168
言語 27, 151	実証主義 22
──行為 198	実存哲学 171
言語哲学 11, 17, 27, 40, 53, 149, 167, 171, 190-1, 197, 206-7	詩的想像力 174
	私的哲学者 65, 68, 162
言語論的転回 18, 168, 172, 203, 206	私的なもの 20, 26, 52-3, 120, 149, 168, 171-2, 190, 192, 199
公共の哲学者 65, 68, 162-3	
公共的なもの 20, 26, 52-3, 149, 168, 171-2, 190, 192, 199	私的領域 52-3, 105-6, 113, 120, 170-1, 191, 201
公共的領域 53, 67, 105-6, 113, 120, 170-1, 191, 201	児童中心主義 132
	自文化中心主義 49-50, 127, 185
公衆 181, 208	社会化 4-5, 38, 56, 69-75, 81-3, 85-7, 93-4, 97, 102, 104-6, 108, 110, 118-21, 122-5, 140, 176, 179, 183, 186, 189-91,
構造主義 197, 208	

193, 196-8, 201, 207
社会的希望　　　　　54, 64, 174, 178, 186
社会的想像力　　　　　　　　45-6, 173
社会的知性　　　　　　　　170, 174, 182
社会変革　　　　36, 45, 50-1, 56, 59, 61, 91,
　100-2, 105, 109, 122, 142-3, 159, 161-2,
　181, 204
社会民主主義　　　　　　　　　57, 162
自由化　　　　　　　　　　　　　93-4
宗教　　　　　　　　　　　　　158-9
　──論　　　　　　　　　　　　182
終極の語彙　　　　24-5, 36, 45, 52, 73, 119
自由と希望の物語　　　　　　　　112
シュトラウス派　　　　　　　　14, 64
常識　　　　　　　　　　　　　　119
　──主義者　　　　　　　　　　126
情緒　　　　　　　　　　26-7, 101, 169
初期プラグマティズム　　　　　　203
自律　　　　　　　　　　　　　　120
新アリストテレス主義　　　　　　　14
進化論　　　　　　　　150-3, 167, 178
信仰　　　　　　　　　　　　　　 47
新ヘーゲル主義　　　　　　172, 182, 190
新保守　　　　　　　　　　　　　 92
進歩主義教育　　1-2, 82-4, 86, 91, 133-4, 196
新保守派　　　　　　　　　　　　 83
進歩派　　　　　　　　　84-5, 88, 90-2, 129
崇高なもの　　　　　　　　　　　180
政治的右派　　　　　　　　　　　 68
政治的左派　　　　　　　　　　55, 68
政治的なもの　　　　　　　　　　55-6
政治的リベラリズム　　　　　　　166
成人教育　　　　　　　　　　　　192
セラピスト　　　　　　　　　　　132
全体主義　　　　　　　　　　　　 14
全米教育協会（NEA）　　　　　87, 138
想像力　　26, 45, 47, 51, 53-4, 56, 58, 101,
　106, 112, 114-5, 125, 129-30, 132-3, 144,
　154, 169, 172-3, 182-3, 185, 187-8, 194,

197
ソクラテス的社会批判　　　　　　 71
ソクラテス的対話　　　4, 104, 106-7,
　109-10, 132, 135, 143, 178, 181, 192

タ 行

体系的哲学　　　　　　　　　　22, 34
他者　　　　　　　　　　　　　　 44
他者性　　　　　　　　　　　　67, 174
脱学校論　　　　　　　　　　　　129
脱構築　　　19, 60, 73, 124, 135, 160, 171, 207
　──論　　　　　　　　　　　　 67
超越主義　　　　　　　　　　　　182
超越論　　　　　　　　　　　　　 22
哲学化　　　　　　　　　　　　　 96
哲学の歴史化　　　　　　　　　　159
デューイ主義者　　　　　　　5, 19, 83
デリダ主義者　　　　　　　　　　 57
テロリズム　　　　　　　　　62, 68, 78
道具主義　　　　　　　　　　　　151
道徳　　　　　　　　　　　　　26, 158
　──教育　　　　　　　　　　118, 177
　──原理　　　　　　　　　　 26, 115
　──性　　　　　　　　　　　　 47
　──論　　　　　　　　　　　　115
道徳的アイデンティティ　　　　　112
道徳的教師　　　　　　　　　　　115
道徳的混乱　　　　　　1, 88, 91, 194, 196
道徳的進歩　　　　　　　　27, 44, 46-7
富　　　　　　　　　　　　　　　 48

ナ 行

ナチズム　　　　　　　　　　　14, 179
ニーチェ化　　　　　　　　　　　 64
　──した左派　　　　　　　　　 64
二元論　　　　　　　　　25, 31, 157, 176
ニヒリズム　　　　　　　　　　35, 101
人間性　　　　　　　　　　　　　 73
ネオ・トミズム　　　　　　　　　 14

ネオ・プラグマティズム	1, 3, 5-6, 11, 19-22, 27-8, 32-3, 43, 45, 47-9, 52, 54, 59, 65, 67, 76, 86, 94, 123, 139, 143, 150, 167, 170, 172-3, 191, 202-3, 205
ネオ・マルクス主義	90, 122, 184, 203

ハ 行

反基礎づけ主義	30, 33
反省的思考	172
判断基準のない希望	179, 181
反二元論	27, 31, 33
反表象主義	29, 33, 40, 123
反普遍主義	163, 184
反本質主義	29, 33
美学	204-5
批判的プラグマティズム	203
批判理論	203
ピューリタニズム	182
表象主義	196
フーコー主義者	57
フェミニスト	2, 57, 94
────・プラグマティズム	203-4
フェミニズム	145, 203-4
福祉国家的資本主義	48, 57
父母と教師の会（PTA）	87
プラグマティズム	3-6, 12-4, 19-20, 31, 41, 56, 67, 116, 124, 129, 149-54, 156-60, 165-7, 170, 172-3, 175-7, 179-81, 184-6, 188, 191, 196, 202, 204-6
新しい────	203
プラトン的禁欲	70-1
ブルジョワ的自由	48, 50, 55, 57
ブルジョワ・リベラル	48, 65
────の改良主義者	63-5
プロジェクト学習	130
文学	54, 67, 99, 115, 158, 159
文化的左派（カルチュラル・レフト）	3, 57-61, 92-6, 100, 121, 134
文化的適応	38, 66, 70-2
文化的リテラシー	83-5, 88-90, 94-5, 129, 194
文芸批評	99
分析哲学	17-8, 20, 27, 158-9
平和	48
ヘルバルト主義	196
変革	59
保守派	69, 137, 206
保証された言明可能性	30, 152, 154, 157, 167, 172
ポスト構造主義	171, 207-8
ポスト哲学	19, 206
────文化	19
ポスト・マルクス主義	67
ポストモダニスト	2, 5, 64, 123, 156, 184-5, 206-7
────・ブルジョワ・リベラリズム	55, 62
左傾化した────	64
ポストモダニズム	3, 62, 65, 123-4, 149, 159, 162, 208
ポストモダン	1-2, 4, 6, 20, 62, 68, 124, 156, 159-60, 178, 183, 202, 207-8
本質	24

マ 行

マルクス主義	14, 48, 55-7, 59, 63-4, 73, 86, 161-2, 179
────者	60, 64
マルチチュード	208
民主主義	181
民主党	87
────左派	57, 162
メタファー	36, 107, 142
モダニズム	174
物語	29, 47, 93-4, 97, 101, 129, 138-9, 173, 180
大きな────	4, 34, 44, 62-3, 114, 156, 183
共同体の────	107

国家的——　　　97, 112, 127-8, 183, 185-6
　　進歩の——　　　　　　174, 183-4, 186
　　小さな——　　　　　　　　　　44, 114
　　マイノリティの——　　　　　　98-9, 101-2
　　——的理解　　　　　　　　　　　　183
　　——の教育　　　　　　　　　　　　132
問題解決　　　　　　　　　　　　　　　51
　　——学習
　　　　　　1, 106, 117, 123, 130, 144, 182, 193
　　——型　　　　　　　　　　　　　　144

ヤ　行

預言的プラグマティズム　　　　　　203, 205

ラ　行

ラディカル左派　　55, 68-9, 86, 90, 95-7,
　　111-2, 124-5, 128-9, 131, 138, 140, 142,
　　178-9, 206
理性　　　　　　　　　　　　　　26-7, 69, 71

リベラリズム　　　　　　　　　　　　　　5
　　歴史化した——　　　　　　　　　　163
リベラル　　　　　　　　　　　　　　　43
　　——・アイロニスト
　　　　　　　　　　　113-6, 126-7, 140-2
　　——左派
　　　　　　55, 59, 68, 86, 95, 111, 125, 127
リベラル・ユートピア　　　20, 22, 47-51,
　　105, 116, 126, 135, 137-8, 140, 155, 186-7,
　　192
隣人愛　　　　　　　　　　　　　　　161
歴史教育　　　　　　　　　　　183, 186-7
歴史主義　　19, 28, 33, 63, 156-7, 163, 166
連帯　　　　4, 26, 32, 43-4, 46-7, 49, 51-4, 67,
　　99, 101, 113, 120, 142, 162-3, 170-4, 178,
　　182-3, 206
ロマン主義　　　　　　　　　　　　　　46
論理経験主義　　　　　　　　　　158-9, 165
論理実証主義　　　　　　　　　　　　158

著者紹介

柳沼良太（やぎぬま・りょうた）

1969 年　福島県生まれ。
2002 年　早稲田大学大学院文学研究科教育学専攻博士後期課程修了。
　　　　早稲田大学文学部助手、山形短期大学専任講師を経て、
現　在　岐阜大学教育学部准教授。博士（文学）。

単　著
『プラグマティズムと教育—デューイからローティへ—』八千代出版、2002 年。
『問題解決型の道徳授業—プラグマティック・アプローチ—』明治図書出版、2006 年。
『道徳教育の研究—生きる力を育む道徳指導法—』開成出版、2007 年。
共　著
『教育の可能性を読む』情況出版、2001 年。
『経験の意味世界をひらく—教育にとって経験とは何か—』東信堂、2003 年。
『教育の臨界—教育的理性批判—』情況出版、2005 年。

（ローティと著者、2005 年）

|ローティの教育論|

2008年3月10日第1版1刷発行

著　者 ─ 柳　沼　良　太
発行者 ─ 大　野　俊　郎
印刷所 ─ 新　灯　印　刷
製本所 ─ 美　行　製　本
発行所 ─ 八千代出版株式会社
〒101-0061　東京都千代田区三崎町 2-2-13
TEL　03 - 3262 - 0420
FAX　03 - 3237 - 0723
振替　00190 - 4 - 168060

＊定価はカバーに表示してあります。
＊落丁・乱丁本はお取替えいたします。

ISBN978-4-8429-1441-1　　Ⓒ 2008 Printed in Japan